本书获2017年国家哲学社会科学一般课题"全域旅游视阈下我国邮轮产业结构优化路径研究"资助（项目编号17BJY148）

全域旅游视阈下我国邮轮产业结构优化路径研究

管理
MANAGEMENT

闫国东 著

Research on the Optimization Path of China 's Cruise Industry Structure from the Perspective of Comprehensive Tourism

上海交通大学出版社
SHANGHAI JIAO TONG UNIVERSITY PRESS

内容提要

本书以中国"全域旅游"建设为背景,提出全域旅游视角下的邮轮产业结构优化,阐述邮轮产业的发展实际。中国邮轮产业发展存在结构性失衡问题,导致我国邮轮产业呈现低经济贡献率、低渗透率的特点。为此,本书研究了国内外邮轮产业的研究进展及趋势,并通过邮轮产业结构时空格局演化特点、邮轮产业结构优化的效率评价、邮轮产业收入结构优化、邮轮产业竞争力分析与预测等几个方面,在对邮轮产业结构进行效率和效益定量评价基础上,提出中国邮轮产业发展的优化路径。

本书适合邮轮产业从业人员及研究人员参考阅读。

图书在版编目(CIP)数据

全域旅游视阈下我国邮轮产业结构优化路径研究 /
闫国东著. —上海:上海交通大学出版社,2023.10
　　ISBN 978 - 7 - 313 - 29530 - 9

　　Ⅰ.①全… Ⅱ.①闫… Ⅲ.①旅游船—产业结构优化
—研究—中国　Ⅳ.①F426.474

中国国家版本馆 CIP 数据核字(2023)第 183489 号

全域旅游视阈下我国邮轮产业结构优化路径研究
QUANYU LÜYOU SHIYUXIA WOGUO YOULUN CHANYE JIEGOU YOUHUA LUJING YANJIU

著　　者:	闫国东		
出版发行:	上海交通大学出版社	地　　址:	上海市番禺路 951 号
邮政编码:	200030	电　　话:	021 - 64071208
印　　刷:	苏州市古得堡数码印刷有限公司	经　　销:	全国新华书店
开　　本:	710mm×1000mm　1/16	印　　张:	14.5
字　　数:	257 千字		
版　　次:	2023 年 10 月第 1 版	印　　次:	2023 年 10 月第 1 次印刷
书　　号:	ISBN 978 - 7 - 313 - 29530 - 9		
定　　价:	69.00 元		

前　言

　　全域旅游作为新时代旅游发展战略，能够充分促进相关产业链条的延伸和产业升级增值。邮轮经济的乘数效应通常可以达到 1∶10，这是世界发达国家注重发展邮轮经济的动因。新冠疫情暴发前，邮轮旅游是我国旅游业中增长最快的部分，中国邮轮旅游规模迅速增长，年增长速度平均达 30％以上，成为全球第二大邮轮市场并稳居亚洲邮轮母港之首。预计 2030 年中国有望成为全球最具发展潜力和最大市场容量的邮轮市场。2019 年新冠疫情后，全球邮轮产业经历了前所未有的大变局、大挑战，邮轮市场遭遇了 200 年来首次全球范围内的停航，全球邮轮市场的恢复期要持续 2～3 年，2023 年迎来全面复苏。危局中求变局，变局中遇新局，我国邮轮产业如何在变局中展现新作为、实现新突破，需要良好的契机和充分扎实的准备。

　　习近平总书记强调要加快构建"国内大循环为主体、国内国际双循环相互促进"的新发展格局，为邮轮产业发展带来新机遇和新挑战，但是我国邮轮产业发展存在结构性失衡问题，呈现低经济贡献率、低渗透率的特点，邮轮产业结构优化调整已经成为急需解决的重要问题。本书充分把握邮轮资源的全域整合、邮轮产业的全域融合、邮轮产业要素的全域配套、邮轮产业结构的全域优化、邮轮产业环境的全域协调，以邮轮产业系统的空间格局优化来推动邮轮产业结构优化升级，通过梳理我国邮轮产业结构的时空格局演化，对邮轮产业结构优化进行效率和效益定量评价基础上，提出优化路径及对策，对于新常态下旅游经济转型升级与提质增效具有重要现实意义。充分挖掘邮轮经济和海洋经济增长潜力和新动力，发挥本土邮轮在海洋产业结构调整和优化配置的引导与激励作用，成为推动港口和造船业转型发展新引擎,更好地促进我国海洋强国战略实施提供理论指导和经验借鉴。

　　本书是我承担的国家哲学社会科学一般课题项目的最终成果,也是对浸润到邮轮行业研究十年来的一个阶段性总结,在项目结题阶段也正值新冠疫情影响全球邮轮业最深远和最直接的三年,我也一度非常困惑和犹豫,是否还要继续论证,是否还要正式出版。感谢团队的支持和鼓励,感谢课题组成员在论文构思和写作过程中给予的鼎力支持,感谢研究生们为本书编撰出版所做的大量工作,才最终成稿并顺利结题。基于此,我还是想将原始的研究成果原汁原味地呈现出来,希望可以为纪念和验证我国邮轮产业发展提供一点佐证的参考。最后,还要感谢上海交通大学出版社提文静老师为本书的顺利出版所倾注的心血。由于编者水平有限,难免有不妥和错误之处,恳请广大读者批评指正。

闫国东

2023 年 3 月

目 录

第1章 绪 论

1.1 研究背景与研究意义

1.1.1 研究背景

1.1.1.1 新冠疫情前邮轮旅游是我国旅游业中增长最快的部分

全域旅游在 2016 年被广泛提及,全域旅游作为一种创新型的理念与模式,指以旅游产业为优势产业,在一定区域范围内全方位、系统化地对地区社会经济资源进行优化提升,如旅游资源、生态环境、产业服务、政策法规等,利用全域旅游思维,实现区域经济的有机整合、社会资源的共建共享、旅游产业的融合发展,进而实现以旅游产业带动社会经济的协调发展[1]。《关于促进全域旅游发展的指导意见》于 2018 年 3 月由国务院办公厅发布①,该指导意见就如何推动我国全域旅游发展做出了相关部署,这是党的十九大以来,以国务院名义出台的首部关于全域旅游的纲领性文件,标志着全域旅游成为国家发展重点和旅游业发展新目标,是大众旅游时代我国旅游业发展战略的一次新提升。其中强调创新体制机制,加强旅游综合执法,建立健全旅游部门与相关部门的联合执法机制,积极创新旅游协调参与机制,建立健全旅游联席会议、旅游投融资、旅游标准化等协调机制。文化和旅游部办公厅于 2019 年印发了关于《国家全域旅游示范区验收、认定和管理实施办法(试行)》《国家全域旅游示范区验收标准(试行)》的文

---

① 国务院办公厅.国务院办公厅关于促进全域旅游发展的指导意见[EB/OL].(2018.03.09)[2023 - 02 - 19].http://www.gov.cn/gongbao/content/2018/content_5280575.htm.

件,为全域旅游示范区发展和优化提供了更多的参考①。2019年9月,文化和旅游部公示了我国首批71个国家全域旅游示范区名单,公示的国家全域旅游示范区对于建设旅游公共服务设施、释放地方文化和旅游消费潜力、深化旅游产业供给侧结构性改革等发挥着有效的指导与引领作用[2]。基于全域旅游的建设与发展,旅游"一业兴百业旺"的效应在全国多地都得到充分体现。通过产业融合发展,很多全域旅游示范区已成为国际化生态型休闲度假旅游目的地。全域旅游作为新时代旅游发展战略,能够促进旅游要素和功能在空间上的合理布局和优化配置,促进相关产业链条的延伸和产业升级增值,实现从小旅游向大旅游、从低效旅游向高效旅游、从低层次旅游向高层次旅游转变。全域旅游的本质要求和关键所在是结构优化。邮轮经济的乘数效应通常可以达到1:10,这是世界发达国家注重发展邮轮经济的动因。新冠疫情暴发前,邮轮旅游是我国旅游业中增长最快的部分。由图1-1、图1-2可知,中国邮轮旅游规模迅速增长,年增

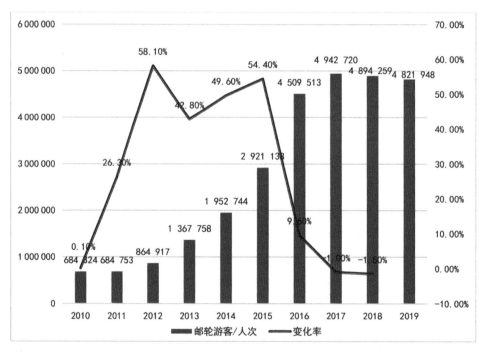

图1-1 2010—2019年中国邮轮游客接待情况

数据来源:《中国邮轮产业发展报告》《邮轮志》

---

① 文化和旅游部办公厅.文化和旅游部办公厅关于印发《国家全域旅游示范区验收、认定和管理实施办法(试行)》和《国家全域旅游示范区验收标准(试行)》的通知[EB/OL].(2019.03.01)[2023-02-19]. http://www.gov.cn/zhengce/zhengceku/2019-09/25/content_5432932.htm.

长速度平均达 30%以上,比全球邮轮旅游的年增长速度还要高出 22%,中国邮轮市场在 2018 年的收入为 90.4 亿元,年增长率为 1.3%,在线邮轮市场收入为 39.5 亿元,占比 43.7%。我国的邮轮旅游市场在 2018 年由"高速度增长"转向"高质量、高品位发展"的战略调整期,2019 年处于战略调整的深化阶段,市场规模虽有所下降但愈趋于成熟。2006—2019 年,我们邮轮市场年均增长率高达52%,成为全球第二大邮轮市场并稳居亚洲邮轮母港之首。预计 2030 年中国有望成为全球最具发展潜力和最大市场容量的邮轮市场[3]。

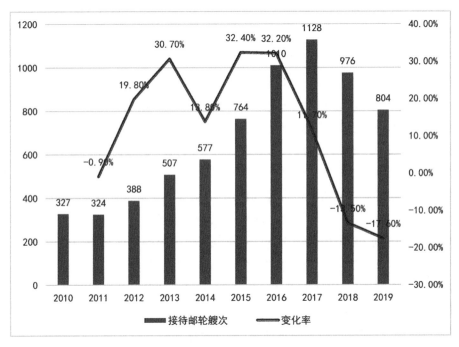

图 1-2 2010—2019 年中国接待邮轮艘次情况
数据来源:《中国邮轮产业发展报告》《邮轮志》

1.1.1.2 新冠疫情后双循环为邮轮产业发展带来新机遇新挑战

2019 年新冠疫情后,全球邮轮产业经历了前所未有的大变局、大挑战,邮轮市场遭遇了 200 年来首次全球范围内的停航,全球邮轮市场的恢复期可能要持续 2~3 年,到 2022 年 4 月,全球复航邮轮总数达到 300 艘,预计全球邮轮行业客运量到 2022 年年度恢复到 2019 年水平的 101%,2023 年迎来全面复苏。危局中求变局,变局中遇新局,我国邮轮产业如何在变局中展现新作为、实现新突破,需要良好的契机和充分扎实的准备。根据国际货币基金组织(IMF)2021 年 1 月 26 日发布的《世界经济展望》进行预测,2021 年下半年全球经济将提速,中国经济复苏将领先全球。IMF 预测显示,2021 年美国经济将增长 5.8%,日本经济将增长 3.1%,南非经济将增长 2.8%,中国经济将增长 8.1%。新冠疫情显著影响全球产业链的加速调整,中国的优势是具备较长的产业链和较强的加工能力,但是关键技术等还比较依赖发达国家,所以,只有加速推进新技术革命,更深度地融入全球产业链,才能全面参与全球竞争。另外,国际货币基金组织(IMF)数据显示,新冠疫情导致的全球旅游活动空前减少,2020 年第三季度,国际游客人数同比下降了 98.7%。根据联合国贸易和发展会议(UNCTAD)和联合国世界旅游组织(UNWTO)的报告指出,2020 年国际游客抵达人数比 2019 年新冠疫情前水平下降 73%,导致旅游业和相关行业损失估计为 2.4 万亿美元,旅游业占全球经济产出的 10% 以上,在此背景下的本土旅游有望成为"主战场"。

2020 年 9 月 1 日,习近平总书记在中央全面深化改革委员会第十五次会议上强调,要加快构建"国内大循环为主体、国内国际双循环相互促进"的新发展格局①,为邮轮产业发展带来新机遇和新挑战。邮轮产业是我国船舶工业向高端转型升级的重要支撑,本土邮轮产业的自主化、国产化进程在挑战中迎来新的战略机遇期,依托港口城市区域资源、以服务国家战略为根本是发展我国邮轮产业的出发点与落脚点。2013 年以习近平同志为核心的党中央做出了"一带一路"建设的重要战略决策,以积极主动应对全球形势的深刻变化、统筹国际国内两个大局[4],旨在通过共建"一带一路",将我国的发展蓝图与其他国家的发展目标对接[5],历经夯基垒台、立柱架梁,"一带一路"倡议立足发展开放型世界经济,获得越来越多国家和国际组织的积极支持[6],共建"一带一路"正在成为我国参与全球开放合作、改善全球经济治理体系、促进全球共同发展繁荣、推动构建人类命运共同体的中国方案[7]。

国家信息中心于 2018 年 9 月在"一带一路"领导小组办公室指导下推出运用大数据技术系统、全面评估"一带一路"建设成果与进展的《"一带一路"大数据报告(2018)》[8],2019 年发布了《"一带一路"大数据报告 2018(英文)》[9],报告显示,中国与"一带一路"沿线国家港口城市的港口联通度,要显著高于其他交通基础设施的联通度水平,较高的港口联通度带动了国家贸易合作的交流与发展,其

---

① 中央纪委国家监委驻应急管理部纪检监察组.习近平主持召开中央全面深化改革委员会第十五次会议强调[EB/OL].(2020.09.08)[2023 − 02 − 19].https://www.mem.gov.cn/jjz/ywgz/202009/t20200908_361440.shtml.

中我国的港口运输与印度尼西亚、印度、韩国的交流最为频繁。随着我国港口海运的不断发展与建设,海运服务覆盖"一带一路"沿线所有沿海国家,互联互通指数保持世界第一,我国海运港口已经与全球200多个国家、各地600多个港口城市建立起贸易与航线联系。在此背景下,紧抓"一带一路"倡议调整机会、加快邮轮产业能级提升迎来了新机遇。中国坚持对外开放的基本国策,融入区域经济一体化与经济全球化的世界经济建设趋势中,积极促进"一带一路"沿线国家的国际合作,加快沿线国家的资金融通、贸易畅通、设施联通、政策沟通、民心相通,在"一带一路"倡议框架下打造国际合作新平台、构建更加紧密的区域合作伙伴关系、增添区域经济共同发展新动能。邮轮是"移动的海上城市",具有天然的连通性、国际性和开放性,兼具经贸合作、人文交流等多重属性,高度契合21世纪海上丝绸之路建设,有基础、有条件发展成为"一带一路"建设标志性工程,成为航行在海上丝绸之路的国家名片。邮轮旅游作为动态化、开放性、全球性的联动发展新兴产业,伴随着全球邮轮产业的加速发展,成为旅游业中发展最为迅猛的重要部分,邮轮旅游是实现"一带一路"市场互联互通的发展载体和重要纽带,加快了全球一体化的实现。依托"一带一路"建设背景和21世纪海上丝绸之路的主要路线,中国邮轮俯身耕耘走出去,与东北亚、东南亚、环海峡等区域开展邮轮旅游开发合作和旅游外交[10],有助于构建旅游外交开放新格局,前提是需要分析梳理描绘我国邮轮经济走出去的精准路线图,我国邮轮经济发展的空间结构优化将成为旅游外交战略中最具特色的中国方案。

2017年1月,全球最大私有邮轮企业及欧洲、南美和南非邮轮市场领导者MSC地中海邮轮在巴哈马比米尼群岛南部岛屿启动了海洋礁MSC海洋保护区开发,地中海邮轮将定期停靠海洋礁MSC海洋保护区,是可借鉴和参考的方向。2016年12月,中国三亚西沙的永兴岛机场完成了民航公务包机首航,2017年1月,"南海之梦"号邮轮全面开展西沙邮轮旅游航线,2018年5月,国务院印发的《进一步深化中国(广东)自由贸易试验区改革开放方案》中提出,要大力推动邮轮旅游,试点实施国际邮轮入境外国旅游团15天免签政策①。深入推进粤港澳游艇自由行,建设国际航运枢纽,打造高端航运服务集聚区,是本土邮轮探索海洋强国战略的重要风向标。2018年11月在首届中国国际进口博览会上,中国船舶工业集团有限公司与美国嘉年华集团、意大利芬坎蒂尼集团,正式签订了

---

① 国务院.国务院关于印发进一步深化中国(广东)自由贸易试验区改革开放方案的通知[OL].(2018.05.24)[2023-02-19].http://www.gov.cn/zhengce/content/2018-05/24/content_5293009.htm.

2+4艘13.5万总吨Vista级大型邮轮建造合同,举行了邮轮建造项目启动仪式,标志着中国由世界造船大国向世界造船强国迈进。2020年面对全球新冠疫情的严峻复杂形势,中船邮轮保持战略定力,邮轮运营实体化迈出实质性步伐,首制船研发设计顺利推进。2020年2月和2021年4月,大西洋号和地中海号邮轮先后交付中船嘉年华,运营业务进入"双船运营新纪元",邮轮无目的地航线和国内沿海航线,是现阶段国内邮轮市场重启、实现内循环战略的重要措施。2021年8月4日,中国国民邮轮品牌蓝梦之星邮轮首泊朱家尖舟山国际邮轮港,在中国邮轮逐步恢复常态化市场营运后,蓝梦之星邮轮将在上海、舟山、青岛等多个城市开展海上游和无目的地游。2022年已排定23个舟山母港航次,蓝梦邮轮作为我国全中资邮轮品牌,旨在打造属于中国人的专属国民邮轮品牌,将建立从造船、修船到母港城市经济体、船舶运营再到人才、船供、旅行社、目的地旅游等链接邮轮上中下游的全域产业链。2021年9月2日,星梦邮轮云顶梦号在中国香港启德邮轮码头复航满一月,共接待超过2万名邮轮游客,为中国香港邮轮旅游业重启创下重要的里程碑。2021年10月1日,招商维京游轮旗下高端游轮招商伊敦号正式启航,开启8天7晚魅力南海之旅,航线从深圳蛇口邮轮母港出发前往三亚,再返回深圳。此外,2021年10月份,"南海之梦""长乐公主"邮轮将执行从三亚到西沙群岛的四天三晚航线,7月份南海之梦邮轮西沙群岛航线有2个航次,11月份、12月份增加至7个航次。向海而生、焕新启程,本土邮轮如何在我国海域开展岛礁开发、邮轮港口码头配套建设、打造世界级邮轮旅游目的地,进一步挖掘升级我国的海上旅游、深海旅游、蓝海旅游,加快全域海洋旅游目的地建设,维护海洋权益,捍卫海洋主权,邮轮经济发展空间结构优化将成为海洋强国战略中最具特色的中国路径。

1.1.1.3　我国邮轮产业发展存在结构性失衡需要空间重构

我国邮轮产业发展存在结构性失衡问题(见表1-1),导致我国邮轮产业呈现低经济贡献率、低渗透率的特点,表现为:一方面,我国邮轮经济红利外流明显,邮轮产业收入绝大部分被外国邮轮公司获取。2018年,我国邮轮接待数量和邮轮出入境游客量双双下降,邮轮市场增速放缓,其中2018年接待出入境游客量为488.67万人次,同比下降1.2%,上海全年的接待邮轮艘次为403艘次,同比下降了21.29%,邮轮游客275.29万人次,同比下降7.56%。在经历了2018年邮轮市场的低迷后,2019年的邮轮市场依然充满竞争,邮轮市场进入调整关键期[11],2019年1—6月,国内12家邮轮港口实现邮轮靠港艘次361艘次,同比减少18%,实现邮轮游客的客流量176万人,同比减少23%。2019年中国邮轮母港市场规模为 194 万人次,我国邮轮港口累计接待邮轮 804 艘次,出入境游客人数为 415.4 万人次,同比下降 15.3%,总体看,2019 年中国邮轮市场供给量有所降低。另一方面,目前美国的邮轮渗透率为 3.5%、澳大利亚为 3.4%,我国的邮轮渗透率为 0.05% 左右[12],与发达国家相比还存在较大差距,邮轮产业结构优化调整已经成为急需解决的重要问题。本书将邮轮产业的"全域旅游"理解为基于全局性、空间性、整体性、带动性的四大内涵,充分把握邮轮资源的全域整合、邮轮产业的全域融合、邮轮产业要素的全域配套、邮轮产业结构的全域优化、邮轮市场的全域管理、邮轮全产业服务的全域提升、邮轮产业社会的全域参与、邮轮产业环境的全域协调,以邮轮产业系统的空间格局优化来推动邮轮产业结构优化升级,通过梳理我国邮轮产业结构的时空格局演化,对邮轮产业结构优化进行效率和效益定量评价基础上,提出优化路径及对策,对于新常态下旅游经济转型升级与提质增效具有重要现实意义,为构建旅游外交开放新格局、描绘我国邮轮产业走出去的精准路线图、更好地促进我国海洋强国战略和旅游外交战略实施提供理论指导和经验借鉴。

表 1-1 我国邮轮产业结构性失衡问题

结构	问题表现	解决核心
产业结构	上游维修制造待提高;中游运营管理被外国邮轮公司垄断;下游产品单一入境市场过低	提高产业结构优化效率和效益,打造全域邮轮旅游
产品结构	邮轮产品类型单一、同质化明显、产品品质偏低、产品价格不高导致低价竞争频现	打造我国邮轮近海邮轮产品,丰富本土邮轮旅游产品,重点开发沿海特色航线
市场结构	我国邮轮企业小、少、散、弱,组建本土邮轮船队困难;外国邮轮公司垄断定价,我国独特的包舱模式弊端频现,市场渗透率偏低	鼓励本土邮轮公司;加快组建本土邮轮船队;促进中资企业参与邮轮运营
经济结构	对中国经济贡献度低,收益红利外流,出现漏损率	优化邮轮经济结构,提高邮轮经济贡献率
空间结构	我国邮轮港口的开发与建设缺乏整体性规划、战略定位、全国总体布局,沿海邮轮带、南海邮轮圈、近邻国家港口等地区的新兴市场还有待探索与培育发展	规划我国邮轮港口的战略布局,加快沿海邮轮带、南海邮轮圈的基础设施建设、邮轮停靠港建设等

(续表)

结构	问题表现	解决核心
人才结构	邮轮人才难以满足市场的需求,邮轮人才交流互动平台少,邮轮人才供需失衡,邮轮人才信息建设发展呈现不均衡性	大力培养专业化邮轮人才,构建全国邮轮人才信息库,建设全国邮轮人才培养专项

1.1.2　研究意义

1.1.2.1　理论意义

1)初步建立邮轮经济空间组织系统理论框架

聚焦从空间组织视角解读邮轮经济的发展,并从宏观、微观层面凝练了邮轮经济空间组织演变的动力机制等内容,有利于丰富我国邮轮旅游理论研究的内容,有助于把握邮轮经济空间组织中构成要素的发展规律及相互关联性,能够较好地契合现阶段的理论需求,为下一步对邮轮经济的空间组织这一复杂系统内外的更深层次的研究奠定基础。

2)丰富我国邮轮旅游研究的谱系

国外学界对邮轮旅游展开了一系列的研究并已经有一定的研究成果积淀。在我国,从地理学空间层面研究本土邮轮产业和邮轮经济的相对较少,对于本土邮轮经济空间组织演变的基础性理论研究,积极创新我国本土邮轮产业的发展机制原理、空间结构和战略模式,丰富旅游经济学、产业经济学、航运学、区域旅游规划原理和旅游发展战略决策的理论内涵,能够丰富我国邮轮旅游研究的谱系,为我国邮轮旅游的研究增添新内容。

1.1.2.2　实践意义

从加法方面:有利于拓展海洋经济发展新空间,邮轮产业结构优化路径分析,对于新常态下旅游经济转型升级与提质增效具有重要的现实意义;从减法方面:降低邮轮经济漏损和邮轮游客出入境贸易逆差;从乘法方面:挖掘邮轮经济和海洋经济增长潜力和新动力,发挥本土邮轮在海洋产业结构调整和优化配置的引导与激励作用,为促进我国海洋强国战略和旅游外交战略实施提供经验借鉴;从除法方面:推进邮轮产业"走出去",成为推动港口和造船业转型发展新引擎。

1.2 研究内容与研究方法

1.2.1 研究内容

本书主要包括以下研究内容。

第一,阐述了本书的背景与意义、研究内容与研究框架、研究创新和不足。对国内外全域旅游视角下邮轮产业结构优化的研究内容、研究方法与研究思路进行了综述,并结合全域旅游的发展背景和邮轮产业的发展实际,构建了研究基础,并分析了邮轮全域旅游的内涵、外延、内容及其基本特征。

第二,对国内外文献和机理机制研究进行了综述。国外文献综述包括邮轮港口空间分布研究、邮轮产业区域影响研究、邮轮产业发展特征研究、邮轮港口和新基建发展研究等;国内文献综述包括全域旅游相关研究、邮轮空间组织相关研究、邮轮经济发展相关研究、邮轮港口和新基建发展研究等。在此基础上,通过知识图谱,基于 Cite space 分析国内外邮轮产业研究进展及趋势。

第三,探讨了国内外邮轮产业发展经验与启示。聚焦分析总结邮轮港口城市产业发展经验、邮轮制造产业发展经验、邮轮企业运营发展经验、邮轮产业要素发展经验等,最后提出我国邮轮产业发展的经验启示。

第四,分析了我国邮轮产业结构发展特点。包括中国邮轮市场总体发展特征、中国邮轮全产业链结构特征、邮轮产业要素集聚发展特点、邮轮港口城市邮轮消费发展特点。

第五,定量分析了我国邮轮产业结构时空格局演化特点。采用 DSSM 分析方法,构建指标体系分析中国邮轮港口集聚水平特点、邮轮产业结构时空格局动态演化,研究发现我国邮轮产业发展程度差异化明显、集中指数及专业化程度地带性明显、结构性竞争性因素具有地带效应。

第六,定量分析我国邮轮产业结构优化的效率。采用主成分分析方法,确定DEA 模型指标的选取,根据邮轮港口投入产出指标计算中国邮轮港口效率,分析邮轮港口 DEA 效率影响因素。

第七,对我国邮轮产业收入结构进行了优化分析。根据模型的指标选取原则,构建灰色关联度分析指标体系,对邮轮产业收入指标进行分析、评价、筛选,最后进行邮轮产业收入结构灰色关联度实证分析。

第八,定量分析了我国港口城市邮轮产业竞争力的综合评价,基于灰色预测模型进行了预测,采用双向固定效应,通过构建邮轮产业竞争力、新基建的评价指标体系,探讨了新基建赋能邮轮产业竞争力的影响效应以及异质性。

第九,分析了我国邮轮产业结构发展的瓶颈。包括产业结构有待优化、产品结构有待完善、经济结构有待优化、市场结构有待调整、空间结构有待重构、人才结构有待提升等。

第十,通过理论分析和专家访谈,探讨我国邮轮产业结构的优化目标设想,包括总体目标、三阶段目标。

第十一,从上中下游分析了我国邮轮产业结构优化的路径。包括邮轮产业上游积极推进邮轮高端制造、邮轮产业中游加快优化邮轮营商环境、邮轮产业下游优质构建邮轮配套服务。

第十二,最后对我国邮轮产业结构优化发展提出对策建议。包括出台全国和地方邮轮发展规划和政策、加快邮轮产业相关制度创新、加快我国邮轮产业收入结构优化、加快提升我国邮轮港口效率、加快推动邮轮旅游市场的培育、加快我国邮轮产品及航线多元化发展、充分拓展邮轮航线创新。

基于以上研究内容,本书的研究框架如图 1-3。

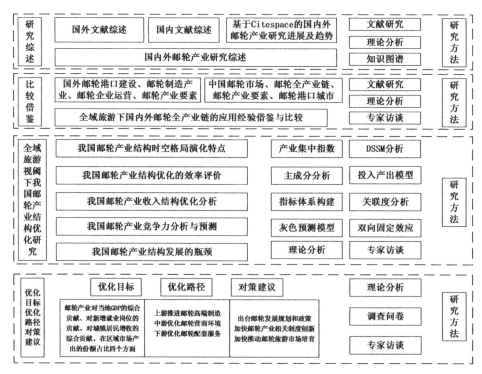

图 1-3　全域旅游视阈下我国邮轮产业结构优化的研究内容与逻辑框架

1.2.2 研究方法

(1)知识图谱＋文献研究：通过查阅国内外全域旅游和邮轮产业结构的相关文献、论文以及书籍，界定全域旅游和邮轮产业结构的概念、构成，对邮轮产业国内外研究现状进行综述，全方位、多角度理解邮轮产业结构，基于Cite space采用知识图谱可视化分析产业研究的聚焦和特点，为本书的研究奠定了扎实的基础。

(2)投入产出＋DSSM分析：一方面借鉴参考邮轮产业已有研究成果中的相关内容，另一方面采用调查问卷等向邮轮学者、业内人士、政府官员进行了咨询了解，他们对于邮轮产业结构的看法，并在此基础上确定影响因子和评价指标体系，采用产业集中指数和DSSM分析我国邮轮产业结构时空格局演化特点，采用主成分分析和投入产出模型开展邮轮产业结构优化效率分析，采用关联度分析邮轮产业收入结构优化。

(3)灰色固定模型＋双向固定效应：在分析我国邮轮产业竞争力分析与预测时，采用灰色固定模型和双向固定效应分析邮轮产业发展潜力向竞争力演化、路径依托，以及演化过程中新基建所表现出的赋能效应，探讨了新基建赋能邮轮产业竞争力的内在途径和机制。

(4)调查问卷＋专家访谈：在进行邮轮产业发展瓶颈分析、优化路径、对策建议时，首先全面收集全域旅游下邮轮产业结构现有数据、方法、资料，其次，通过调查问卷和专家访谈，根据邮轮产业的实际情况进行分析，在遵循基本方法原则的同时进行了适度的创新，开展优化路径和对策建议研究。

1.3 研究不足与创新

1.3.1 主要创新

(1)基于全域旅游研究视角的创新。本书基于全域旅游视域下的邮轮全产业链的结构优化，基于全局性、空间性、整体性、带动性的四大内涵，充分把握邮轮资源的全域整合、邮轮产业的全域融合、邮轮产业要素的全域配套、邮轮产业结构的全域优化、邮轮市场的全域管理、邮轮全产业服务的全域提升、邮轮产业社会的全域参与、邮轮产业环境的全域协调，将旅游产业在以邮轮产业系统的空间格局优化来推动邮轮产业结构优化升级，聚焦梳理全域旅游视域下邮轮产业结构优化发展的新理念、新导向、新路径、新格局,从更高起点上探讨邮轮产业发展的新趋势,是一个研究视角的创新、创造、创建的过程。

(2)基于全要素研究内容的创新。邮轮产业具有全球化、综合性、集聚性、垄断性、规模经济等特征,邮轮全产业要素关联性极强,已有研究往往聚焦在某一个或者一些产业要素和产业经济贡献、产业发展特点等,本书基于全产业链、全供应链、全价值链三链融合,从产业链上、中、下游三个模块进行深入剖析,聚焦梳理全产业要素,基于全产业链视域充分把握邮轮产业纵向一体化发展特征,从地理学空间层面探讨研究了邮轮产业的时间演变、空间分布、效率提升、效益积累、港口城市竞争力和发展预测,并设想了我国邮轮产业结构优化的衡量指标及阶段目标,在此基础上从邮轮全产业链角度提出我国邮轮产业结构优化路径,聚焦上游推进邮轮高端制造、中游优化邮轮营商环境、下游优化邮轮配套服务,丰富了我国邮轮产业研究内涵的谱系,扩展了邮轮产业经济学与旅游经济学、航运学、区域旅游规划和旅游发展决策等多学科交叉融合的边界和外延。

(3)基于多元化研究方法的创新。本书在全面梳理基础上,聚焦产业结构发展中的痛点和难点,在邮轮产业的产业要素优化、产业演化态势分析、产业竞争潜力、新基建对邮轮产业竞争力的影响方面,采用多元化交叉的研究方法开展定量研究,借助产业集聚度评价指数分析我国港口城市邮轮产业发展要素的集聚度,通过耦合度模型探讨邮轮产业与港口城市区域经济发展水平的协调状况,从邮轮产业演化态势的角度,采用静态 SSM 和动态 SSM 模型进行变动趋势分析,邮轮产业竞争潜力预测部分,采用灰色预测模型,创新性的分析"假定未发生新冠疫情"与"发生新冠疫情"两种情况下的预测结果,双向固定效应分析比较,预测邮轮产业的竞争力在不同情形下产生的影响,并创新性的将新基建在邮轮产业竞争力提升的赋能开展了实证分析。已有研究中对邮轮产业的分析视角多样、评价指标体系构建口径不一,本书基于已有评价指标体系,在邮轮产业定量分析中,指标体系构建的指标选取原则遵循直接关联性、可量化性、数据可得性原则,数据分析过程遵循全面性、发展性、动态性原则,在经过专家访谈和调研后确定最终的指标体系,定量分析邮轮产业的时空格局演化特点、港口集聚水平、产业结构优化的效率评价、收入结构优化分析、产业竞争力分析与预测,力求科学的、简明的、适用的凝练出我国邮轮产业结构发展的特色和优化路径重点,为邮轮产业结构优化定量分析指标的标准化、普适化、示范化提供良好支撑。

1.3.2 主要不足

由于邮轮产业在我国的发展时间尚短,目前我国关于邮轮产业结构的研究视角相对欠缺,理论研究、定量分析、经验借鉴、实践创新等研究领域尚存在很多不完善的方面,本书借鉴不同研究领域以及学科的理论方法对邮轮产业的空间分布、效率评价、竞争力预测、结构优化等进行了分析,但由于外部研究环境的限制性、自身研究能力的局限性,尚有以下不足之处。

(1)产业数据的局限性。本书构建了邮轮产业时空格局、港口综合生产效率、邮轮产业收入结构、邮轮产业竞争力等评价指标体系,涉及大量变量及指标数据的收集与计算,所需指标数据主要从各地政府的统计年鉴、统计公报、年报、财报中获取,部分数据来源于对邮轮公司、旅行社、邮轮制造企业等产业数据的调研,更多数据为非公开数据无法获取,存在一定的局限性;另外,定量分析对指标数据的完整性、准确性、代表性、标准性要求较高,指标数据分析方法选择不当会严重影响分析的科学性;本书更多地考虑到邮轮产业的独特性、邮轮数据的可得性、指标体系的权威性,可能会影响到详细指标的精确性;在实证评价过程中忽略了部分非量化的外部环境;还有一点特别说明的是,由于新冠疫情的影响,邮轮产业在 2020 年以来处于停航状态,为研究产业发展的可持续性和数据的延续性均造成了直接影响,所以本书的定量研究数据为邮轮产业发展到 2019 年全年的数据,从时间序列上暂停了 2 年的定量分析。

(2)研究领域需要更加深入。本书聚集分析邮轮产业时空格局、港口综合生产效率、邮轮产业收入结构、邮轮产业竞争力等,但评估出来的结果能否加以普适化的应用,转化为现实经济效应,切实提升竞争力还需要继续开展深入的探索和验证。由于邮轮产业发展的时间尚短,从产业发展规律和时空发展演化角度提出的理论机制、理论目标、优化路径以及对策研究尚不够全面,特别是对如何最大限度突破邮轮产业发展瓶颈,更好的量化未来邮轮产业结构发展的比例和趋势研究上,还需要进一步尝试新方法和新视角进行突破创新。另外,由于篇幅所限,本书对每个指标数据结果的探讨和论据尚待补充完善和丰富,同时由于新冠疫情影响导致的 2 年数据的缺乏,为后期潜力研究、发展趋势预测、产业结构优化研究均增加了一定程度的不确定性,后续将继续对计算出来的各个变量值进行更深一步的分析和验证,使研究结论更为科学、准确和丰富,是未来研究纵深分析的方向。

第2章 国内外文献和机理机制研究综述

2.1 国外文献综述

国内外学术理论界在邮轮研究领域的研究主要分为三个阶段:萌芽阶段给予较早关注的是美国人类学家 Foster G. M.,他指出未来旅游研究的焦点将向邮轮旅游转移,并引起学术界的关注和重视[13],相关研究逐渐丰富;发展阶段从 20 世纪 80 年代开始,邮轮业逐渐获得了更多的学术关注,聚焦邮轮产业发展特征、邮轮旅游市场活动、邮轮港口发展等,全球邮轮行业经历了强劲的发展,各大港口城市相继推动邮轮旅游的发展,邮轮旅游具有重要经济意义,相关学者通过总结国际邮轮旅游市场的特点,对中国邮轮旅游需求进行了预测[14];邮轮产业学术研究到 20 世纪 90 年代末期进入繁荣阶段,相关领域的研究视角更加广泛、研究规模逐渐扩大、研究层次日趋深入,研究视角从邮轮主体扩展到邮轮产业链的庞大系统,研究主体更加多元,研究方向聚焦在以下几个方面。

2.1.1 邮轮港口空间分布研究

在邮轮研究领域给予较早关注的是美国人类学家 Foster G. M.,他指出邮轮产业是旅游业研究的重要领域,未来旅游研究的焦点将向邮轮旅游转移,并引起学术界对邮轮相关产业的关注和重视,相关研究逐渐丰富。Gibson 指出港口城市的邮轮及游客接待能力、城市发展地理条件、邮轮产业技术支持等是衡量是否具备邮轮旅游吸引力的重要影响因素[15]。亚太地区的邮轮产业逐渐发展、港口建设逐步加快、邮轮旅游活动日益火热,全球邮轮产业重心东移,世界港口布局也随之发生战略性变革。

2.1.2　邮轮经济空间组织研究

Brian 和 Hoyle 在威尼斯的国际研讨会中分析了港口与城市的区域协同关系,认为邮轮产业、港口建设、货船停靠等共同对港口周边区域的演变与发展产生积极影响[16]。Jeon 等指出港口邮轮数量的增加与邮轮交通的活跃度有关,邮轮交通行程系统使得邮轮港口之间互相依赖,并设计了行程系统,利用集中度指标来判断市场集中度水平的变化[17]。Rodrigue 认为邮轮行业的参与者和市场均具有高度集中性,邮轮行业的船舶部署策略和航线设计受市场和运营因素的影响,指出选择停靠港时需在具备一定程度灵活性的基础上考虑重要的运营因素[18]。

2.1.3　邮轮产业区域影响研究

Fridriksson 指出邮轮旅游是大众旅游业中增长最快的部分[19],邮轮旅游将人们带到偏远的国家或地区,为当地经济增长带来积极效益,但同时也带来了环境成本和社会后果,必须以可持续的方式将邮轮旅游的经济、社会和环境层面联系起来。Tatjana 指出邮轮旅游作为旅游业的一部分,对全球经济作出了重要贡献[20],但随着新的邮轮目的地日益发展,对环境的影响也越来越大,文中探讨了动态邮轮产业增长对环境的影响与优化建议,以求得邮轮旅游的可持续发展。Mescon 利用区域科学研究所开发的区域投入产出模型[21],从经济学角度研究了邮轮旅游对经济的影响,其中迈阿密港的邮轮旅游业在 1982 年对戴德县的总经济影响为 5.46 亿美元,邮轮行业和邮轮乘客创造的直接、间接就业岗位总数为 21 627 个。

2.1.4　邮轮产业发展特征研究

Mescon[21]认为,邮轮旅游对于区域经济具有重大贡献的同时,Dwyer 认为邮轮业务是国际旅游市场中不断增长的一部分[22],提出了一个评估邮轮旅游对一个国家及其次区域经济影响的框架用以估计相关的收益和成本,促进了邮轮旅游的未来研究、实证研究和战略制定。Petrick 指出邮轮价格折扣的使用给邮轮行业带来了新的挑战[23],并根据邮轮乘客的价格敏感性对其进行细分,探究了价格敏感市场的可取性。Irina 指出邮轮产业是一种特殊类型的产业,连接了旅客的海上运输和岸上旅游[24]。Doris 探讨了全球邮轮市场动态增长的原因和后果[25],表明来自世界各地的客源市场,特别是亚洲市场的需求越来越大,对全球经济产生了积极影响,同时给邮轮线路和目的地社区带来许多挑战。

2.1.5 邮轮港口和新基建发展研究

在数智化研究方面,Milskaya 提出了建设数字经济的两个关键任务。其一要发展稳定、安全和规范运行的信息基础设施,特别注意数字经济平台的建设;其二要进行数字安全建设,尤其是依赖万维网的领域如工业、金融和政府[26]。Zou 设计开发了基于云的基础设施安全信息管理系统[27],该系统提供一种安全数据和通信管理的方法,将捕获的安全数据自动存储在云中处理,进行实时通信、实时决策和实时行动,有助于改善基础设施建设项目中安全管理方面的问题。Li 等提出一个概念框架,将智能城市和数字经济运营管理整合在一起,智慧城市通过数字经济重新定义支撑运营技术的三个特征[28]:可扩展性、分析输出和连通性,从而形成新的运营管理模式。Tao 等指出数字孪生技术具有实时反映、互动与融合、自我进化三个特征[29],在产品全生命周期过程中有重要应用,可以将物理空间和虚拟空间相互融合,如产品设计阶段,设计人员能借助数字孪生搜集的数据,分析产品销售、市场需求、用户群体以及市场上同类产品的特征,控制生产成本。

在智慧港口研究方面,Chen 等指出第五代港口建设适应绿色智能技术创新趋势[30],进一步提出绿色智能港口的治理框架和影响绿色智能港口的因素,同时建议在港口经营战略、技术手段和实现方式三个方面来建设绿色智能港口。日立大学的研究成果表明在智慧港口建设中可以利用信息通信技术减少温室气体排放[31],以提高环境的可持续性,同时在建设智慧港口方面有以下展望,围绕物联网进行应用、冷熨、使用清洁和可再生能源、集装箱的定位系统和代码识别、使用 AIS 数据(自动船只跟踪系统)进行轨迹估算以及资源管理。Zhong 等指出工业 4.0 背景下的智能制造依赖于物联网、网络物理系统、云计算、大数据分析和信息通信等技术的支持[32],智能制造的未来研究涉及以下领域,智能制造的通用框架、数据驱动的智能制造模型、人机协作以及智能制造的应用。

2.2 国内文献综述

2.2.1 全域旅游相关研究

全域旅游作为区域旅游发展的新理念和新模式,其相关概念提出较早,但学者进行系统性深入探讨的时间较晚[33],"全域旅游"的提出为旅游生产要素如何优化配置、旅游供给侧的结构改革如何推动、旅游产业生产需求如何满足提供了终极答案[34]。当前学者主要从全域旅游的"全"和"域"两方面展开研究,厉新建等[35]立足全域旅游"八全"的基本理念构建全域旅游的发展基本框架,即全要素、全行业、全过程、全方位、全时空、全社会、全部门、全游客等八个层面,并以北京为例,探讨旅游目的地的建设过程。张辉则认为全域旅游的核心不在"全"而在"域",全域旅游下应该打破旧的城市旅游空间格局[36],规划新的旅游发展战略布局,完备全域旅游的产业域、管理域、空间域、要素域。从全域旅游的发展意义角度,全域旅游对于旅游业竞争力提升、城市旅游空间拓展、旅游增长极培育具有重要价值,是促进旅游业供需平衡、结构转型升级和可持续发展的必然选择[37];王佳果等基于全域旅游的倡导主体、发展主体、受益主体展开探讨[38],认为全域旅游视域下,要通过丰富旅游资源、提升旅游产业、开发旅游活动,满足游客和居民对于生活品质和幸福感的需求;栾海燕认为通过社会化、一体化、精准化的开展全域旅游工作,有助于推动农村经济快速增长、实现旅游资源有效整合、提高游客的旅游体验、加快旅游行业全面升级[39];许昌斌基于"全域旅游"视角,探讨了澳门打造全域旅游目的地的机遇与挑战,通过构建"全域旅游",提高旅游资源开发效率、突出旅游形象、丰富旅游业态、吸引各地游客[33]。在实践研究方面,当前研究主要以旅游景区或旅游城市为案例,熊鹰等研究旅游目的地的"全域旅游"发展策略[40],王立成等聚焦以湘潭市为例,开展建设"国家全域旅游示范市"的战略环境和战略路径研究[41],突出旅游产业布局的全域性,按照归"类"扩"面"延"线"拓"链"的开放利用方法进行建设,黄祺若聚焦基于全域旅游的视角,对旅游资源评价方法进行优化[42]。黄永香致力于构建全域旅游长效机制实现县域全面发展,构建旅游综合管理、综合执法、综合统计监测、综合规划管理的新体制[43],总结看,目前全域旅游的研究主要集中在全域旅游的概念、本质、核心、发展模式和路径等[44-46],还有针对具体全域旅游建设区域进行案例分析[47-49],但是在邮轮产业目前还没有学者深入研究。

2.2.2　邮轮空间组织相关研究

目前关于邮轮旅游空间组织的研究较少,聚焦在邮轮旅游空间组织演变及其驱动机制研究,有学者从地理学空间视角研究邮轮旅游发展,以期为邮轮旅游规划提供借鉴。毛焱等认为旅游空间组织系统是由空间、时间变量投影在旅游地理系统上构成的[50],地理空间特征与空间组织相互交织,构成了旅游区一体化发展。舒惠芳等基于港口城市发展邮轮产业的最优空间结构,探讨了中国发展邮轮经济的空间战略选择问题[51],认为天津、上海和香港是我国三大邮轮经济圈,指出邮轮经济的空间目标应顺应中国经济发展的大目标。谢凌峰等以广东省邮轮码头为研究区域,分析了邮轮消费群体、邮轮旅游资源、邮轮港口建设条件等影响邮轮旅游的主要因素[52],认为广东省邮轮码头应形成国际邮轮母港、地区性母港和多点挂靠的分层次格局。

2.2.3　邮轮经济和市场发展相关研究

在邮轮经济研究方面,姜宏等编制了上海邮轮旅游卫星账户,对邮轮旅游经济贡献进行了核算分析[53]。钱茜露综述了我国邮轮旅游与邮轮经济的发展建议,如推动本土邮轮产业建设、开发富有文化特征的体验型旅游产品[54]。康爽聚焦天津港邮轮母港的邮轮发展策略[55],对天津国际邮轮母港的邮轮业务和其他港口邮轮业务能力进行对比和分析,最后提出针对性的发展策略。杨丽芳从邮轮港口与港口城市的视角,对中国发展邮轮经济的宏观、微观环境进行SWOT 分析以及空间战略研究[56]。舒惠芳等以中国邮轮经济的三大邮轮经济圈分析邮轮经济的空间战略模式[51]。欧阳杰以天津邮轮产业为研究对象,从目标定位、前景预测、规划对策等角度,对天津邮轮经济进行了深入分析与探讨[57]。潘勤奋基于邮轮产业的发展特点以及世界邮轮经济的发展趋势,探讨了发展邮轮经济的普遍规律与基础条件[58],借鉴国际邮轮经济发展模式,对我国邮轮经济的发展策略提出对策与建议。陈仕维以港口城市厦门的邮轮产业为案例,对邮轮服务现状进行了探讨[59],指出了邮轮经济发展的优势与劣势,并提出对策和建议。沈文璐[60]、李晓玉[61]分析了我国邮轮行业在投融资领域的现状以及主要融资方式,针对我国邮轮行业投融资存在的问题提出对策建议。丁雅静认为邮轮消费形式主要分为物质消费和精神消费[62],调查研究影响邮轮消费特点的因素包括游客结构特征、游客消费动机、游客消费结构以及游客旅游满意度。

在邮轮市场发展方面,张建华聚焦于中国邮轮旅游市场的当前发展阶段、未来发展趋势进行分析[63]。殷翔宇指出国内邮轮企业处于起步阶段,缺乏成熟的经营模式[64],通过界定邮轮产业相关概念以及邮轮企业经营模式,对国外邮轮企业经营模式进行分析评价,提出对国内邮轮企业经营模式构建的启示。梅俊青[65]聚焦中国邮轮旅游市场独特的"包船模式"[65]。刘小培指出邮轮产业对于推动区域经济发展具有重要意义,采用层次分析法对八个备选港口城市构建邮轮母港选址评价指标体系[66]。蔡雅男等对我国邮轮建造产业的相关政策规定展开研究[67],对比国内外邮轮建造形势,提出国产邮轮建造政策建议。倪立帅指出邮轮经济为区域带来的直接和间接效益日益明显[68],借助云模型综合评价方法,分析天津邮轮母港发展现状以及市场潜力。刘婷芳等以上海吴淞口国际邮轮港为研究对象,围绕邮轮制造维修业、航线的设计与选择、港口软硬件设施和人才供给展开研究[69]。王欣等聚焦开展了粤港澳邮轮母港竞合关系优化分析[70],孙晓东指出邮轮产业已经成为发展最迅速、经济效益最显著的旅游业务之一,基于宏观与微观环境对我国邮轮产业研究成果进行综述[71]。孙瑞红等聚焦分析邮轮市场的价格形成机制与"低价困境"[72]。

2.2.4　邮轮港口效率相关研究

邮轮港口是发展邮轮产业的基础,刘柏鹤认为我国部分地区没有考虑自身资源条件与邮轮港口建设风险[73],存在盲目跟风建设现象,邮轮经济泡沫正在逐渐形成。邮轮港口建设缺乏规划协调,降低了邮轮产业效率。聂莉[74]、蔡晓霞[75]、郭孝东[76]等主要聚焦邮轮港口城市竞争力研究,孙领[77]、王东霞[78]针对邮轮港口对区域经济发展的影响研究,徐杏[79]、朱园园[80]聚焦邮轮港口的规划选址和建设研究,朱乐群[81]、吴慧[82]等聚焦邮轮港口评价指标体系研究,刘家国[83]、邹志强[84]开展邮轮港口风险研究,王帆[85]、韩兵[86]等开展港口的运营策略研究,但是对邮轮港口效率的研究相对较少。邮轮产业是资本密集型产业,邮轮港口的开发建设需要投入巨额资金,且港口用途较为单一,投资成本具有沉没性,缺乏效率的投资不仅不能带来预期收益还会造成巨大的资源浪费,因此对我国沿海各区域邮轮港口的效率进行定量评价十分必要,可以为各港口合理定位、规划布局、改善运营提供决策参考。

查阅文献发现现有关于港口的效率研究,鲁渤[87]、刘名武[88]的研究对象基本全是集装箱港口,研究的方法主要有两种,一种是数据包络分析(DEA),另一种是随机前沿分析(SFA)。陈军飞根据 15 家港口水运上市公司年报,应用DEA 模型评价其经营相对效率[89]。杨华龙基于改进的 DEA 模型,对我国主要集装箱港口的生产效率进行实证分析[90]。匡海波采用 DEA 模型利用主成分分析法选择指标,对大连港等 8 个港口相对生产效率进行实证分析[91],发现上海港、广州港、宁波港位于第一层次的效率值为 1,厦门港、青岛港分别第二和第三,天津和深圳港的效率值偏低为 0.18。张小蒂采用 DEA 模型对港口内部效率,港口间联网效率及港口对腹地经济的辐射效率三个层面进行研究[92],认为三个层面基本实现有效,但是大多数港口仍存在不同程度的低效率,并且指出低效率源自港口体系内部股权结构的扭曲。郭辉以我国和全球部分集装箱码头为研究对象,运用 SFA 模型定量分析集装箱码头的生产效率[93],认为港口规模越大生产效率越高。匡海波利用财务数据结合神经网络模型对中国港口上市公司的综合效率进行研究[94],前四名分别为上港、深赤湾、天津港、盐田港,他们的每股收益和人均利润比较高。冯烽将港口上市公司分为营运和资本运作两部分[95],利用 SBM 和 DEA 研究发现,由于资本运作效率,半数港口上市公司相对效率可以达到最优,其余没有达到相对效率的重要原因是资源配置与发展规模不匹配。

2.2.5　邮轮产业结构优化的机制研究

目前关于邮轮产业和邮轮旅游的相关理论基础有空间组织理论、点轴开发理论、网络开发理论、行为地理学、自组织理论、系统论、旅游可持续发展理论、马斯洛需要层次理论、阿尔德佛 ERG 理论、麦克莱兰的成就需要理论、赫茨伯格双因素理论、产业集群理论、经济增长理论、区域经济空间结构理论、增长极理论、梯度发展理论等。阚立扬等对我国邮轮产业研究现状与发展趋势进行概述[96];沈静等以邮轮制造商为核心的供应链模型分析我国邮轮制造业供应链发展现状和特点[97]。从系统要素角度看,李倩铭界定邮轮旅游空间组织系统要素为节点要素、通道要素和媒介要素[98]。唐顺铁[99]、杨兴柱等[100]聚焦物质、信息和能量的流动,明确旅游信息流和旅游流之间的关系,即旅游物流和旅游能源是伴随着旅游客流产生的。从邮轮旅游的影响因素角度看,徐月异聚焦从经济因素、社会因素和文化因素三方面梳理邮轮旅游主体的影响因素;从邮轮旅游资源条件、经济条件、环境条件、相关的基础设施来梳理邮轮旅游客体的影响因素;从邮轮公司、邮轮旅游代理机构、邮轮旅游宣传媒介三类行业来梳理邮轮旅游媒体的影响因素[101]。包莉莉结合邮轮产业周期特点,分为导入期、成长期、成熟期共三个阶段进行邮轮产业的路径优化[102]。

2.2.6　邮轮港口和新基建发展研究

在邮轮和港口新基建研究方面,孙灏等通过收集各大国际邮轮公司和国内外邮轮港口中关于信息技术应用的资料,总结了信息技术在智慧邮轮发展中的现状和问题[103]。杨世雄指出 VR/AR 技术综合了多种信息技术,在多维信息空间中建立虚拟信息环境,以其高度仿真的视景模拟人在自然环境中的操作行为[104]，目前该技术已经在船舶设计建造、船舶行业人员教育培训、船舶运营和船舶检验等领域开始应用。白雪梅指出工业互联网视角下数字孪生技术能为工业应用带来巨大商业价值[105]，该技术在船舶海工行业的应用场景也很广泛，如海工装备结构装配、远程实时监控和维护、船舶仿真测试以及操纵 VR 培训，有助于船舶制造企业数字化转型、产业升级。罗本成通过研究新加坡智慧港口的模式和特点，码头运营智能化、港口物流供应链协同服务、先进信息技术的融合应用、绿色港口、实施港口生态圈战略，探索世界智慧港口的发展趋势，为我国建设智慧港口提供建议[106]。林榕聚焦目前建设智慧港口的机遇和挑战，提出要建成自主知识产权的智能化港口综合系统、初步具备港口生态圈综合服务能力、初步形成全国智慧物流综合服务体系[107]。范晓锋提出数字化智能航运的显著特征是"联"和"链"，认为数字化加快了航运各要素、各环节的互联互通，打造智能航运大平台有利于推动精准数字化、多要素智联和产业融合[108]。胡江提出将人工智能技术引入船舶模块化编码设计中，采用机器学习的方式进行优化，船舶模块化过程中涉及的物联网技术和智能制造技术都需要人工智能技术支持[109]。袁雪妃指出我国港口应逐渐向服务型港口转型，提高综合物流效率[110]。陈婉婷提出建设综合性港口物流服务中心，即在港口附近将仓储配送、装卸搬运、运输中转等多种物流环节进行有机结合，构建完整的物流服务供应链，为区域提供专业化、一体化的物流服务，打造港口地区开放式物流信息平台[111]。

2.3　基于 CiteSpace 的国内外邮轮产业研究进展及趋势

近年来，现代邮轮产业已成为旅游业中发展最迅猛、最具活力的产业之一[112]，被称为"漂浮在海上的黄金产业"。邮轮原指海洋上定线、定期航行的大型客运轮船，主要承担客运和货运的交通作用，是集观光、住宿、交通和餐饮娱乐设施为一体的综合型旅游产品[113]。21 世纪后，邮轮产业的发展和演化推动了相关产业的发展，形成邮轮产业与多产业共同发展的经济现象[114]，世界邮轮经济发展迅速，北美地区占据全球最大的邮轮市场份额，邮轮经济渐渐渗入各大国际大都市的经济发展规划中[115]。尽管中国邮轮产业发展较晚，但邮轮消费已经成为经济增长的新亮点，是对接"一带一路"倡议、深化改革开放、增强旅游外交和实施海洋经济强国战略的重要助力。国内外学术界主要从产业聚集、利益相关者和消费者三个视角对邮轮产业进行研究。在产业集聚方面，Braun 以卡纳维拉尔邮轮港口为例，分析该港口的邮轮产业集群现象对佛罗里达州中部地区的经济拉动效应[116]。李柏青基于产业生态系统视角,划分邮轮港口集群、邮轮公司集群、辅助集群三个邮轮产业集群,构建邮轮产业生态系统研究体系[117]。Wang 聚焦邮轮企业社会责任,以嘉年华公司为例探讨邮轮公司如何实施环境友好型绿色战略[118]。邮轮消费者方面,焦晨杨在新冠疫情背景下,从游客安置角度分析邮轮旅游的危机管理措施[119]。上述研究对邮轮产业的发展有一定的价值和意义,但仍有以下不足,虽然国外对邮轮的研究起始时间较早,但对现代邮轮产业的研究兴起时间较短,尚未形成完善的研究体系。当前还没有学者对国内外邮轮产业研究情况进行梳理和比较,面对数量庞大的文献,传统综述法具有一定主观性,难以科学呈现邮轮产业总体的研究进展、热点分布。因此本书借助 CiteSpace 软件对国内外邮轮产业研究文献进行可视化分析,通过绘制知识图谱分析国内外旅游产业的研究进展和趋势,旨在探索邮轮产业研究进展和热点趋势,为后续研究提供借鉴。

2.3.1　研究工具和数据来源

2.3.1.1　研究工具

本书使用知识图谱分析法对国内外邮轮产业研究的学术文献进行计量分析。知识图谱法的研究对象主要为科学知识,通过海量数据挖掘、科学信息处理、图形绘制与计量分析科学知识领域的研究进展、热点分布,通过可视化图形显示现有文献的研究进展、结构关系、活动规律。目前学术界绘制知识图谱的工具有 CiteSpace、VosViewer、Sci2 Tool 等。其中 CiteSpace 是陈超美团队于 2004 年应用 Java 语言开发的一款主要基于共引分析理论(Co-ciation)和寻径网络算法(PathFinder)等[120],CiteSpace 通过可视化手段计量和分析文献资料,直观展示科学知识领域的关键文献、热点研究和前沿方向,在国内外科学研究领域得到广泛应用,鉴于此,本书采用 CiteSpace 6.1R6 软件,时间跨度截止于 2022 年,时间切片设为 1,阈值选择标准设为 Top 50 per slice,通过软件中作者和机构的合作网络、关键词共现、研究热点的关键词突现等可视化分析法,详细探讨邮轮产业在国内外的研究进展与趋势。

2.3.1.2　数据来源

由于邮轮经济是邮轮产业所构成的经济价值链,包括多产业的共同发展,为了兼顾邮轮产业研究的广度和深度,本书也将"邮轮经济"纳入此次文献数据收集范围内。中文文献数据来源于中国知网(CNKI)数据库,检索日期为 2023 年 3 月 23 日,以"主题=邮轮产业"OR"主题=邮轮经济"为条件在中文学术期刊中进行检索,共计检索得到文献 921 篇(数据收集截止时间 2023 年 3 月 23 日)。经过对检索结果的人工辨别和筛选,剔除会议通知、征稿、新闻报道等,最终获得有效中文文献 687 篇。英文文献数据来源于美国科学网(Web of Science)核心数据库,检索日期为 2023 年 3 月 23 日,以"主题＝Cruise Industry"OR"主题＝Cruise Economy"AND"文献类型＝Article"AND"语种＝English",时间跨度选择为所有年份(1900—2022),检索出 550 篇文献,可以发现最早的核心外文研究文献可以追溯到 1979 年。由于国内对邮轮产业的研究始于 2003 年,为了更好地对比国内外研究进展与热点趋势,本书将截取 2003 年至今的外文文献进行文献可视化对比研究。随后将 2003 年往后的文献数据导入 CiteSpace 6.1R6 软件进行数据去重处理,最终得到有效外文文献 500 篇。

2.3.2　文献发表趋势分析

本书对 2003—2022 年国内外邮轮产业研究领域的学术文献进行时序数量对比(图 2－1)。在 20 世纪 60 年代世界现代邮轮产业诞生后,邮轮业开始进入了国内外学者的视线,但此时现代邮轮业尚处于萌芽期,研究热度较小。21 世纪初,国际邮轮产业发展逐渐成熟,美国成为全球最大的邮轮市场,并在 2001 年邮轮乘客总数达到 600 万,从邮轮经济中总体收益 200 亿美元。此后国内外学者纷纷注意到邮轮业带来的经济效益,通过分析国际著名邮轮城市的地域条件、经济基础和政策法规的条件,试图探索我国各个沿海港口城市发展邮轮经济的初步条件。从发文数量来看,2003—2017 年间,邮轮产业领域中文文献发文量多于英文文献,2017—2022 年间,邮轮产业领域英文文献发文量多于中文文献。由发文量的线性趋势可以发现,2003—2014 年间中文文献年度发文数量递增,2014 年后发文数量有所下降,2003—2022 年间英文文献年度发文数量始终处于递增状态,说明近几年国外期刊的英文文献对邮轮产业的研究热度更高,这是因为当前国际邮轮市场主要集中在北美和欧洲,其中发达国家占了最大的市场份额,且国内作者对于邮轮产业进行研究,近几年也倾向于发表在英文期刊,2021 年、2022 年受疫情影响,国内对邮轮产业的研究大幅度减少。

2.3.3　文献作者及机构分析

核心作者是对研究领域有重要贡献的研究人员,而核心作者群发挥学科的导向作用,不断将学科研究推向新水平。通常用于测评核心作者的指标为发文量(重要性评价)。根据普莱斯定律来确定邮轮产业研究领域的核心作者,统计

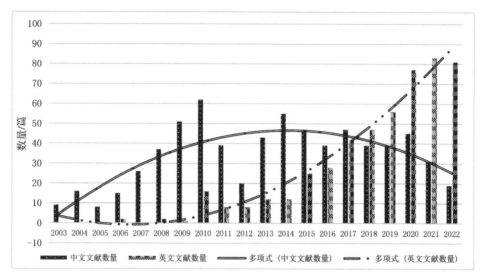

图 2-1 2003—2020 年国内外邮轮产业研究发文量对比

可知,国内的叶欣梁和孙瑞红教授分别为中文文献发文数量最高者(17 篇)和发文数量次高者(13 篇)。英文文献中 Li,Keqiang 和 Li,Shengbo Eben 的发文量最高(8 篇),其次为 Gao,Bingzhao 和 Chen,Hong(6 篇),中英文献发文量前十的核心作者如表 2-1 所示。

表 2-1 中英文献核心作者发文量

国内作者	发文数(篇)	国外作者	发文数(篇)
叶欣梁	17	Li,Keqiang	8
孙瑞红	13	Li,Shengbo Eben	8
孙妍	10	Gao,Bingzhao	6
王志彦	6	Chen,Hong	6
孙晓东	5	Peng,Huei	5
胡顺利	4	He,Defeng	5
颜晨广	4	Cheng,Bo	4
殷翔宇	4	Liu,Cong-Zhi	4
潘勤奋	4	Yong,Jia-Wang	4
丁宁	4	Cheng,Shuo	4

　　通过合作网络图谱来分析中英文献核心作者和发文机构的合作情况,图谱中的节点代表发文作者,节点越大表明作者的发文数量越多,连线表明作者之间的合作关系,连线越粗表示作者间合作关系越紧密。中文文献作者图谱中(图 2-2)有 476 个节点,175 条连接线,网络密度 0.0015,核心作者间交流不紧密,呈现整体分散和部分集中现象,目前以叶欣梁、孙瑞红为中心形成了稍为密集的合作网络,主要因为两位作者同属于上海工程技术大学管理学院。通过中文文献发文机构图谱(图 2-3)可以发现,上海工程技术大学(2014 年 34 篇、2015 年 18 篇)、大连海事大学(2005 年 16 篇)、上海海事大学(2004 年 16 篇、2005 年 11 篇)发文量居于前三,各机构之间几乎没有合作。结合发文作者和研究机构的发文量和合作情况来看,中文文献邮轮产业的核心作者群内部的合作强度较大,团队间极少有学术合作,大多是高校内部的二级学院内的合作交流,缺少跨学科和跨机构的合作交流。

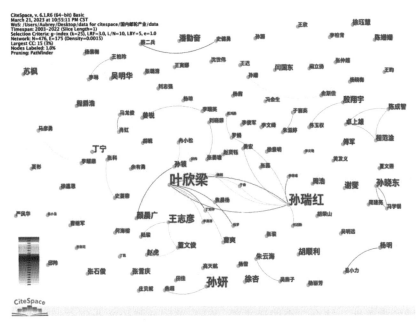

图 2-2　中文文献发文作者合作图谱

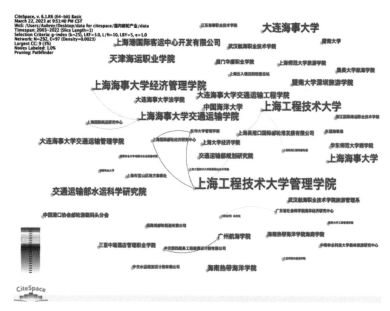

图 2-3　中文文献发文机构合作图谱

　　图 2-4 展示了英文文献发文作者所在国家/地区情况。从发文量上看，中国以发文 193 篇居于首位，其次是美国（118 篇）、英国（31 篇）和加拿大（26 篇）。通过中心度计算可知，英国以 0.71 的中心度值位于第一，随后是西班牙（0.37）和意大利（0.31），中国的中心性值为 0.15。英文文献作者合作图谱（图 2-5）中共有 392 个节点，360 条连接线，网络密度 0.0047。英文文献作者合作情况同中文文献类似，都呈现整体分散和局部聚集现象，形成了以 Li Shengbo Eben、Li Keqiang、Chen Hong、Gao Bingzhao 为核心的作者群。机构合作图谱（图 2-6）有 298 个节点，224 条连接线，网络密度为 0.0051，各科研机构间联系较为密切。发文量较多的机构是 Jilin Univ（25 篇）、Tsinghua Univ（21 篇）、Michigan Univ（15 篇）、Clemson Univ（12 篇）、Beijing Inst Technol（12 篇），其中 Zhejiang Univ Technol（0.06）、Tsinghua Univ（0.06）的中心度最高，表明其对邮轮产业研究领域的重要性。结合三个图谱来看，英国、美国是邮轮产业研究领域中影响力最大的国家，中国对邮轮产业研究的贡献不可忽视，已有大量中国学者和研究机构在研究领域中大放异彩。

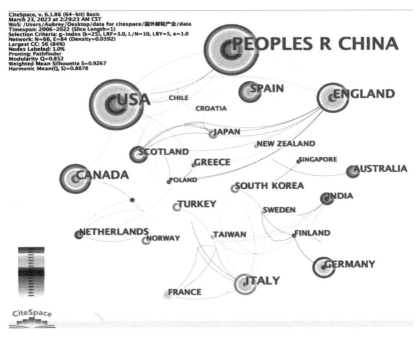

图 2–4　发文作者所在国家/地区

图 2–5　英文文献发文作者合作图谱

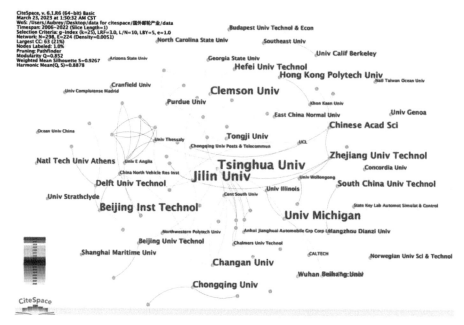

图 2-6　英文文献发文机构合作图谱

2.3.4　国外研究热点与趋势分析

在 CiteSpace 软件中将阈值设为 32,绘制出英文文献邮轮产业研究关键词共现图谱(图 2-7)。图谱中含有 412 个节点,727 条连接线,网络密度为 0.0086,体现英文文献中的关键词联系较为紧密。剔除关键词"industry""ship"和"perception",总结了出现频次在前 18 的关键词及其中心性(表 2-2)。由表 2-2 可知,出现频次较高的关键词是 fuel economy(86)、adaptive cruise control (79)、system(55)、model predictive control(50)、design(46)、model(40)、optimization(40)。计算各个关键词的中心性,可以发现中心性较高的关键词是 adaptive cruise control(0.18)、system(0.17)、fuel consumption(0.15)、design (0.12)、cruise ship(0.11)。结合关键词的频次和中心性来看,英文文献邮轮产业的重要研究热点是 fuel economy、adaptive cruise control、system。

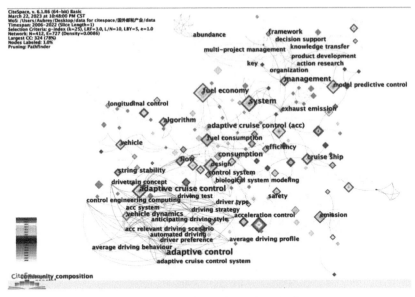

图 2-7　英文文献关键词共现图谱

表 2-2　英文文献研究热点统计

序号	关键词	频次	中心性	序号	关键词	频次	中心性
1	fuel economy	86	0.07	10	vehicle	31	0.04
2	adaptive cruise control	79	0.18	11	emission	28	0.07
3	system	55	0.17	12	fuel consumption	24	0.15
4	model predictive control	50	0.09	13	performance	23	0.02
5	design	46	0.12	14	autonomous vehicle	23	0.06
6	model	40	0.05	15	cruise ship	22	0.11
7	optimization	40	0	16	energy management	21	0.04
8	impact	39	0.02	17	tourism	19	0.05
9	cruise control	35	0.02	18	electric vehicle	18	0.02

图 2-8 展示了英文文献邮轮产业研究关键词时区分布,可见在 2010 年之前这一阶段涌现了大量关键词,但高中心性关键词较少,2010 年之后的高中心性关键词数量显著增多。结合发文数量和关键词共现分析,本书将 2003 年之后

的英文文献邮轮产业研究分为两个阶段。

第一阶段为 2003—2009 年,21 世纪初,国际邮轮产业发展逐渐成熟。据邮轮国际协会统计,2003 年仅在北美市场就有 860 万人乘坐邮轮,超过 85％的乘客表示会再次乘坐邮轮,邮轮经济的发展吸引了学者们的广泛关注,使得这一阶段发文数量增加,关键词大量涌现。起初大多学者从整体视角出发考虑本国邮轮产业发展的影响因素和模式调整,随后学者们开始关注邮轮消费者,出现了"adaptive cruise control""fuel economy""cruise tourism"等与之相关的关键词。由上述分析可知,"fuel economy"是高频词关键词,"adaptive cruise control"是高中心性关键词,不少学者聚焦邮轮旅游的发展。Di Vaio Assunta 等分析了邮轮游客的可持续行为及其对目的地的满意度,并对地中海地区主要停靠港的 1180 名邮轮游客进行了半结构化问卷调查,通过研究结果可以帮助从业者和政策制定者精确定位和理解邮轮旅游对目的地的社会经济影响[121]。Manuela Gutberlet 指出邮轮旅游是全球增长最快的行业之一,认为阿拉伯半岛发展了大规模邮轮旅游业,实现了经济多元化,并介绍了阿拉伯半岛地位大型邮轮旅游对目的地空间、文化和旅游体验的影响[122]。

第二阶段为 2010 年至今,全球邮轮市场规模稳步增长。据国际邮轮协会(CLIA)统计,2019 年全球邮轮游客数量达到 3000 万人次,学者继续深入挖掘邮轮产业研究主题使得高中心性关键词涌现,如"market""management""experience""cruise tourism""adaptive cruise control"等。邮轮旅游市场成为这一时期重要主题,学者们从消费者、邮轮企业、邮轮建造等多个内部因素研究,外部因素从气候变化、政策调整等因素分析。Sun 对邮轮航线的预测问题,提出两阶段的框架预测模型[123],对邮轮市场的航线需求情况进行预测,为邮轮公司的资源配置和决策提供建议。Chua 提出新奇感和感知价值影响邮轮游客的满意度和忠诚度[124],价格敏感性发挥调节作用,新奇感在低价格敏感性游客上更容易形成满意度,而在高价格敏感性游客上会提高感知价值,体现邮轮游客对服务质量感知价值的要求越来越高。随着绿色可持续发展理念盛行,以及疫情的爆发,人们越来越关注邮轮旅游业对全球环境和健康的影响,Josep 展示了邮轮行业对环境污染和人员健康的影响,对此提出风险监测方案,认为邮轮产业需要更多的监督[125]。

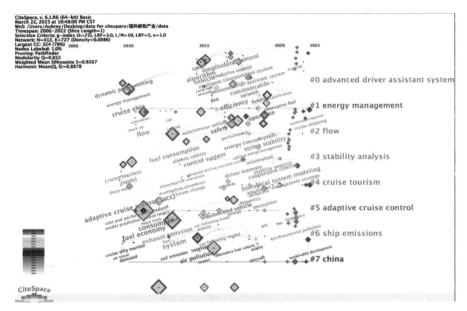

图 2-8　英文文献关键词时区图

2.3.5　国内研究热点与趋势分析

关键词作为文献核心内容的凝练与核心,其共现关系是分析文献研究热点、趋势的重要评价依据。关键词的重要程度主要通过频次和中心性两个指标衡量,一般关键词出现频次与该关键词受关注度成正比;中心性越高、共现频次越多,表明该关键词在其研究领域内的重要性越高。本书利用 CiteSpace 软件对国内外邮轮产业研究文献进行关键词共现分析国内外学者对邮轮产业的研究热点。

图 2-9 是中文文献邮轮产业研究的关键词共现图,将阈值设为 18,对出现频次在 18 次以上的关键词绘制知识图谱。图中每一节点代表一个关键词,线条表示关键词之间的联系,圆形节点外圈颜色深浅表明关键词的中心性大小,图 2-9、图 2-10 中含有 459 个节点,731 条连线,网络密度为 0.0070,网络模块化评价指标 Modularity Q 值为 0.8306($Q>$0.3 表示聚类结构显著),网络同质性平均值 Silhouette S 值为 0.8897($S>$0.5 说明聚类结果合理,S 值越接近 1 表明结果越有说服力)。为了提高关键词统计结果的准确性,剔除"邮轮产业""邮轮经济"和"邮轮"这三个主题词,总结了出现频次在前 14 的关键词及其中心性。从表 2-3 中可知,关键词出现频次较高的是国际邮轮(126)、邮轮产业(107)、邮

轮经济(98)、邮轮旅游(89)、邮轮(51)、旅游业(32)和邮轮母港(32)。中心性较高的关键词是国际邮轮(0.72)、邮轮产业(0.44)、邮轮旅游(0.40)、邮轮经济(0.34)、邮轮(0.28)。结合关键词和中心性发现,国内邮轮产业研究热点是国际邮轮、邮轮产业、邮轮经济、邮轮旅游、邮轮母港、邮轮港口等关键词。"国际邮轮"在频次和中心性方面都是居于首位的关键词。

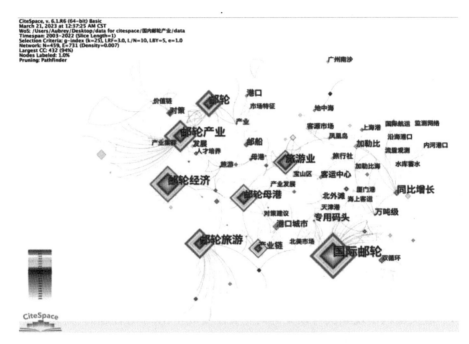

图 2-9　中文文献关键词共现图谱

表 2-3　中文文献研究热点统计

序号	关键词	频次	中心性	序号	关键词	频次	中心性
1	国际邮轮	126	0.72	8	产业链	10	0.06
2	邮轮产业	107	0.44	9	对策	8	0.01
3	邮轮经济	98	0.34	10	港口城市	8	0.02
4	邮轮旅游	89	0.4	11	疫情防控	8	0.01
5	邮轮	51	0.28	12	同比增长	8	0.07
6	旅游业	32	0.19	13	加勒比	8	0.02
7	邮轮母港	32	0.07	14	凤凰岛	7	0.02

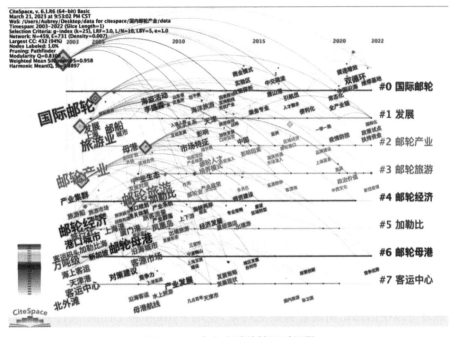

图 2 - 10　中文文献关键词时区图

本书通过绘制关键词时区图谱来分析中文文献邮轮产业研究热点演变趋势。关键词时区图谱是以二维坐标形式出现,关键词时区图谱中每个节点代表了不同发展阶段内的高频关键词,节点位置代表了时间变化趋势,节点大小与节点位置共同构成了向前演进的知识图谱时区变化图[126]。节点位置体现了关键词初次出现的年份,节点大小体现研究热门程度,节点间连线体现了关键词共现关系。结合时区图和上述分析将我国邮轮产业的研究历程分为两个阶段:

(1)第一阶段(2003—2009 年):萌芽起步阶段,发文量少,关键词数量多。此时国内邮轮业刚起步,北美和欧洲邮轮业发展迅速,占据全球邮轮产业的主要份额,这个阶段邮轮产业研究的视角单一且研究主题较少,主要为国际邮轮、邮轮产业、邮轮经济,国内学者主要从整体视角来探索我国邮轮产业发展措施和经济效益,通过分析邮轮经济发达国家的内外部条件以及 21 世纪后国际邮轮经济在发展阶段、投资管理和经营管理模式上的变化,以此来探讨我国发展邮轮经济的可行性。2007 年后,我国邮轮经济的迅猛发展催生了对邮轮停靠港口的需求,有学者聚焦邮轮母港,分析我国邮轮港口登船和离船流程,在泊位数量、码头前方作业地带、航站楼、物资补给、加油维修设施等方面提出建议。

(2)第二阶段(2010 年至今):研究拓展阶段,该阶段邮轮产业研究从横向和纵向都有较大提升。在横向研究方面,邮轮产业研究领域的研究主题拓宽,最显著的是邮轮旅游业的发展。孙晓东提出,中国邮轮旅游业呈现港口发展日渐有序、本土邮轮企业蹒跚起步、高附加值产业环节缺失、邮轮人才储备不足等特点和问题,全产业链化是邮轮产业未来的发展趋势[71]。张蕊提出邮轮产业发展与专业人才培养脱节,在培养途径上要遵循官产学研相结合、理论与实践相结合、学历学位教育与职业资格培训相结合三大准则[127]。2019 年新冠疫情导致全球邮轮停运,对全球邮轮经济产生较大打击,在此背景下邮轮产业的复苏成为最炙手可热的研究话题,已有学者在邮轮企业自救、政府政策优惠、防疫措施、疫情预测、地区邮轮产业发展等方面提出建议,此外辛普阳基于场景营销理论,就疫情下如何提高邮轮旅游的营销效率、建立正面邮轮品牌形象、尽快全面恢复邮轮航线运营展开研究[128]。在纵向研究方面,研究视角开始增多,有产业链视角、产业集聚视角、海洋经济视角、邮轮产业政策、邮轮船员心理健康视角等多个视角。在研究方法上开始采用空间分析法、地理探测器、文本数据分析等定量方法,如黄燕玲等以中国邮轮消费者为研究对象,使用 Python 和 Ucinet 软件对携程网和同城网的在线点评进行文本分析,对中国邮轮游客感知进行研究[129]。

2.3.6　研究结论

本书基于 CiteSpace 软件对 CNKI 和 WOS 数据库中 2003 年至今的国内外邮轮产业有关研究进行可视化对比分析,得到以下结论。

第一,从发文数量来看,2003—2017 年间,邮轮产业领域中文文献发文量多于英文文献,2017—2022 年间,邮轮产业领域英文文献发文量多于中文文献。由发文量的线性趋势可以发现,2003—2014 年间中文文献年度发文数量递增,2014 年后发文数量有所下降,2003—2022 年间英文文献年度发文数量始终处于递增状态。

第二,从发文作者和机构来看,中英文献邮轮产业研究领域内都呈现整体分散、部分集中状态。英文文献研究者之间和机构之间都形成了稳定且紧密的合作关系,能够跨学科进行交流研究。国内虽然核心作者群内部的合作强度较大,但团队间少有学术合作,发文机构间几乎没有合作,大多是高校内部的二级学院内的合作交流,缺少跨学科和跨机构的合作交流。

第三,从研究主题来看,中英文献学者都关注邮轮产业对区域经济的拉动作用,总体上都聚焦邮轮市场的经济效益和产业链中利益相关者,研究视角呈现多元化趋势,研究手法从定性方法向多样化的定量方法转变。近年受绿色可持续和大数据发展的影响,英文文献在邮轮建造业上开始研究绿色燃气和自动化航运系统。国内研究重点是邮轮产业链的中下游部分,从邮轮游客、旅游目的地、航线设置、母港接待、疫情防控等多个视角聚焦邮轮旅游产业。

2.4　研究述评

新时代背景下,我国邮轮产业在经济、政策、生态等方面面临新机遇和新挑战,通过 CiteSpace 计量软件对 CNKI 和 WOS 数据库中邮轮产业文献的可视化对比分析,系统梳理国内外邮轮产业研究进展及趋势,未来我国邮轮产业研究亟须在以下方面进行改善。

第一,构建紧密的研究合作网络。与国外研究相比,国内学者和机构之间的合作网络密度较小,研究者的合作范围局限于所属研究机构的二级学院内,缺少跨学科、跨学院、跨机构,甚至是跨国的合作交流。因此,有必要构建政府、高校、科研机构、企业等多元主体参与的研究网络,强化邮轮产业的研究力量。

第二,拓展研究内容。当前国内外主要还是聚焦于邮轮产业链的中下游,上游邮轮建造部分只有少数英文文献有涉及。2019 年中国首制大型邮轮在上海外高桥开始建造,中国已经步入邮轮建造时代,随着科技和 5G 大数据的发展,国内学者将研究视线放在邮轮产业链上游部分,通过跨学科合作来提升我国邮轮建造水平。同时因邮轮旅游产业作为旅游业的一部分,受到外部政策、经济、气候、公共卫生事件影响较大,疫情之下如何使邮轮旅游业尽快复苏成为研究热点。

第三,创新研究方法。研究早期阶段主要采用概念理论与宏观战略为主的定性分析,2010 年后研究领域内开始综合使用定量分析法。由于邮轮产业涉及多学科,包括旅游、交通运输经济、船舶工业、企业经济等,从新研究视角、新研究对象出发,综合运用多学科研究手法对邮轮产业进行全方位探析。

国外学者的成果为本书提供了理论借鉴和方法参考。从研究区域看,已有研究多聚焦国内外邮轮产业发展成熟的区域做实证研究,针对新兴国家本土邮轮旅游发展的研究比较薄弱;从研究方法看,邮轮旅游的研究方法比较简明且实用性较强,相对成熟的纯理论研究、模型和评价指标体系的构建不多见;从研究内容看,已有研究集中度较高,对其机制原理、空间演变规律和整体组织规划研究较少。整体而言,已有研究为本书提供以下启迪:第一,新兴国家本土邮轮经济整体规划和开发研究是目前国际研究的困境之一,应积极创新本土邮轮经济发展机制原理,探讨如何充分发挥邮轮经济的拉动效应;第二,我国邮轮经济出现的诸多结构性失衡问题,充分开发本土邮轮旅游产品,深入挖掘邮轮经济增长潜力和新动力,探索本土邮轮经济发展的空间结构驱动机制;第三,邮轮产业链是多个领域组成的复合系统,国内邮轮相关研究迫切需要有效集成多学科研究理论和研究手段。

第3章 国内外邮轮产业发展经验借鉴和启示

3.1 邮轮港口城市产业发展经验借鉴

3.1.1 迈阿密邮轮产业发展经验

3.1.1.1 邮轮码头设施设备和配套旅游业完善

迈阿密国际邮轮码头泊位水深 12 米、海岸线长达 2 千米;从港口建设角度,有 12 座超级邮轮码头建筑,可同时停靠 20 艘邮轮进出港口,邮轮年停靠量居世界第一位。从旅游业发展程度角度,迈阿密邮轮旅游服务逐渐成熟完善,通过15 家大型国际邮轮公司在迈阿密总部的聚集发挥着邮轮旅游集聚效应,吸引邮轮旅游消费者前往。迈阿密国际邮轮码头具有优越的区位优势,距迈阿密机场不足 10 千米,基于机场强大运输力的支撑,80%的邮轮旅客选择乘坐飞机抵达迈阿密国际邮轮码头,实现邮轮码头与机场联动,打造高效率的迈阿密邮轮运行速度。迈阿密是美国佛州第二大城市、美国东南部最大的都市圈,全美第四大都市圈,人口超过 559 万,是美国人口最为稠密的城市之一。2018 年 10 月,《孤独星球》旅行指南公布 2019 年全球十大最佳旅行城市榜单,迈阿密排名第 4 名。迈阿密作为世界闻名的国际性大都市,2018 年 11 月进入世界一线城市行列,是许多旅游行业、航空公司、物流服务的总部所在,如美国航空公司、迪士尼、埃克森美孚、联邦快递、微软、美国电报电话公司、汉堡王和挪威邮轮公司等,其商业贸易、金融发展、休闲娱乐、艺术文化等方面在世界范围内居于重要位置。这里是度假天堂,也是重要的金融交易中心,迈阿密港每年创造 270 亿美元的经济效益,提供超过 20 万个工作岗位。迈阿密的阳光和沙滩是最宝贵的天然资源,沿着大西洋的海岸,整个城市处处绿树成荫,另外,迈阿密临近加勒比海,享受着加勒比海的岛屿资源、海滩资源、观光资源。巴哈马和哥斯达黎加共和国是加勒比海地区两个主要旅游景点。2021年,皇家加勒比国际游轮公司①宣布"海洋小夜曲号"邮轮(Serenade of the Seas)将于2023年开启274晚、游览全世界150多个目的地的"最长、最全面"的邮轮之旅,迈阿密将成为"终极环游世界邮轮"的开启地和结束地。

3.1.1.2　优惠政策和多元合作

迈阿密旅游部门与邮轮航线沿途城市签订了落地签协议,方便搭乘邮轮观光的旅游游客入境,实现了旅游目的地多样化。迈阿密港还被称为"南北美洲之间的门户",是距离巴拿马运河最近的美国港口。它还是美国最繁忙的货运港之一,每年进口货物近1 000万吨。2017年,迈阿密港与青岛港共同签署了建立友好港关系协议书,来自青岛港的货物量在迈阿密港吞吐量中的比重将会持续提高,将进一步增加两港之间的贸易量。迈阿密国际机场是全球最繁忙的机场之一,是美国第三大外国航空旅客入境港,仅次于纽约肯尼迪国际机场和洛杉矶国际机场,是世界第七大外国航空旅客入境港。皇家加勒比国际游轮于2018年11月投入使用其新建的耗资2.5亿美元、代号A Terminal的迈阿密港专属品牌邮轮码头,并将该码头作为主要停泊区域,皇家加勒比旗下的邮轮品牌如海洋交响乐号邮轮都将在迈阿密港的A Terminal码头停靠,在此之前,大约75万名邮轮游客通过皇家加勒比旗下的邮轮品牌抵达迈阿密港,占迈阿密港邮轮乘客的15%左右,A Terminal码头开启使用后,在迈阿密港皇家加勒比成为访客数量最多的邮轮品牌;迈阿密旅游和港口委员会针对皇家加勒比国际游轮公司批准协议,皇家加勒比国际游轮公司在迈阿密戴德县以金额3.11亿美元、租期40年的条件达成了一笔土地交易,此后皇家加勒比国际游轮公司的总部办公大楼和停车场开始在迈阿密筹划建设,皇家加勒比公司还将享有15年的优先选择权。从2017年12月开始,MSC地中海邮轮的MSC Seaside号以迈阿密港为母港首航后,地中海专属品牌邮轮码头F开启使用,随着MSC Divina、MSC Armonia以及MSC Meraviglia邮轮在迈阿密港的运营,全新的码头建造计划提上日程,迈阿密戴德县政府与MSC地中海邮轮于2018年7月签署备忘录,为实现地中海邮轮20万吨级新船的停靠,就延长优惠停泊权、新建AAA邮轮码头等达成共识,其中地中海邮轮的优惠停泊权由周六一天延伸至周六、周日两天,AAA邮

---

① 此处为公司名称,按照皇家加勒比中文官网的写法。全书其余地方同。

轮码头将于 2022 年建造完成并投入使用。维珍集团于 2019 年在迈阿密港西北侧开工建造 9 300 平方米的独家邮轮码头维珍航海航站楼并于 2021 年 11 月竣工。2022 年 3 月 11 日,MSC 地中海航运集团旗下邮轮业务版块宣布其位于美国迈阿密港的邮轮码头航站楼正式破土动工,这座四层高的全新航站楼拥有四个登船甲板,每日可接待多达 36 000 名宾客,充足的泊位空间能够容纳三艘该公司旗下最大邮轮同时靠泊。竣工后,这一造价 3.5 亿美元的大型航站楼将成为北美地区最大的邮轮码头航站楼。

3.1.1.3　码头周边的商业配套齐备服务完善

迈阿密邮轮码头具备全球先进的数字化、信息化服务水平,保障了码头内部交通得以高效率运行与流动。迈阿密港口作为"世界邮轮之都",邮轮产业的发展已经非常成熟完善,其邮轮产业的配套设施紧邻邮轮母港、种类丰富、特征明显,具有典型代表性,旅游业、服务业、商业等公共设施的获取十分便利,为迈阿密港口建设水平的提升提供了充分条件,迈阿密港口周边有完整的配套设施。迈阿密港口拥有客流与货物分离管理系统、货物存取控制系统、实时监控系统等各种先进的安全系统,使邮轮港口的游客出行便利、物资运输快捷、安全信息的得以共享,邮轮港口能够安全、高效、便捷地管理与运营。

3.1.2　巴塞罗那邮轮产业发展经验

3.1.2.1　巴塞罗那邮轮码头设备精良

巴塞罗那港口是西班牙最大的海港,是地中海地区的主要邮轮停靠码头,欧洲第一大邮轮目的地港口,在全球范围的邮轮母港中位列第五。港内现有商业码头线总长 12.1 千米,水域面积 3 平方千米,最大前沿水深 14 米,巴塞罗那港口共有 9 个码头,分为三组,Adossat Quay 码头由 4 个码头组成,为第一组码头,距市中心最远;世界贸易中心码头由东、南、北 3 个码头组成,是第二组码头;Maremagnum Port Vell 是第三组码头,规模较小。嘉年华公司于 2017 年公布了新邮轮码头渲染图 Helix 邮轮中心,在巴塞罗那阿多萨特施工建设,成本 5 500 万美元、面积 12 500 平方米,可容纳其新一代"绿色"邮轮,此外嘉年华公司旗下邮轮品牌如 Costa、Cunard、AIDA、Princess Cruises 等都将在此停靠,2021 年 6 月,MSC 地中海邮轮宣布已经获得巴塞罗那港口理事会的最终审批,将在巴塞罗那港建造和运营一个占地 11 670 平方米的全新邮轮码头航站楼,享誉盛名的加泰罗尼亚建筑大师 Ricardo Bofill 匠心打造全球领先的邮轮航站楼,计划于 2024 年正式投入使用。

3.1.2.2 巴塞罗那旅游资源丰富

巴塞罗那世界贸易中心的周边旅游资源丰富,主要有港口区、老城区、La rambles 大街和蒙锥克山等几个区域。2018 年 8 月,在全球 25 大旅游目的地排名中,有"欧洲之花"美誉的巴塞罗那,因为三个关键词"度假、建筑、体育"受到全球游客的青睐,在排名中位居第 6 位。2018 年最受法国人欢迎的旅游目的地 Top20 当选的国家中,西班牙以其景色多样、生活方式以及特色的餐馆和咖啡这些不容忽视的优势名列榜首之位。其中,西班牙第二大城市巴塞罗那最受法国人欢迎,2021 年全球最佳城市排名中,巴塞罗那位列第 8 位,汇聚着全西班牙最好的资源,作为欧洲最受欢迎的旅游胜地之一,每年吸引超过 700 万游客。

3.1.2.3 航线覆盖丰富积极培育新市场

巴塞罗那港航线主要聚集在 3～10 月,以夏、秋季需求最为旺盛,航行天数为 8～11 天,环游地中海的邮轮有地中海辉煌号,航行天数均为 11 天;欧洲及地中海航线的邮轮有地中海荣耀号,航行 8 天;西地中海航线的邮轮有皇家加勒比海洋绿洲号、MSC 海平线号、诺唯真爱彼号、公主邮轮翡翠公主号,航行天数均为 8 天。公主邮轮于 2019 年的欧洲航季中推出四条特别航线,部署 5 艘邮轮,航线覆盖范围由地中海沿岸延伸到欧洲北端,囊括 130 个邮轮旅游目的地,涉及 211 个邮轮港口,5 个过夜停靠港;翡翠公主号开启了 58 个地中海航次,航线天数为 7～22 天,邮轮旅游消费者可以通过西班牙深度体验航线感受巴塞罗那海滨沙滩、西班牙地道风味、科学艺术城等。阿提哈德航空从 2018 年 11 月起在阿联酋首都阿布扎比与西班牙巴塞罗那之间开通定期新航线,是巴塞罗那航线不断突破与创新、开辟邮轮市场的典型案例,为阿布扎比发挥区域邮轮旅游引领作用给予支持和保障,此条航线由空客 A330－200 执飞,2019 年 3 月由每周飞行五班增加至每日一班,联通了阿布扎比与巴塞罗那两个城市,阿布扎比是阿联酋最富有的酋长国,通过此次航线,邮轮旅游消费者可以感受阿布扎比绿树成荫、海风习习、高楼矗立的现代化海滨气息。

3.1.3 新加坡邮轮产业发展经验

从地理位置角度分析,新加坡是热带城市岛国,位于马来西亚半岛南端、东南亚心脏地带,南扼马六甲海峡东口、北隔柔佛海峡与马来西亚相邻,其主岛新加坡岛,海岸线长 193 千米、南北最宽 23.5 千米、东西长近 46 千米,其优越的地理位置,使新加坡成为"一带一路"倡议辐射东南亚的基站、邮轮航行东南亚的最佳枢纽。

3.1.3.1　加大邮轮码头建设力度

新加坡邮轮港为了满足城市日益增长的邮轮旅游需求、提高邮轮旅游消费者的体验感、实现邮轮船舶对于港口建设的要求、扩大邮轮港口的承载力,建设了占地 28 000 平方米的新加坡滨海湾游轮中心[①],通过不断缩小通关区域、优化游客通关流程、完善游客服务功能、满足游客休息需求,以适应邮轮产业以及邮轮旅游的发展需要,自 1991 年建成完工以来,不断对候船大楼进行升级改造;1998 年耗资 5 亿新元对整个航站楼设施进行了改造与完善;2005 年新加坡滨海湾游轮中心对安全系统进行了升级改造,达到了国际 ISPS 标准;2009 年改进了邮轮旅游消费者的出入通道、建设升级了 VIP 休息室;2011 年对航站楼进行全面改造升级,供邮轮旅游游客的使用面积扩大 25%,总耗资 1.4 亿新元;便利完善的港口功能设施吸引了邮轮公司船队纷纷以新加坡作为邮轮母港;2021 年,新加坡邮轮港口可以容纳全世界最大的邮轮,配套的邮轮中心以高效著称,双泊位并列的设计可以随时接待多达 6 800 名乘客。

3.1.3.2　完善邮轮相关配套设施

新加坡拥有便捷的航空枢纽,较高水平的购物、娱乐、餐饮、酒店业,使得新加坡成为具有较大吸引力的邮轮旅游目的地。2018 年 12 月 14 日,云顶邮轮集团以"云顶梦号"举行盛大庆典,纪念集团旗下第一艘邮轮宝瓶星号于 1993 年12 月从狮城首航,揭开新加坡邮轮业发展的序幕。云顶邮轮集团一直以新加坡为母港基地,持续助力狮城成为亚洲首屈一指的邮轮母港。云顶邮轮集团总计在新加坡运营超过 7 500 个航次,接待 650 余万名来自全球各地的旅客。星梦邮轮云顶梦号于 2017 年 11 月进驻新加坡母港,至 2018 年 12 月已吸引近 40 万名旅客登船,且其中 60% 为专程来到新加坡搭乘邮轮的国际旅客,由于绝大多数旅客通过飞机抵达新加坡且在登船前后停留本地进行观光,新加坡作为国际中转中心的地位获得了大幅提升,进而产生显著的经济效益,推动包括航空业、酒店业、零售业等行业的协同发展。为了减轻新冠疫情对新加坡邮轮产业的沉重打击,2020 年 2 月新加坡海事港口管理局(MPA)面向靠港邮轮与渡船提供了50% 的港口费用优惠,优惠政策包括载客的港口运输船、在港口停留时间不超过5 天的邮轮和区域渡船都有资格获得新优惠,另外,新加坡的邮轮和轮渡码头也可以领取物业退税,并有资格获得临时过渡贷款。根据预提案,新加坡滨海湾游轮中心、新加坡游轮中心、丹那美拉轮渡码头等邮轮和轮渡码头都有资格在

---

① 参照官网中文名字,下同。

2020 年全年获得 15％的物业退税。邮轮码头运营商和邮轮服务商也能够通过新的临时过渡贷款计划获得额外的现金流支持。此项优惠政策缓解了受新型冠状病毒疫情影响严重的邮轮公司的经济压力。

3.1.3.3　行业联盟式战略推广模式效果明显

2018 年 10 月,歌诗达邮轮公司宣布与新加坡旅游局和樟宜机场集团进行第二轮三方合作,进一步增强东南亚作为邮轮目的地的吸引力。此次合作在不同国家推出联合营销计划。预计在三年内,新加坡将迎来超过 10 万名国际邮轮游客。作为最早开启亚洲邮轮长期业务的邮轮公司,歌诗达的 14 艘船中有 4 艘常年驻扎在亚洲。歌诗达幸运号于 2018 年 11 月中旬在新加坡季节性运营至 2019 年 3 月,歌诗达邮轮在新加坡有着长期的业务,为邮轮旅游市场提供了巨大的潜力。新加坡因其战略位置和领先的航空、邮轮基础设施而成为东南亚地区的热门门户。

3.1.3.4　邮轮市场相关配套政策逐渐完善

新加坡的两个邮轮母港均委托专业码头运营企业进行经营管理,建设投资方与实际运营方相互分离、彼此独立,提高了新加坡邮轮港口的管理运营效率、分散了新加坡邮轮港口的经营风险、促进了新加坡邮轮旅游的迅速发展。新加坡游轮中心和新加坡滨海湾游轮中心在各自的邮轮产业发展过程中,更加强调满足市场需求、实现错位竞争,比如在邮轮产业发展定位上,新加坡游轮中心面向轮渡航线以及国际邮轮航线,滨海湾游轮中心面向高端邮轮服务[130]。从税务优惠政策角度,新加坡政府为鼓励经济投资活动、增加就业机会、鼓励研发高新技术产品、引导当地注册公司以新加坡为基地开展全球贸易活动,依据新加坡《经济扩展法案》《公司所得税法案》等制定了公司税收优惠计划①,对获得政府批准的贸易商给予 5％～10％的税率减低,持续时间 3～5 年,主要目的是建设全球贸易枢纽、鼓励全球贸易商在新加坡进行国际贸易业务、吸引贸易公司前往新加坡设立区域贸易总部。从入境政策角度,新加坡于 2019 年 1 月面向中国和印度游客推出了 96 小时过境免签政策,凡持有包括澳大利亚、美国等 8 个指定国家签发的有效签证及 96 小时内离境新加坡的有效续程机票、渡轮票或船票等的游客,即可在前往第三国和自第三国返回途中过境新加坡时免签停留 4 天,该项入境政策为邮轮旅游消费者提供了更为高效、便捷的出行选择,促进了新加坡

---

① 中国国际贸易促进委员会.投资概况[EB/OL].(2021.12.21)[2023－02－20].https://www.ccpit.org/singapore/a/20211221/20211221nbrp.html.

邮轮旅游市场的蓬勃发展,面向邮轮旅游消费者打造了多元的新加坡魅力与新加坡"心想狮城"品牌。

3.1.3.5　邮轮产业的专业化服务体系逐渐完善

邮轮产业是一条由不同利益相关者组成的产业价值链,从供需视角来看,整个邮轮旅游系统可以分为需求方、供给方以及连接两者之间的邮轮服务体系,是保障邮轮港口高效运营的重要保障。新加坡通过建立电子商务平台,集中政府职能部门、航运公司、物流企业、金融和法律服务等机构,实现数据共享、信息流程和业务实时操作,有效提高了港口的整体效率和服务品质。邮轮港口均表现出惊人的管理运作效率,通过现代化的设施和专业化的服务体系,保障了港口的通畅与舒适。从邮轮码头的建设角度,新加坡游轮中心位于水域环境优良的深水港区,拥有两个深港泊位,前沿水深 12 米,可容纳 33 艘以上国际邮轮以及大型邮轮的靠泊;滨海湾游轮中心拥有国际客运码头和区域渡轮码头,同样选址位于深水港区,前沿水深 11.5 米。新加坡邮轮母港致力于不断提升邮轮旅游消费者体验感、扩大邮轮旅游消费者休息区、满足邮轮旅游消费者需求,使新加坡邮轮产业发展迅速、产业结构不断优化,成为全球排名前列的邮轮母港运营者。

3.1.3.6　疫情后加快邮轮旅游产业复苏

2018 年,根据美世公司全球城市生活质量排名,新加坡被评为亚洲最好的城市。2018 年 12 月,英国市场研究机构欧睿国际公司发布了全球最受欢迎的旅游城市榜单显示,2018 年全球最受欢迎旅游城市排行榜中,新加坡排名第 4 位。2019 年,新加坡入境游客人次为 1 910 万,2019 年全年旅游收入为 271 亿新元左右。2020 年发布的《"一带一路"中国出境自由行大数据报告 2019》显示,旅游热度最高的国家中,新加坡排名第 2 位。受新冠疫情影响,2020 年新加坡游客总数下降了 85.7%,降至 270 万人次,是 40 年来最低。随着新加坡疫情形势缓和,经济在 2020 年下半年逐步开放,新加坡加快旅游业恢复,截至 2021 年 1 月 25 日,新加坡有 45 个景点、270 家酒店、1 686 条旅游线路已获准恢复营业,新加坡政府拨款 3.2 亿新元为新加坡人发放旅游消费券。为了重建游客对邮轮的信心和需求,2020 年新加坡旅游局制定了全球首创的邮轮安全认证 Cruise Safe。2020 年 10 月,新加坡政府宣布允许皇家加勒比集团的海洋量子号邮轮和云顶集团的世界梦号邮轮自 11 月 6 日起陆续复航,邮轮进行无目的地旅行,截至 2020 年 12 月 31 日,新加坡邮轮已经有 33 次航程顺利完成,有 42 000 名游客安全顺利出游。2021 年 11 月,星梦邮轮庆祝世界梦号在新加坡复航一周年接待了近 200 000 名游客,完成 150 多航次的"超级海上航行",并表示,世界梦号的预定继续呈现积极趋势,2021 年大部分航线几乎售罄,2022 年前几个月有很强的市场表现。为迎接假日季,星梦邮轮于 2021 年 11 月 17 日到 2022 年 1 月 1 日举行世界梦号上的北欧圣诞冒险之旅,游客尽情享受瑞典、芬兰、挪威、丹麦和冰岛的节日传统。自 2020 年 11 月重新启动邮轮巡航,推出"无目的地"邮轮航行以来,已接待游客超过 50 万人,航行近 370 次,新加坡旅游局预计,新加坡邮轮行业将在 2023—2024 年,恢复到疫情前的水平。

3.1.4　中国香港邮轮产业发展经验

3.1.4.1　"自由港"的地理位置优越客源充足

从地理位置角度,中国香港与周边区域邮轮港口的联系十分密切,且连接东亚和南亚,邮轮航线具有多样性,能够满足邮轮旅游乘客对于邮轮航程时间、距离、地点的要求,香港凭借优越的地理优势、多样性的航线选择,吸引了内地与东南亚的邮轮旅客。从国际地位角度,2008 年中国香港被英国邮轮杂志 *Dream World Cruise Destinations* 评为最佳邮轮目的地之一[①],香港定位为"自由港",邮轮旅游乘客出入境方便,是大多数亚洲航线的起始点和最终点,也是国际邮轮航线规划亚洲之旅的必经之地。从邮轮接待情况角度,中国香港吸引了全球约 20 家邮轮公司开设特色邮轮航线行程,香港 2018 年邮轮游客接待量达到 87.52 万人次,启德邮轮码头游客接待量约占 90%,接待邮轮艘次总计 210 艘次,随着港珠澳大桥的开通、香港—华南地区高铁的开通,香港邮轮产业迎来了更多的市场机遇,环美邮轮码头 2018 年 3 月达成单月内 6 次首航邮轮靠泊的记录,3 月份总邮轮靠泊艘次为 22 艘次,6 月接待了两艘大型邮轮靠泊,刷新了 2017 年 10 月创造的单日旅客吞吐量 13 327 人次的纪录,最大客流量为 15 307 人次,启德邮轮码头在 2018 年有 172 个航次,83% 的航次将启德邮轮码头作为母港或始发港,涉及全球 17 家邮轮品牌,12 家邮轮品牌将启德邮轮码头作为母港或始发港。启德邮轮码头能同时容纳两艘排水量达 22 万吨的超级邮轮,码头顶层设有全港最大空中花园启德邮轮码头公园,公园占地 23 000 平方米。2021 年 11 月 12 日,启德邮轮码头创下了自 2013 年 6 月首个泊位启用以来第 800 次邮轮靠泊的纪录,创下此纪录的是 2021 年 7 月 30 日邮轮码头客运服务重启当日第一艘复航的船只云顶梦号。

---

① 中国新闻网.香港获选最佳邮轮目的地 田北俊冀促邮轮游发展[EB/OL].(2008.04.02)[2023 - 02 - 19].http://news.sohu.com/20080402/n256063792.shtml.

3.1.4.2　邮轮配套和产品日渐丰富

启德邮轮码头拥有多方面的优势,优良的铁路和航空建设、方便快捷的联系来往国内及其他主要旅客市场。一方面,中国香港获得全球大部分国家及地区给予的免签证权,邻近其他吸引的靠港地点,且拥有怡人的亚热带气候;另一方面,香港拥有丰富的景点,无论是市区或郊外,现代都市或历史古迹,均应有尽有,非常适合一家大小体验,同时也是探索精致美食的天堂,以上种种使启德邮轮码头成为邮轮母港及访问港的理想地点。环美邮轮码头利用其码头设施及场地,每月平均举行 20 多项活动包括时装表演、新车发布、体育活动、展览及会议,另外多部本地和国际电影、电视节目和广告制作曾到启德邮轮码头取景拍摄。国际知名邮轮公司皇家加勒比旗下量子系列邮轮海洋赞礼号于 2018 年 5 月至 6 月开启了以香港为母港的全新航季,并提供 8 条 2～9 日的航次前往日本、越南和菲律宾等目的地。另外,皇家加勒比在与香港旅游发展局合作推出高铁邮轮套票或相关产品,发展火车邮轮假期,吸引更多内地游客。2021 年 7 月 30 日,云顶梦号正式在启德邮轮码头重启香港航线,1 个月即接待了超过 2 万名中国香港游客,其特色在于打造了全新的海上假期模式,让游客在疫情后的新常态下,享受岸上假期难以媲美的海上综合度假乐趣,为他们提供全新的假期选择,主题航次系列将世界各地最具人气的景点和文化特色带到云顶梦号,让星梦邮轮为游客带来别具一格的沉浸式旅游体验。从复航后的游客消费满意度调查显示,55％的游客是 2～3 代同堂的家庭游客,复航一个月以来的"The Palace(皇宫)"套房达到了 80％的使用率(以调低载客量为准),星梦邮轮回头客的人数增长率达到 25％,许多游客对整体服务和产品感到非常满意并打算或已经预订下一个邮轮假期。

3.1.4.3　邮轮码头运营服务卓越

环美邮轮码头负责管理和营运中国香港启德邮轮码头,并致力推广及发展香港的邮轮业。环美邮轮码头获得了 ISO9001 质量管理认证,于 2018 年获亚洲邮轮领袖平台颁发"2018 年亚洲最佳邮轮母港"的殊荣,2018 年 6 月 22 日,获中国香港运输物流学会颁发两年一度的中小企业部门卓越服务奖,堪称是获得了香港运输及物流业界最权威性认可。2018 年 11 月 15 日,获得亚太经济合作组织港口服务网络颁发"2018 年亚太经济合作组织绿色港口奖",2018 年 11 月 1 日,获中国邮轮游艇协会颁发的"邮轮码头服务好评大奖",另外,环美邮轮码头荣获"2018 年无障碍友善企业"肯定,成为中国香港获得该项肯定的 7 间企业和机构的其中之一。

3.1.4.4　支持拓宽互惠及协调合作发展

香港旅游发展局在全球推广香港作为亚洲邮轮枢纽、持续投放旅游资源加快香港邮轮旅游发展,这些措施成效显著。据推算,香港在 2023 年的邮轮乘客入境人数为 56.4～104 万人次,邮轮停泊次数为 181～258 艘次,而在 2017 年时,其邮轮乘客入境人数、邮轮停泊次数就已经提前达标。2018 年,香港启德码头有 17 家邮轮品牌的 172 个航次进出,其中 12 家品牌以启德作为母港或始发港,等于 83％的航次是母港或始发港。2019 年有 18 个不同的邮轮品牌,177 个航次从香港出发,其中 16 家品牌在启德码头做母港或始发港,等于 89％的航次是母港始发港。未来几年,香港邮轮码头的运力还会继续提高。香港凭借其优越的地理位置,建设了便捷的航空网络,其中香港国际机场与全球 140 多个国际航点连接,跻身全球航空枢纽之列,通过香港通达的航空网络,邮轮旅游游客可以在 5 小时内飞往全球近半数人口聚居的地方,为香港邮轮产业拓展“飞航邮轮”模式奠定了基础,台湾观光局与香港旅游发展局于 2014 年共同创立了“亚洲邮轮专案”,厦门市、海南省等省市,韩国、菲律宾等国家先后加入区域合作中,扩大了邮轮旅游区域合作的规模,增强了国际邮轮公司在东亚拓展邮轮市场的信心,目前共有中国厦门、海南、台湾、香港及韩国、菲律宾六个邮轮旅游目的地,已资助 182 个艘次。从邮轮乘客的来源地角度,与大多数邮轮母港建设相似,香港邮轮母港对于本地经济腹地具有一定依赖性,即本地居民的邮轮旅游需求,以香港为邮轮母港进行计量,40％～50％的邮轮游客为本地居民,除本地居民进行的邮轮旅游活动外,香港“飞航邮轮”模式的构建为香港带来的邮轮旅客占比为 10％～15％,拓展了香港邮轮旅游的客源市场类型,为香港的邮轮旅游市场带来更多的收益。《关于进一步深化内地与香港旅游合作协议》于 2017 年 8 月签署①,对于香港与内地的旅游合作范围进行了拓展,提出要加强香港与内地的邮轮旅游线路开发、邮轮旅游项目宣传、邮轮产业人才培训,通过香港启德邮轮码头、广州南沙、深圳太子湾蛇口三个港口的联动,加快粤港澳大湾区邮轮母港建设,最终实现湾区邮轮母港旅游的可持续性共荣发展[131]。广深港高铁的开通、港珠澳大桥的建设为香港的邮轮市场带来更多的内地旅客,港珠澳大桥通车让澳门地区和广东的旅客得以方便快捷地体验岸上游,并让西部珠三角市场成为 2 小时车程内抵港的客源市场,连接中国内地的高铁可使 270 万人搭乘 4 小时

---

① 人民网.香港与内地签署协议深化旅游合作[EB/OL].(2017.08.10)[2023 - 02 - 19].http://hm.people.com.cn/GB/n1/2017/0810/c42272-29462101.html.

以内的火车抵港,有望实现香港的腹地扩张并大幅拓展潜在客源市场,未来会有越来越多非沿海地区的内陆省份如湖北、湖南、广西、江西等,很方便地前往香港搭乘邮轮,把整个客源市场做大,将进一步带给香港更多邮轮市场机遇。2022年 10 月 6 日起,香港放宽防疫措施,为旅游业创造了发展的有利条件,皇家加勒比集团旗下银海邮轮银灵号,于 2023 年 1 月 18 日抵港,停泊尖沙咀海运码头并启航前往新加坡,为近 3 年来第一艘接载境外游客访港,以及首艘在香港出发的国际邮轮航次。

3.1.5　三亚邮轮产业发展经验

3.1.5.1　财政政策全力支持邮轮发展大环境

海南三亚是"一带一路"沿线的重要城市节点,具有漫长的海岸线、丰富的旅游资源、适宜的气候条件,受极端气候影响较小,拥有天然的优良港口建设条件,全年适合邮轮航行,三亚凤凰岛国际邮轮港从 2006 年 11 月开始筹建,二期码头建成后,建设水平、建设规模、建设质量大幅度提升,能同时停靠六艘 3～25 万吨级的国际大型邮轮。三亚市人民政府于 2017 年 10 月印发了《三亚鼓励邮轮旅游产业发展财政奖励实施办法》,对母港邮轮航次、访问港邮轮以及其他邮轮港经营相关企业进行不同额度奖励[①]。三亚注重邮轮产业的实施系统推广、塑造邮轮产品品牌形象,通过打造邮轮旅游新业态、免税购物新场所、游艇旅游新形式,不断促进邮轮产业的转型升级、满足邮轮旅游消费者需求、实现全域旅游成果共建共享,具体措施包括建设创新开放的国际邮轮旅游消费中心、引进国际品牌免税店、开发竞猜型体育彩票、推进国际旅游度假区的开发建设等。从海南省邮轮产业发展战略定位角度,2019 年 4 月,海南省经国家批准成为首个对境外游艇开展临时开放水域审批试点的省份,境外游艇可以临时进出海南省的棋子湾、石梅湾、博鳌、海棠湾等海上区域;海南省人民政府办公厅于 2019 年 10 月发布了《关于成立海南省推进邮轮游艇产业发展领导小组的通知》[②],以实现海南省邮轮游艇产业营商环境与产业政策的优化升级、海南省国际旅游消费中心建设完善,海南省政府领导小组以邮轮产业制度创新为突破口,围绕海南国际旅游消费中心,加快邮轮产业要素在海南集聚、邮轮产业空间布局在海南构建,提高

---

① 三亚扶持邮轮旅游产业 年接待 25 万人次奖励 400 万[EB/OL].三亚日报.(2017.09.25)[2023 - 02 - 20].https://sanya.focus.cn/zixun/c4e98e8659c00d78.html.

② 海南省人民政府办公厅.海南省人民政府办公厅关于成立海南省推进邮轮游艇产业发展领导小组的通知[EB/OL].(2019.09.30)[2023 - 02 - 20].https://www.hainan.gov.cn/data/zfgb/2019/12/8463/.

海南邮轮产业国际竞争力;通过《中国(海南)自由贸易试验区琼港澳游艇自由行实施方案》实现琼港澳游艇证书互认①,在港澳游艇入境申报手续的简化、游艇自由行实行免担保入境等方面进行了创新发展,提高了海南游艇出入境效率。

3.1.5.2　邮轮瓶颈突破政策加快创新

交通运输部于 2019 年 5 月发布了《交通运输部关于推进海南三亚等邮轮港口海上游航线试点的意见》②,部分内容包括在海南海域试点港口和航线,根据海南省的国际邮轮发展情况,在五星红旗邮轮运营管理前,开展中资方便旗邮轮无目的地航线试点;试点工作面向的主体为内地资本出资比例不低于 51% 的、邮轮船龄不超过 30 年的中资邮轮运输经营人以及该经营人拥有或光租的方便旗邮轮;在邮轮旅客上下管理工作中,简化邮轮乘客的证件管理和查验工作,允许邮轮乘客凭有效身份证、出入境证件办理登轮手续,也可由邮轮旅行社统一办理登轮手续,实施邮轮船票制度、完善邮轮乘客的信息报备工作、落实邮轮试点企业的法律责任、落实政府各工作部门的监管责任、鼓励邮轮企业开发多元化航。2021 年 7 月,海南省人民政府办公厅印发了《海南邮轮港口中资方便旗邮轮海上游航线试点管理办法(试行)》③,为实化、细化、常态化邮轮产业面对新冠疫情下的防控措施、加强海南省邮轮产业新冠疫情防控工作,海南省交通运输厅于 2021 年 8 月印发了第一版《海南邮轮港口中资方便旗邮轮海上游常态化疫情防控工作指南》④。2021 年 9 月海南省人民政府为海南自由贸易港邮轮旅游工作的安全发展公布了《外籍邮轮在海南自由贸易港开展多点挂靠业务管理办法》⑤,对在海南自由贸易港港口开展多点挂靠业务的外籍邮轮做出相关规定。2022 年 12 月 7 日,招商蛇口与深圳免税集团在深圳蛇口举行邮轮离岛免税业

①　海南省人民政府办公厅.海南省人民政府办公厅关于印发中国(海南)自由贸易试验区琼港澳游艇自由行实施方案的通知[EB/OL].(2019.06.21)[2023 - 02 - 20].http://dongfang.hainan.gov.cn/dfly/xyjj/zcfg_58070/gfwj/201906/t20190628_2620413.html.

②　交通运输部网站.交通运输部 商务部 海关总署关于推进海南邮轮港口海上游航线试点落地实施的通知[EB/OL].(2023.02.16)[2023 - 02 - 20].https://www.hainan.gov.cn/hainan/zmgbwwj/202302/675fff6d3d574af2bc4c11abad65e613.shtml.

③　海南省人民政府.省交通运输厅相关负责人解读《海南邮轮港口中资方便旗邮轮海上游航线试点管理办法(试行)》[EB/OL].(2021.07.15)[2023 - 02 - 20].https://www.hainan.gov.cn/hainan/zxjd/202107/992ab2cbbae84986901269e3994cd511.shtml.

④　海南省人民政府.我省印发邮轮海上游常态化疫情防控工作指南[EB/OL].(2021.09.08)[2023 - 02 - 20].https://www.hainan.gov.cn/hainan/tingju/202109/1017191b46b9400387de7298bcfd0762.shtml.

⑤　海南省人民政府办公厅.海南省人民政府办公厅关于印发《外籍邮轮在海南自由贸易港开展多点挂靠业务管理办法》的通知[EB/OL].(2021.09.14)[2023 - 02 - 20].https://www.hainan.gov.cn/hainan/szfbgtwj/202109/37534ae7abd6413eb0bb36261f12a4c3.shtml.

务合作协议签约仪式,标志着五星旗邮轮"招商伊敦号"离岛免税项目成功落地。

3.1.5.3　邮轮人才培育为邮轮发展提供坚实基础

2020 年 10 月 19 日,天津大学管理与经济学部与中交海投三亚中瑞酒店管理职业学院共建海南文旅康养研究院签约暨揭牌成立,双方合作共建"中交海南区域总部市场研究中心",将其建设成海南省自贸港政策和中交海南区域全产业链研究平台,利用天津大学管理与经济学部、中交海投三亚中瑞酒店管理职业学院的教育资源,在邮轮专业建设、应用型高端智库、泛服务人才培养等方面加强协同合作,开展邮轮旅游、健康养生、文旅融合的特色课程,为自贸港文旅康养产业发展贡献力量。大连海事大学、三亚中瑞酒店管理职业学院合作共建的海南邮轮法治与发展研究院于 2021 年 3 月成立,在港口规划与建设、邮轮运用与管理、邮轮航线设计等研究领域将整合资源、深化合作、提升价值,海南邮轮法治与发展研究院将开展科研课题研究合作、航运法律人才培养、海洋法治与文化咨询、航运法律培训产品研发等工作,此外通过学生实习实践基地的建设、邮轮新兴特色专业的开发,培养一批高层次、高水平的邮轮产业、航运物流、港口建设等方面的人才,助推海洋经济产业和邮轮产业的研究与发展。

3.2　邮轮制造产业发展经验

3.2.1　意大利芬坎蒂尼

意大利芬坎蒂尼公司是意大利国有造船企业,也是欧洲最大的造船企业之一,拥有超过 230 年历史,总计建造了 7 000 多艘船舶,在豪华邮轮设计建造方面拥有强大的技术优势和丰富经验,大型豪华邮轮建造船厂主要为蒙法尔科内(Monfalcone)船厂和马格拉(Marghera)船厂,在建造船型方面,意大利芬坎蒂尼集团主要以小型内河游船、大型豪华邮轮的建造为主,其中小型内河游船客位一般在 1 000 客位以下,主要客户面向维京邮轮以及美国邮轮公司,超大型豪华邮轮的客位数一般在 3 000 客位以上,主要面向地中海邮轮公司、嘉年华邮轮集团等。意大利芬坎蒂尼集团 2018 年 2 月持有 50% 的 STX 法国股份,实现对 STX 的控制,集团占据了豪华邮轮建造市场 30% 以上的份额,是目前全球邮轮产业中最大的邮轮建造集团,建造邮轮等级范围涵盖了从现代级到奢侈级,但邮轮建造订单业务相对集中,手持订单船型大部分都集中在邮轮。另外,集团有近 200 年设计建造军舰的悠久历史,集团总部在的里雅斯特,设计部在热那亚和的里雅斯特,生产出约 7 000 艘的各型船舰,主要产品有客轮、渡轮、水面舰、辅助船舰和潜艇,遍布全球,代表着意大利先进的工业技术向世界输出,尤其是客轮与豪华邮轮占据世界第一的位置,约占国际市场的 40%。以集团业务而言,52% 为高价客轮,28% 为渡轮等商船,19% 为军舰,1% 为其他及修船业务,集团总人数约 10 000 人。2019 年全年,意大利芬坎蒂尼整体收入高达 58.49 亿欧元,同比增长 8%。不过,受其挪威子公司 VARD 负面业绩和重组影响,净亏损达 1.48 亿欧元(约合 11.4 亿元人民币)。2019 年,芬坎蒂尼旗下 12 家船厂共计交付了 26 艘新船,其中包括 4 艘邮轮、4 艘探险邮船、3 艘海军舰船以及 15 艘海工和特种船舶。至 2019 年 12 月 31 日,芬坎蒂尼总手持订单量为 109 艘、327 亿欧元(约合 2 500 亿元人民币),同比增长 12%,其中 98 艘、286 亿欧元为已经确认的手持订单,以及 41 亿欧元的备选订单。

2021 年,芬坎蒂尼投资 2.2 亿美元建造拉丁美洲最大的船厂,该项目是墨西哥尤卡坦州普罗格雷索港(Progreso)扩建项目的一部分,计划将分三个阶段拨款总计 5.5 亿美元,该计划设计并建造一座集船舶制造、维护、改装于一体的船厂,其中包括拉丁美洲最大的两座码头,码头可以停靠 400 米长的大型船舶,尤其是邮轮、大型集装箱运输船和油轮,该项目还包括一座可以为长度最大 150 米的船舶提供服务的升降平台。芬坎蒂尼继 2013 年收购挪威 Vard 集团以及 2018 年收购法国船厂 STX France 一半的股份后至今,芬坎蒂尼的规模扩大了一倍,成为全球第四大造船集团,在意大利、挪威、罗马尼亚、越南、美国、巴西以及澳大利亚等地均拥有船厂,员工超过 19 000 名,其中在意大利的员工达 8 900 多名,此外其供应商的员工合计达 50 000 名。2021 年 8 月,地中海邮轮正式从芬坎蒂尼的蒙法尔科内造船厂接收其新旗舰 MSC Seashore,这艘可容纳 4 560 名乘客的 Seashore 是意大利建造的最大邮轮。尽管新冠疫情带来了困难和问题,仍然能够保持生产,借助不同船坞的特有技术和建造能力,提高生产能力和效率。2021 年,集团投资对 Marghera 和 Monfalcone 船坞进行升级改造,并致力于进一步推动建造邮轮的意大利及罗马尼亚船坞的生产一体化,集团在中国与上海外高桥造船有限公司合作建造的第一艘邮轮正在顺利推进,计划于 2023 年交付。芬坎蒂尼未来几年的订单交付量趋势良好,集团还参与其他基础设施项目,如新建热那亚大桥和参与地中海邮轮公司在迈阿密港投资 3.5 亿欧元的邮轮码头建设项目,集团对造船业的未来依然充满信心。根据 2022 年第三季度财报显示,截至 2022 年 9 月 30 日,芬坎蒂尼集团订单总额约为 345 亿欧元(约合 2 520 亿元人民币),约为 2021 年总营收的 5.2 倍。其中,手持订单约 241 亿欧元,意向订单 104 亿欧元。邮轮和军船业务表现强势,手持订单总价值为 203.99 亿欧元,占 84.6%;手持船舶订单 92 艘,已排期至 2029 年。

3.2.2　日本三菱重工

日本三菱重工集团是亚洲具备豪华邮轮制造能力的船企。三菱重工集团曾承接过豪华邮轮钻石公主号和嘉年华公司的 2 艘 AIDAperla 号大型豪华邮轮订单。AIDAperla 号造价为 1 000 亿日元,总吨位达 12.5 万总吨,最多可容纳 3 300 名乘客。由于三菱重工内部管理不善加上日本的邮轮制造外部资源不充分,企业在实际完成 3 艘邮轮制造时均出现不同程度亏损,尤其是 2 艘 AIDAperla 号邮轮累计给三菱重工带来高达 2 540 亿日元的巨额损失。2018 年 11 月,在日本召开的第 27 届中日韩欧美造船高峰会议(JECKU)上,各国代表团一致认为当前全球船舶工业出现了一些积极信号,日本造船企业加速推动国内产能向外转移。川崎重工计划将商船建造能力转移至中国大连和南通的合资船厂,转移的商船建造能力占比约 70%,此外计划扩建大连中远川崎,预计投资约 12 亿元人民币,组建造船联盟应对行业低迷形势,调整业务结构,转变接单重点,三菱重工发布的 2018—2020 财年业务计划表示,三菱重工未来将调整商船业务发展方向,此后商船业务的核心产品为公务船、渡船等,商船业务核心产品的订单份额预计增加至 60%,三菱重工将利用豪华邮轮建造经验、邮轮产业发展经验,扩大对欧洲船东汽车滚装船、渡船、大型客滚船等订单的承接,并寻求在气体燃料动力船舶领域的发展机遇。2022 年三菱重工公布的财年第一季度业绩显示,第一季度营收 8 713 亿日元(约 60.3 亿美元),上年同期 8 517 亿日元,增长 19.6%。归属于公司所有者的净利润 191 亿日元,上年同期为 126 亿日元,增长 6.5%。其中,电力系统业务营收 3 495 亿日元,工业与基础设施业务营收 1 318 亿日元,物流、热力和传动系统业务营收 2 659 亿日元,航空与防务业务营收 1 290 亿日元,未来将继续降低固定成本和优化流程加快稳步复苏。

3.2.3　德国迈尔船厂

德国迈尔船厂(Meyer Werft)是迈尔海王星集团下属控股公司,迈尔海王星集团也是图尔库船厂以及海王星船厂(Neptun Werft)的实际控制人。迈尔造船厂成立于 1795 年,是德国最大、最现代化的造船厂之一,被誉为"德国巨匠"。迈尔船厂是传承了六代以上的私人家族企业,总部设在帕彭堡,拥有世界上迄今为止最大的室内干船坞。船厂最早建造木船码头、然后建造铁船和多种船型,目前主营业务集中在邮轮。2018 年德国迈尔海王星集团手持订单总量 307.8 万修正总吨,与芬坎蒂尼集团类似,德国迈尔船厂的业务方向较为集中,手持订单船型仅 0.2% 的订单为客船、客滚船,其余 99.8% 的订单集中于邮轮建造,在当前低迷的造船厂市场中,迈尔船厂仍保持较好的发展势头。2020 年 11 月 28 日,德国迈尔船厂成功将新船海洋奥德赛号(Odyssey of the Seas)从位于帕彭堡的造船码头移往舾装码头。海洋奥德赛号是全球最大的豪华邮轮之一,也是第二艘超量子级邮轮。迈尔船厂制造邮轮情况如表 3-1,迈尔图尔库船厂制造邮轮情况如表 3-2。2022 年 11 月,迪士尼邮轮完成了对在建豪华邮轮环球梦号(Global Dream)的收购,这艘邮轮原本由云顶香港旗下德国船厂 MV Werften 为云顶香港旗下星梦邮轮建造,根据收购条款,迪士尼邮轮同意 MV Werften 船厂继续建造这艘邮轮,并由德国迈尔船厂监督该项目。新邮轮预计 2025 年投入运营。目前德国迈尔船厂正在为迪士尼邮轮建造两艘 LNG 动力豪华邮轮,总吨位均为 13.5 万吨,载客量 2 500 人,预计将在 2024 年和 2025 年交付。

表 3-1 迈尔船厂邮轮建造情况

公司	名称	码号	GT/BRZ	年份
迪士尼邮轮	N.N	S.706	135 000	2023
	N.N	S.705	135 000	2021
爱达邮轮	N.N	S.709	183 900	2021
	爱达诺瓦号	S.696	183 900	2018
星梦邮轮	世界梦号	S.712	151 300	2017
	云顶梦号	S.711	151 300	2016
撒加邮轮	N.N	S.715	55 900	2021
	发现精神号	S.714	55 900	2019
皇家加勒比公司	超量子号	S.713	168 666	2020
	超量子号	S.700	168 666	2019
	海洋赞礼号	S.699	168 600	2016
	海洋圣歌号	S.698	168 600	2015
	海洋量子号	S.697	168 600	2014

（续表）

公司	名称	码号	GT/BRZ	年份
诺唯真邮轮	诺唯真畅悦号 II	S.708	—	2019
	诺唯真畅悦号	S.707	167 800	2018
	诺唯真喜悦号	S.694	167 800	2017
	诺唯真遁逸号	S.693	164 600	2015
	诺唯真畅意号	S.692	146 600	2014
	诺唯真逍遥号	S.678	146 600	2013
迪士尼邮轮	迪士尼幻想号	S.688	130 000	2012
	迪士尼梦想号	S.687	130 000	2011
精致邮轮	水映号	S.691	126 000	2012
	嘉印号	S.679	122 000	2011
	新月号	S.677	122 000	2010
	季候号	S.676	122 000	2009
	极致号	S.675	122 000	2008
爱达邮轮	爱达斯特拉号	S.695	71 300	2013
	爱达玛尔号	S.690	71 300	2012
	爱达南阳号	S.689	71 300	2011
	爱达绿海号	S.680	71 100	2010
	爱达鲁娜号	S.660	69 200	2009
	爱达贝拉号	S.666	69 200	2008
	爱达迪瓦号	S.659	69 200	2007
诺唯真邮轮	诺唯真珠宝号	S.670	93 500	2007
	诺唯真明珠号	S.669	93 500	2006
	夏威夷之傲号	S.668	93 500	2006
	诺唯真宝石号	S.667	93 500	2005
皇家加勒比	海洋珠宝号	S.658	90 090	2004
	海洋旋律号	S.657	90 090	2003
	海洋光辉号	S.656	90 090	2002
	海洋灿烂号	S.655	90 090	2001
诺唯真邮轮	诺唯真之晨号	S.649	92 000	2002
	诺唯真之星号	S.648	92 000	2001

（续表）

公司	名称	码号	GT/BRZ	年份
丽星邮轮	处女星号	S.647	76 800	1999
	狮子星号	S.646	76 800	1998
	N.N	S.710	180 000	2020
P&O 邮轮	极光号	S.640	76 000	2000
	奥丽安娜号	S.636	69 000	1995
	银河号	S.639	77 700	1997
	星河号	S.638	77 700	1996
精致邮轮	世纪号	S.637	71 000	1995
	甄妮号	S.620	47 300	1992
	日出号	S.619	46 800	1990
皇家邮轮	皇冠奥德赛	S.616	34 200	1988
荷美邮轮	威士特丹号	S.610	54 000	1990
家庭邮轮	荷马时代号	S.610	42 000	1986

表 3-2　迈尔图尔库船厂邮轮建造情况

公司	名称	码号	GT/BRZ	年
歌诗达邮轮	歌诗达 2	NB—1395	180 000	2020
	歌诗达 1	NB—1394	180 000	2019
	迈希夫 2	NB—1393	111 000	2019
	迈希夫 1	NB—1392	111 000	2018
途易邮轮	迈希夫 6	NB—1390	99 500	2017
	迈希夫 5	NB—1389	99 500	2016
	迈希夫 4	NB—1384	99 500	2015
	迈希夫 3	NB—1383	99 500	2014
	海洋魅丽号	NB—1364	225 000	2010
	海洋绿洲号	NB—1363	225 000	2009
皇家加勒比	海洋独立号	NB—1354	154 000	2008
	海洋自主号	NB—1353	154 000	2007
	海洋自由号	NB—1352	154 000	2006

（续表）

公司	名称	码号	GT/BRZ	年
嘉年华邮轮	奇迹号	NB－593	88 500	2004
	传奇号	NB－501	88 500	2002
	骄傲号	NB－500	88 500	2001
	精神号	NB－499	88 500	2001
	乐园号	NB－494	70 4501	NB－494
	兴奋号	NB－491	70 450	1998
	启示号	NB－489	70 450	1996
	想象号	NB－488	70 450	1995
	魅力号	NB－487	70 450	1994
	迷情号	NB－484	70 400	1993
	狂欢号	NB－480	70 400	1991
	梦幻号	NB－479	70 400	1990
歌诗达邮轮	地中海号	NB－502	85 619	2003
	大西洋号	NB－498	85 619	2000
皇家加勒比	海洋水手号	NB－1348	138 000	2003
	海洋领航者	NB－1347	138 000	2002
	海洋冒险者	NB－1346	138 000	2001
	海洋探险者号	NB－1345	138 000	2000
	海洋航行者号	NB－1344	138 000	1999
	海洋幻丽号	NB－493	83 000	1997
	海洋富丽号	NB－492	73 800	1996
德国赫伯罗特航运公司	欧罗巴号	NB－495	28 400	1999
德国航运公司	爱达号	NB－1337	38 531	1996
水晶邮轮	合韵号	NB－1323	51 044	1995
皇家邮轮	帝王号	NB－1312	40 876	1992
皇家北欧海盗轮船公司	太阳号	NB－1296	37 983	1988
诺唯真邮轮	海洋号	NB－1294	42 285	1988

3.2.4　中国邮轮制造

在邮轮研发与建造方面,2016 年 7 月中国船舶工业集团与意大利芬坎蒂尼集团签署了邮轮造船合资公司协议,我国邮轮建造项目进入实质性启动阶段,2017 年 2 月与意大利芬坎蒂尼集团、美国嘉年华集团签署了中国首艘大型国产邮轮建造备忘录协议,根据协议将向该邮轮造船合资公司订购首批 2+4 艘 Vista 级大型豪华邮轮,预计建造的第一艘邮轮新船于 2023 年交付;2018 年 6 月在中国香港与招商局集团有限公司签署了双方的战略合作框架协议;2018 年 6 月收购上海外高桥造船有限公司所持有的邮轮科技 43.4% 的股权协议,2018 年 11 月,首批 2+4 艘 13.5 万总吨 Vista 级大型豪华邮轮建造订单合同于进口博览会上正式签订,标志着我国大型豪华邮轮的设计与建造、邮轮产业配套服务等进入正式实施阶段,该大型豪华邮轮建造订单的合同总价为 15.4 亿美元,分别计划于 2023 年 9 月、2024 年 12 月交付。从邮轮产业发展政策角度,交通运输部等 10 部委针对我国邮轮产业发展情况,于 2018 年 9 月正式发布《关于促进我国邮轮经济发展的若干意见》[①],明确提出我国邮轮产业应加快邮轮研发与建造、邮轮配套装备产业的推进与发展,通过“引进消化吸收再创新”和“自主创新”相结合的模式,突破豪华邮轮的研发建造难点、创新豪华邮轮设计建造技术,提出到 2035 年邮轮产业的发展目标,如构建邮轮全产业链、扩大本土邮轮船队规模、丰富邮轮航线产品等。为建成东北亚区域性国际邮轮母港、实现邮轮港片区规划目标,《青岛市建设中国邮轮旅游发展实验区实施方案》于 2017 年正式出台[②];招商局集团于 2018 年 3 月在招商工业江苏海门基地举行了总投资 5.2 亿元、总建筑面积 3.2 万平方米的豪华邮轮建造配套项目开工仪式;2018 年 6 月与中国船舶工业集团有限公司就邮轮修造配套供应、船舶与海工装备研发等领域的战略合作关系签署合作框架协议;中国船舶工业集团有限公司与美国嘉年华集团于 2018 年 11 月组建了邮轮合资公司——中船嘉年华邮轮有限公司,作为一家中资控股的邮轮合资公司,中船嘉年华具有完整的邮轮管理架构和组织运营体系,致力于完善中国邮轮产业生态系统、打造国产邮轮船队,该邮轮合资公

① 中华人民共和国中央人民政府.十部门印发意见促进邮轮经济发展[EB/OL].(2018.09.28)[2023-02-20].http://www.gov.cn/xinwen/2018-09/28/content_5326143.htm.

② 青岛市人民政府.关于印发青岛市建设中国邮轮旅游发展实验区实施方案的通知[EB/OL].(2017.02.13)[2023-02-20]. http://www.qingdao.gov.cn/zwgk/zdgk/fgwj/zcwj/zfgb/2017_4/202010/t20201019_501897.shtml.

司于 2021 年 12 月落户上海宝山区,并吸纳着国内外邮轮产业高端人才。中船嘉年华邮轮有限公司向外高桥造船有限公司订购了 2+4 艘 13.55 万吨 Vista 级的大型豪华邮轮订单,首艘国产新造大型邮轮已完成全船贯通,预计于 2023 年交付使用。2022 年 11 月 25 日,中船嘉年华邮轮有限公司发布旗下全新中国邮轮自主品牌爱达邮轮(Adora Cruises),该品牌将成为爱达邮轮旗下的首艘邮轮,同时第二艘国产新造大型邮轮也正式进入设计和建造阶段,建成之后也将隶属于爱达邮轮品牌旗下。

3.3　邮轮企业运营发展经验

3.3.1　嘉年华邮轮

嘉年华邮轮于 1972 年在巴拿马注册成立,总部设在美国佛罗里达州的世界邮轮之都迈阿密,是全球最大的邮轮企业。2018 年,嘉年华邮轮公司旗下共有 9 个邮轮品牌,总计在全球运营约 105 艘邮轮,包括歌诗达邮轮、嘉年华邮轮、荷美邮轮、冠达邮轮、公主邮轮、风之星邮轮等,是迄今为止最为庞大的豪华邮轮船队,被业界誉为“邮轮之王”。在邮轮航线方面,嘉年华的邮轮航线广泛分布在加勒比海、墨西哥、巴拿马、阿拉斯加州、夏威夷、百慕大以及加拿大海域等区域,船队全年在加勒比海、欧洲、墨西哥、巴哈马、地中海等地区进行航行运营与管理,而季节性航线则有加拿大海域航线、阿拉斯加海域航线、夏威夷海域航线、巴拿马运河航线等。继欧洲之后,邮轮游客输出市场增长率的新起点在亚洲,邮轮市场东移特征凸显,邮轮旅游游客人次在亚洲、大洋洲的增速超过欧美地区,尤其是中国邮轮旅游游客数量,年均增长率达 30% 以上,远高于世界平均增长率 8%,世界邮轮巨头也在邮轮市场东移的新形势下将发展重点、市场目标瞄向亚洲市场,尤其是中国市场。嘉年华成为首个在中国市场运营 4 个邮轮品牌的国际邮轮公司,以此扩大其在中国的市场份额,此外,嘉年华还与招商局集团签署了备忘录,内容是设立两家合资公司,分别从事邮轮码头建设和邮轮制造。2018 年 12 月—2023 年 12 月,嘉年华预计订购 60 艘邮轮,将带来 8 000 万邮轮游客。2018 年,嘉年华的市场容量占全球市场的 44.23%,接待邮轮旅客占全球的 43.82%。根据 2016—2021 年嘉年华集团财务数据可知,嘉年华集团 2018 年的营业收入高达 188.8 亿美元,在其业务收入中船票收入是主要来源,占比 75%,船上收入占嘉年华集团总收入的 22%,收入来源地包括地中海、欧洲、加勒比、新西兰与澳大利亚等地区,分别占嘉年华集团收入来源的 13%、14%、31%、7%,中国仅占其收入来源的 4%。在成本费用中佣金及交通费占比 17%,比例最大,销售费用与管理费用及工资各占 13%。作为全球盈利能力最强的休闲度假企业之一,嘉年华邮轮企业在 2018 年的净利润达 26.06 亿美元,2018 年的净收入增长超过了 5%,这是嘉年华集团历史上实现的最高投资收益率,实现了集团历史上最高的每床每晚收入,实现了两位数的投资回报率。受新冠疫情影响,嘉年华集团加快了邮轮拆除计划,处置了 19 艘船舶,截至 2021 年 1 月 14 日,嘉年华集团 19 艘船舶约占 2019 年暂停前运力的 13%,目前集团旗下共计 94 艘邮轮。从嘉年华集团 2022 年上半年度的财务数据看,2022 年上半年营业收入 40.24 亿美元,同比增长 5 265.33%;净亏损 37.26 亿美元,2021 年同期净亏损 40.45 亿美元。其中,嘉年华集团上半年船票收入 21.58 亿美元,同比增长 9 282.61%;船上及其他收入 18.66 亿美元,同比增长 3 488.46%,反映公司收入的持续改善,目前集团有超过 90% 的船队正在运营。

3.3.2 皇家加勒比国际游轮

皇家加勒比国际游轮是世界第二大邮轮企业。目前皇家加勒比旗下目前经营了 6 大品牌,有量子、绿洲、自由、航行者、灿烂、梦幻、君主等总计 41 艘豪华邮轮,邮轮航线遍及亚洲、欧洲、加拿大、加勒比、中东、澳大利亚及新西兰等 90 多个国家和地区,涵盖了全球 460 个多样化航线。皇家加勒比国际游轮自 2012 年 6 月以上海为母港开设国际邮轮航线,并把旗下的海洋航行者号引入中国,2014 年 9 月 29 日,皇家加勒比国际游轮海洋航行者号首航香港,2015 年 6 月,海洋水手号邮轮在上海吴淞口开启了中国母港首航,中国邮轮产业由此进入大船时代。皇家加勒比于 2015—2016 年陆续在中国邮轮市场推出全新制造、科技含量极高的邮轮海洋赞礼号、海洋量子号,中国邮轮产业由此进入新船时代。2017 年 9 月,皇家加勒比旗下海洋水手号离开了中国市场,被派往美国市场,2017 年,皇家加勒比开始设计和建造超量子系列邮轮于 2019 年下水和部署中国市场。皇家加勒比除拥有晶钻邮轮、精致邮轮、皇家加勒比国际游轮三个邮轮品牌,三个邮轮品牌的目标用户均定位为高端用户,此外还拥有 49% 西班牙品牌Pullmantur 的权益、50% 德国品牌途易邮轮的合资权益。皇家加勒比专注于邮轮旅游市场的开发、邮轮船票的销售与管理,通过邮轮航线的开辟、邮轮船舶的创新、邮轮产品的多元化为顾客提供多种价位选择方案,扩大邮轮市场、增加市场吸引力。企业 2018 年的营业收入为 94.94 亿美元,比 2017 年增加8.16%。受新冠疫情影响,2020 年取消了近 2 000 次航班,2020 年通过债券发行、普通股公开发行和其他贷款融通筹集了约 93 亿美元的新资本,将每月稳定的邮轮运营费用减少了约 80%,将 2020 年资本支出减少了 30 亿美元。此外,在 2020 年第二季度和 2021 年第一季度,修订了出口信贷安排,允许将 15 亿美元的本金摊销推迟到 2022 年 4 月,并修订了超过 110 亿美元的商业银行和出口信贷安排,至少在 2022 年第三季度提供契约豁免。

截至 2020 年 12 月 31 日,四大全球邮轮品牌皇家加勒比国际游轮、名人邮轮、阿扎马拉邮轮和银海邮轮共雇用了约 85 000 名员工,岸上员工包括私人目的地工作的员工大约 6 900 名全职和 100 名兼职员工,船上员工约 78 000 名,约 89% 的船上员工受集体谈判协议保护,2020 年邮轮业务暂停将大部分船上员工遣返回母国,因此,与 2019 年相比,2020 年的船上员工减少了约 87%。截至 2020 年 12 月 31 日,全球品牌和合作伙伴品牌在邮轮度假行业总共运营 61 艘船舶,总容量约为 137 930 个泊位。皇家加勒比国际拥有 24 艘船舶,总容量约为 84 200 个泊位。截至 2020 年 12 月 31 日,全球品牌和合作伙伴品牌已订购了 15 艘船舶。从过去 3 年的客票收入看,受疫情影响,2020 年客票收入为 68.1%,较 2019 年降低了 3.6%。邮轮运营费用总额 2020 年为 125.2%,较 2019 年的 55.4% 增长了 69.8%。2021 年 1 月 19 日宣布达成了一项最终协议,以 2.01 亿美元的价格将 Azamara 品牌(包括其三支船队和相关知识产权)出售给 Sycamore Partners。从 2021 年第三季度财务报告显示,邮轮重启后已经有三分之二的船舶投入运营。到 2021 年 10 月份,该公司 5 个品牌的 40 艘邮轮已经恢复航行,约占运力的 65%,到 2021 年 9 月 30 日,公司的流动资金约为 41 亿美元,2021 年 11 月,公司推迟了大部分新船的交付时间,总计约 48 000 个床位,帮助公司减缓运力增长,其中的量子系列邮轮将在 2023 年、2025 年和 2026 年交付,第二艘和第三艘邮轮的交付都将推迟一年,另外几艘如绿洲级邮轮、途易邮轮的 Mein Schiff 7 号、银海新一代邮轮都将推迟一年交付。自复航以来,约 50 万名游客选择乘坐该公司邮轮,2021 年底接待超过 100 万名游客,到 2021 年底,皇家加勒比 61 艘邮轮中有 50 艘恢复服务,占其核心航线近 100% 和全球约 80% 的运力。从游客满意度得分和乘客的船上消费看,均处于该公司历史上最高水平,2021 年 12 月 23 日,海洋幻丽号(Enchantment of the Seas)顺利从美国巴尔的摩启航,成为皇家加勒比第 21 艘成功复航的邮轮,也为皇家加勒比 2021 年的复航计划画上圆满句号。自 2020 年 12 月旗下首艘复航邮轮海洋量子号(Quantum of the Seas)在新加坡恢复运营至 2021 年 12 月,皇家加勒比国际游轮已在 16 个母港重启航线,到访了 50 个停靠港,接待超过 50 万名宾客,整体运力恢复至 84%,覆盖北美、欧洲、亚洲等区域市场,2022 年春季前,皇家加勒比旗下全部邮轮将恢复运营。2022 年 1 月 4 日,皇家加勒比集团宣布发行总计 7 亿美元的优先无担保债券,到期日为 2027 年,公司表示将利用这些债券出售的收益偿还其循环信贷借款以及 2022 年到期债务的本金和其他借款。2022 年 4 月,皇家加勒比共计有 23 艘邮轮投入运营,整体运力已经恢复至 85% 以上,覆盖了北美、欧洲、澳大利亚、新加坡等区域市场,2022 年夏季前,皇家加勒比国际游轮旗下全部 26 艘在役邮轮恢复运营。2023 年,皇家加勒比重磅推出业内首个 275 天环球邮轮航线,带领宾客到访七大洲 65 个国家的 150 多个精彩目的地和 11 大世界奇迹。"皇家环球航线 275 天"是目前世界上航线历时最长、地理航程最为丰富的环球邮轮旅行,为邮轮行业树立了新标杆,也将为每位热爱探索世界的朋友实现终极旅行梦想。

3.3.3　诺唯真邮轮

NCLH 注册地在百慕大,2011 年成立为控股公司,其前身可追溯至 1966 年。挪威邮轮经营着丽晶七海邮轮、大洋洲邮轮、挪威邮轮公司品牌,是全球领先的邮轮公司。目前拥有 14 艘五星级豪华邮轮。2016 年正式进入中国市场,并更新为中文名诺唯真邮轮。诺唯真邮轮在"世界旅游大奖"评选中连续十年被评选为"欧洲最佳邮轮",六次获得"世界最佳大型船舶邮轮",六次获得"加勒比海最佳邮轮",目前航线遍及阿拉斯加、加拿大、新英格兰、加勒比、欧洲、夏威夷、墨西哥沿岸、巴哈马及佛罗里达、南美洲、巴拿马运河、百慕大、太平洋临海。诺唯真喜悦号是专为中国市场量身定制的豪华邮轮,于 2017 年 6 月 28 日自上海开启首航,因为公司整体的战略规划所需,2018 年 7 月,诺唯真喜悦号离开中国市场,以满足全球游客对热门目的地的庞大需求。根据全新公布的航程计划,2019 年夏季,诺唯真喜悦号与姐妹邮轮诺唯真畅悦号一起为阿拉斯加航程执航,并于 2019—2020 冬季展开前往墨西哥蔚蓝海岸和巴拿马运河的季节性航程,诺唯真明珠号于 2019 年夏季展开欧洲航程,成为诺唯真品牌在欧洲部署的第 6 艘邮轮,企业计划在 2027 年之前增加 11 艘船。至 2020 年 12 月 31 日,诺唯真邮轮拥有 28 艘船和大约 59 150 个泊位,计划到 2027 年还要交付 9 艘船的订单。受新冠疫情影响,2020 年总收入为 13 亿美元,2019 年同期为 65 亿美元,下降了 80.2%,日产能下降了 78.6%。2020 年的邮轮总运营成本为 1 693 061 千美元,较 2019 年的 3 663 261 千美元下降了 53.78%。至 2021 年 9 月 30 日,公司总计 11 艘邮轮顺利复航,并将继续执行其 28 艘邮轮的分阶段重新启动计划,到 2021 年第三季度末,公司约 40% 的运力在运营,该季度的现金流为正,2021年第三季度的平均载客率为 57.4%,随着第三季度邮轮业务员的恢复,营收从2020 年的 650 万美元增至 1.531 亿美元,2021 年第四季财报显示,诺唯真邮轮控股公司 2021 年全年营收较 2020 年的 13 亿美元减少了 49.4%,降至 6 亿美元。同时邮轮运营开支,包括员工薪水、餐饮及旅行费用、油料、保险、船只维修等也较 2020 年减少了 5.0%,从 17 亿美元减少至 16 亿美元。2021 年 7 月末,诺唯真邮轮控股发起了"邮轮回归"活动,旗下的诺唯真邮轮、大洋邮轮、丽晶七海邮轮总计恢复了 75% 的运力,安全地运送超过 23 万乘客。2021 年年末,公司运力恢复到了约 70%~75%。从 2022 年第三季度业绩显示,诺唯真邮轮季度营收 16.16 亿美元,上年同期为 1.53 万美元。净亏损 2.95 亿美元,上年同期净亏损为 8.46 亿美元。按业务划分,船票销售营收为 11.06 亿美元,上年同期为8612.7 万美元。船上服务及其他收入为 5.10 亿美元,上年同期为 6695.4 万美元。

3.3.4　MSC 地中海邮轮

MSC 地中海邮轮是一家拥有三百多年航海历史和传统的家族企业,于 1987年成立,并于 1995 年正式命名为地中海邮轮,同年开始发展邮轮业务,是第一家获得 ISO9002/1994 和 ISO9001：2000 双重认证的邮轮公司,其后获得了ISO14001 环境保护证书。该公司十分珍视运营环境,近年来致力于在船队中引入能源效率和运营方面的改进措施,降低温室气体排放强度,不断为环境绩效树立新标杆,引领行业前进。地中海邮轮 Seashore 是世界上第一艘采用全新的开创性空气卫生系统的邮轮。Safe Air 使用 UVC 灯技术,可消除 99% 病毒和细菌,以保证船上所有客人和船员空气清洁和安全。地中海邮轮 Seashore 具有混合废气清洁系统、选择性催化还原系统,可将硫氧化物排放量减少 98%,将氮氧化物排放量减少 90%,该邮轮已获得船级社 RINA 的两个附加标志,第一个是可持续船舶符号,因其先进的环境技术,第二个是用于减轻感染风险的 Biosafe Ship 符号,是由地中海邮轮 Grandiosa 实现的。通过全球船队每年提高 2%~4% 的能源效率,公司 2019 年能源效率较 2008 年提高了 28%,朝国际海事组织2030 年碳排放强度降低 40% 的目标稳步前进。地中海邮轮的长期目标是到2050 年全年实现邮轮海上作业温室气体净零排放。此前 MSC 签署了"朝零迈进"联盟的行动呼吁,包含的目标有,制定 2050 年底前实现航运业零排放运营的目标,2030 年使用商业层面可行的零排放船舶,进一步强化私营和公共部门之间的合作及联合行动。2020 年 8 月,MSC 地中海鸿图号作为全球主流邮轮公司中第一艘复航邮轮,在 MSC 地中海邮轮行业领先的健康安全规程护航下,鸿图号至今已搭载近 40 000 名旅客顺利开启了为期 7 晚的西地中海探索之旅。2021 年,MSC 地中海邮轮迎来 2 艘新一代邮轮 MSC 地中海华彩号和海际线号,MSC 地中海邮轮舰队将由此扩充至 19 艘船只,2022 年,18 万吨的华彩号和 17 万吨的荣耀号会一起布局到中国市场开辟母港业务。这也是第一家国际邮轮公司在中国市场同时布局两条旗舰邮轮。到 2025 年还将有另外 4 艘全新邮轮加入。

3.3.5　云顶邮轮集团

云顶邮轮集团始建于 1993 年,是整个亚洲顶尖邮轮的代表品牌,目前公司打造出了不少其他知名度也很高的邮轮品牌,旗下的邮轮单品里面设有购物中心、电影院等等,各种豪华的套房应有尽有。2020 年 12 月,于新加坡复航的世界梦号邮轮成为亚太地区第一艘获得世卫组织(WHD)和全球素食认证服务(GVCS)的清真邮轮。星梦邮轮业是一家在世界梦号上支持和提供新平台的邮轮公司,这些丰富多彩的活动导致了市场兴起和扩张。新加坡地区对世界梦号的需求一直在增加,与 2019 年相比,2021 年新加坡世界梦号游客在邮轮上的支出增加了 37.5%。2021 年 11 月,世界梦号在新加坡复航一周年,已经接待了近 200 000 名游客,进行了 150 多航次,未来预订继续呈现积极趋势。从整体看,2020 年财报显示,云顶香港收益总额由 2019 年的 15.61 亿美元骤减至 3.67 亿美元,综合亏损净额达 17.16 亿美元。2022 年 1 月 19 日,因为公司无法进一步寻获资金且现有资金将耗尽,云顶香港向百慕大最高法院申请清盘。

3.4　邮轮产业要素发展经验

3.4.1　全球邮轮运营市场集中度较高

目前全球邮轮运营市场集中度较高,主要集中在 2～3 家邮轮集团,集团旗下有多家邮轮品牌公司,分别针对不同的客源地市场、目标人群进行客源覆盖,主要邮轮运营集团有歌诗达邮轮、皇家加勒比国际游轮、公主邮轮、精致邮轮、嘉年华邮轮等以及其他区域性邮轮公司。邮轮旅游业的直接经济收入主要是由邮轮运营及其乘客和船员的直接支出构成,随着邮轮产业链在下游的延伸以及全球邮轮旅游人数的逐年递增,邮轮旅游收入不断增加。2017 年,全球邮轮旅游客源量达到 2 670 万人次,同时,2017 年全球邮轮市场收入规模达到 465.0 亿美元,环比增长率为 8.2%,2009—2018 年全球邮轮旅游人数持续增长,根据国际邮轮协会数据统计,2018 年全球邮轮游客量增长速度超出预期,同比增长 7%,达到 2 851 万人次,北美地区邮轮市场依然是全球最大邮轮市场,同比增长 9%,游客量达 1 420 万人次。其中亚洲地区邮轮游客量达到 420 万人次,增长了5%,2018 年加勒比海地区的邮轮游客量保持邮轮目的地世界第一的绝对优势地位,同比增长 6%,达到 1 130 万人次,地中海地区邮轮游客量超过 400 万人次,增长了 8%,阿拉斯加邮轮游客量同比增长 13%,超过 100 万人次,北美依然是全球主要国际邮轮公司最大邮轮客源市场。根据业界权威网站 Cruise Industry News 报告,截至 2021 年 12 月 1 日,全球共有 68 个邮轮品牌所属 239 艘邮轮复航,复航运力为 42.6 万客位,复航船数和运力分别占全球总量的 54% 和 66.9%。全球邮轮港口访问艘次(7 天平均值)在 2021 年 12 月 13 日已达 129.4 艘次,相比 2020 年同期增长了 284%,达到了 2019 年同期的 72.3%。这一数值是反映邮轮运营热度的重要指标。

3.4.2　注重全产业链一体化运营

途易集团(TUI Group)是一家德国跨国旅游和旅游公司,总部位于汉诺威,是世界上最大的休闲和旅游公司,旗下拥有旅行社、酒店、航空公司、邮轮和零售店。2017 年途易集团实现营收 216.6 亿美元,利润 11.5 亿美元,位列 2017 年世界 500 强第 499 位,到 2019 年,途易集团旗下三大邮轮品牌业绩突出,旗下三个邮轮品牌收入增长 10.7%,达到 9.2 亿欧元。三大品牌中,途易邮轮主打德国大众市场,Marella 邮轮主打英国大众市场,而赫伯罗特邮轮则通过极致的奢华体验主打高端市场。途易集团 2018 年退役两艘邮轮 Marella Spirit 和 Hanseatic。从价格来看途易邮轮日均票价从 173 欧元涨至 178 欧元,Marella 邮轮 131 欧元涨至 141 欧元。而主打奢华和探险业务的赫伯罗特邮轮则从 594 欧元涨至 615 欧元。途易集团邮轮业务的投资回报率为 22.8%,创历史新高。受新冠疫情影响,2020 年 3 月,途易总资产为 183 亿欧元,总负债高达 154 亿欧元,资产负债率高达 84%,2021 年主营业务收入为 4 731.6 百万欧元,其中邮轮收入为 27 百万欧元,途易强调自身具有极强的"韧性",随着 2022 年旅游业的全面复苏,2022 年夏季产品提前预订量很好,与公司对产品供给预期一致。

德国途易集团奉行纵向一体化的邮轮全产业链运营管理模式,是当前全球最大的旅行社集团,直接或间接控制着全球 622 家公司,德国途易集团销售的邮轮旅游产品绝大部分由自身经营管理。德国途易集团目前开展邮轮旅游业务的主力是 TUI 邮轮,TUI 邮轮是 2008 年由美国皇家加勒比公司、途易集团各占50%的股份合资建立。2015 年 6 月,德国途易集团的 Mein Schiff 4 于德国基尔首航,2016 年 1 月,Mein Schiff 系列第五艘邮轮下水,2017 年第六艘邮轮交付。德国途易集团通过与皇家加勒比开展合作,借鉴皇家加勒比在邮轮产业中的丰富发展经验,在德国邮轮市场中抢占发展先机。途易集团的邮轮业务由全资拥有的赫伯罗特(Hapag-Lloyd Kreuzfahrten)邮轮公司以及与皇家加勒比合资建立的途易邮轮公司构成,2018 年新下水的船为 Mein Schiff 1,其另两艘姊妹船为 Mein Schiff 2(2019)和 Mein Schiff 7(2023),载客量为 2 534 人,船员 1 000人,建造费用为 6.25 亿美元(5 亿欧元),航速 21 节,11.2 万总吨,目前正在服役加那利群岛的兰萨罗特岛和马德拉群岛的 14 天航程。途易邮轮的姊妹品牌是Marella Cruises(主打英国客源市场),目前有 6 艘船在运营中。途易集团下的奢华品牌赫伯罗特邮轮目前有 3 艘船,分别是 Ms Europa2、Ms Europa 和 MsBremen 三艘超级奢华的邮轮,这些船的基本参数是载客量 199~230 人,船员170 人,造价 1.6 亿美元,总吨 1.6 万吨,属冰级探险船,船员数和载客量几乎相等,2021 年底途易集团旗下拥有和租赁的邮轮船舶总数达 16 艘。

3.4.3　邮轮管理信息化日趋集成

3.4.3.1　邮轮港口和邮轮协会信息化建设复合化——欧美港口信息平台建设

邮轮信息化建设完备,欧美国家在邮轮协会、邮轮港口、邮轮运营等层面具有较为完善、全面、安全的邮轮信息化建设系统,在邮轮信息化建设方面经验丰富。欧美国家邮轮协会的信息化建设一般包括邮轮港口区域规划、邮轮产业统计数据、邮轮行业发展动态等内容,欧美国家邮轮港口的信息化建设一般包括城市经济发展趋势、邮轮产业发展前景等,欧美国家邮轮公司的信息化建设一般包括邮轮市场信息等,以邮轮业务为重点发展业务的港口地区,一般建有专业化的邮轮信息官方网站,通过浏览相关网站,查阅全面、丰富的邮轮港口信息。

第一,普通邮轮旅游人才网站。根据经营者业务性质,将美国旅游网站划分为三类:一般旅游信息网站、中介服务提供商运营的网站(也被称为在线预订服务代理商,一般并不直接提供旅游预订服务,而是提供旅游景点、旅游产品的咨询解答)、旅游产品或服务直接提供商运营的网站。这些网站都有明确的自身定位,由于本身不同的用途,针对性竞争不是恶性的。2017 年 3 月,全球第一邮轮评测网站推出 2017 年度榜单,Cruise Critic 作为领先的邮轮测评和信息网站,每年的榜单都来自对 160 000 名读者的评论和意见的汇总。榜单中包括整体最佳、最佳餐饮、最适合家庭出游、最佳娱乐设施、最佳岸上服务等,并且包括各种型号的邮轮共 12 项。单类奖项根据邮轮体积分为大型、大中型、中小型、小型四类,每类根据平均评分排行选出前十位最佳者得奖。根据 Cruise Critic 邮轮测评和信息网站,邮轮预订量在 2021 年较 2019 年的增长率为 40%,2020 年取消邮轮出游计划的游客占比达到了 11%。Cruise Critic 邮轮测评和信息网站通过对 4 600 多名邮轮旅游游客进行在线调研,75% 的被调查者表示在新冠疫情结束后将恢复过去相同的航次,甚至有部分被调查者表示会更加频繁地参与邮轮旅游活动。

第二,邮轮旅游信息系统平台。北美地区环境优美、海岸线漫长,为开展以休闲度假为主要目的的邮轮旅游活动提供了有利的发展基础、充足的资源条件。北美地区的邮轮旅游市场活跃,邮轮产业发展成熟,邮轮订单成交量占全球 80% 左右。北美地区的邮轮旅游人才信息系统是划分在具有专业性的运营管理人才网站里的,市场化运营,专业化程度高,邮轮旅游消费者通过咨询相关邮轮工作人员可以简便、高效、快捷的选择自己满意的航线。美国邮轮在线网站 Cruises 是由旅行社发展而来的专业化在线邮轮平台,这个网站的功能项目十分齐全,基本满足消费者对邮轮的所有需求,比如购买船票、了解邮轮、分享游记等等。还会定期推出质量好、价格便宜的邮轮给消费者挑选,并且有比较复杂的航线查询给消费者了解实时资讯。

3.4.3.2　信息平台管理模式——新加坡邮轮旅游信息平台双平台模式

新加坡邮轮人才信息平台主要为新加坡邮轮旅游中心运营的商业网站、新加坡旅游局主管的政务网站。其中新加坡邮轮旅游中心运营的网站,主要负责新加坡的邮轮码头以及摆渡船的运营管理。淡马锡集团新加坡邮轮旅游中心运营的商业化网站每天都发布实时信息像是机场飞机的航班号,起飞落地信息一样,邮轮也有其出发和到港的信息,邮轮公司可以申请专属自己的网站账号,注册成为会员就可以享受邮轮旅游中心的全方位服务。新加坡旅游局主管政务网,其主要功能和作用就是推广打响新加坡著名的旅游景点和项目等。网站描述了所有从新加坡出发的常规和周期性航线信息,网站连通了新加坡邮轮中心网站,浏览者可以快速便捷地进行网站切换,了解更多邮轮相关实时信息。

3.4.3.3　邮轮管理信息集成化——菲德利邮轮软件公司邮轮信息集成服务供应商

菲德利邮轮软件公司位于德国汉堡,面向全球 41 家著名邮轮公司旗下的 200 多艘邮轮提供邮轮服务业务,是能够提供信息系统解决方案的专业软件服务商。该公司是目前世界上业务规模最大、服务最为专业的邮轮信息集成服务供应商,分别在欧洲德国、美国佛罗里达设立服务总部,主要提供集成化的六大信息管理模块产品。汉莎系统公司借助航空业信息服务经验,将公司业务拓展到邮轮产业、物流服务、金融行业等领域的信息服务建设,专长邮轮产业客户关系管理(CRM)、邮轮舱室能耗节约控制、邮轮内部的安全管理系统(Security Services)、邮轮视频系统管理、邮轮网络化集成管理等方面的模块化、标准组件式管理信息解决方案。

3.4.3.4　信息平台功能设计特点——美国邮轮旅游信息平台专业化

市场化运营模式、专业化程度高的美国邮轮旅游信息平台属于垂直型、专业化的商业网站。由邮轮旅游旅行社逐渐演变而成的第三方平台——美国在线邮轮旅游网站 CRUISES 平台,囊括的邮轮旅游信息丰富、信息平台功能多样,由专业电商企业负责运营,面向邮轮旅游消费者提供复杂的航线查询服务、质优价廉航线的定期推出服务等,邮轮旅游乘客可以根据自己的居住位置,选择定制化、个性化的旅游线路配置,在选择航线行程时,可以通过查看游客评价记录进行甄选与参考。邮轮旅游乘客可以通过邮轮旅游信息平台上的 Facebook 链接,与自己的家人、朋友分享邮轮旅游体验。

3.4.3.5　邮轮产品销售信息管理平台化——CLIA 实行"邮轮咨询师"制

邮轮销售信息平台是邮轮市场运行的重要基础。欧美发达的邮轮市场很大程度得益于一批有竞争力的高效率的邮轮电子商务信息平台的存在。这些平台主要有在艾玛迪斯邮轮电子商务平台(Amadeus e-Cruise Platform)、全美最大邮轮旅游服务商 CruisesOnly(CruisesOnly.com)和在欧洲具有领先优势的 Traveltek 公司邮轮在线预订信息平台(Traveltek's Cruise Platform Online Cruise Booking Solutions)等。其中艾玛迪斯经营 B2B、B2C 两类业务,Cruises Only 是一家拥有 20 多年分销经验的邮轮产品电子商务平台,Traveltek 公司是英国市场邮轮产品分销业的翘楚。

3.5　经验借鉴的启示

3.5.1　注重邮轮港口周边及腹地规划

　　邮轮港口的周边岸线及腹地是两种空间的叠合,就其服务和辐射的范围来看,可以分成两个层次:以邮轮产业为核心的服务业对区域客源的辐射,以及港口周边配套产业对所在地的辐射。从规模层面上来看,前者由邮轮产业的规模所决定,而后者由腹地在城市中的地位和等级所决定。纵观案例城市邮轮码头的腹地开发(见表 3 - 3、表 3 - 4),可以发现其用地功能呈现以下共性,邮轮港口的周边区域主要以包括水上功能、旅游服务功能、配套服务功能在内的三大功能为主,旅游产业为周边区域的发展核心。

表 3 - 3　邮轮港口周边用地功能

邮轮码头	区域服务功能	城市功能
迈阿密邮轮码头	世界最大邮轮港口,世界海滩旅游度假胜地	城市 CBD
巴塞罗那邮轮码头	欧洲最大邮轮港口,世界著名旅游城市	城市文化休闲中心
新加坡邮轮中心	亚洲最大邮轮港口,圣淘沙度假胜地,城市旅游集中区	以旅游功能为主
新加坡滨海湾中心	邮轮拓展码头	城市 CBD 拓展区
香港海运码头	亚洲最大邮轮港口之一,世界著名旅游城市	城市商业中心
香港启德码头	邮轮拓展码头,城市旅游次中心	启德地区中心
上海邮轮码头 (宝山、虹口邮轮组合港)	世界知名邮轮母港、中国邮轮旅游枢纽地	黄浦江核心版块,新兴城市中心

表 3 - 4　邮轮码头水上旅游配套服务功能

邮轮码头	水上功能	旅游设施	配套服务设施
迈阿密邮轮码头	游艇俱乐部、游船中心	美联体育中心、博物馆岛、南沙滩、公园	海湾市场

（续表）

邮轮码头	水上功能	旅游设施	配套服务设施
巴塞罗那邮轮码头	海上俱乐部、航海俱乐部、海滩、游艇码头	水族馆、环球影院、历史博物馆	世界贸易中心、Maremagnum 购物中心、Vela 酒店
新加坡滨海湾中心	水上表演、游艇码头	娱乐城、公园、博物馆、游乐场	
香港海运码头	天星小轮、花艇巡游、赛艇、大型游船展示、国际客运码头、烟花激光表演	香港文化中心、香港艺术馆、星光大道、前水警总部、钟楼、天星码头	酒店、海旁的食肆、海港城、1881、The One、isquare 国际广场
香港启德码头	游艇码头、轮渡码头、烟花激光表演	航空博物馆、游乐场、体育公园	邮轮综合大楼、餐厅、酒店

3.5.2　注重邮轮码头设施开发建设

纵观案例码头周边配套设施主要呈现三大功能，零售、旅游休闲、办公。其中零售设施的业态多数为大型商业综合体的一站式购物场所，包括餐饮、购物、娱乐等，办公设施主要针对与港口和邮轮相关企业，而旅游休闲主要是滨水生态休闲空间。新加坡邮轮码头配套设施共 24 公顷，由西至东沿滨水布局分别是 Twinstower、Harbor Front Center 及 Vivocity 购物中心，Twinstower 零售以及与港口相关企业办公为主，Harbor Front Center 以邮轮母港、轮渡码头以及零售与办公为主，是航站楼、零售和办公混合布局的综合体，东侧的 Vivocity 是集娱乐、休闲、零售、餐饮为一体的综合体，顶层则为屋顶平台公园。从迈阿密邮轮码头配套设施看，迈阿密道奇岛功能较为单一，以港口运输产业为主，邮轮码头配套设施以办公和航站楼为主，有少量零售设施。香港海运码头位于最繁华的海港城内，并与海运大厦综合布局，航站楼本身就是集零售、办公、航运为一体的建筑。海港城是香港最大的零售片区、多家酒店和大型购物中心，同时去旅游景点的可达性也较好。香港启德码头配套区域主要由公园、航站楼、码头大厦组成，其中码头大厦是博物馆、购物中心、办公的综合建筑，此外向西还配套了大量宾馆住宅和大型的跑道公园。

3.5.3 提倡政府主导与民间参与

作为发展中国家,政府要充分发挥在发展邮轮旅游中的主导作用。巴塞罗那和新加坡就是政府主导的典范。我国邮轮港口建设应该增强邮轮市场活力、健全邮轮市场机制,如依托邮轮发展实验区和示范区,尝试邮轮新城及港口开发的多元模式,发挥市场积极性,因地制宜。同时,旅游行政管理部门要按统一领导、分级管理的原则,对邮轮旅游行业进行双重管理,确保方针、政策和法规的贯彻执行。要完善作为邮轮城发展建设邮轮产业规划的组织实施工作,对邮轮旅游资源深度开发、邮轮旅游发展规划宏观调控。

3.5.4 注重区域协调实现错位竞争

注重邮轮港口城市的区域组合优势,在地理空间布局上形成统一、完整、协调的目的地协调发展体系,发挥邮轮产业要素、邮轮旅游资源的聚散效应,形成邮轮港口的良好区域竞争关系。因此在建设邮轮城过程中,应注重不同区划的特色邮轮旅游资源、打造邮轮旅游创新型产品、构建目的地协调发展体系、实现不同地区的错位竞争。邮轮城建设与开发应将优势邮轮旅游资源与当地民俗风情、风景名胜、特色文化等进行联合,建设集游览观光、休闲娱乐、消费购物等多种功能于一体的邮轮旅游度假区,做大邮轮产业市场蛋糕,促进地区经济的整体发展,建设邮轮城的产业集群,发挥对区域经济、就业、消费的带动力与影响力。

3.5.5 注重邮轮人才和信息系统建设

拥有我国邮轮人才信息库十分必要。建设邮轮人才信息系统将整个产业链连接起来,实现信息共通和及时更新。创建邮轮信息系统连接政府、邮轮企业、学校和消费者的桥梁,是为国家输送邮轮人才,促进我国邮轮旅游发展的一个巨大推手,将来邮轮旅游信息系统会因为整个互联网的提升也得到进一步的升级和发展,以此来实现邮轮全产业链人才信息化。

第4章 我国邮轮产业结构发展特点

4.1 中国邮轮市场总体发展向好

4.1.1 2018年以前保持高速增长

根据《邮轮绿皮书：中国邮轮产业发展报告(2019)》，我国邮轮市场的萌芽阶段为2006—2011年，年平均增长率达到36.74%，邮轮市场的快速成长期为2012—2016年，年平均增长率为72.84%，2017年增长率降为8%。根据CCYIA统计数据显示，从2006年我国开启邮轮母港到2018全年，邮轮港口接待出入境游客量达到2 302.21万人次，其中母港邮轮出入境游客量达到1 954.24万人次，接待邮轮艘次达到6 783艘次，其中接待母港邮轮4 618艘次，我国邮轮市场、邮轮母港接待量保持持续增长趋势。

4.1.2 2018年开始波动性调整期

2018年全国邮轮市场进入波动性调整阶段，母港邮轮从2006年的18艘次增长到2018年的898艘次，增长49倍，访问港邮轮艘次从2006年304艘次下降到2018年的78艘次，2018年中国邮轮港口的邮轮接待艘次同比下降17.3%，接待邮轮976艘次，接待出入境游客量同比下降1.2%，接待游客488.67万人次，2018年由高速度增长转向高质量高品位发展。中国邮轮市场在2019年的市场供给量有所降低，市场规模处于波动性下降的趋势，据国际邮轮协会统计，中国邮轮市场母港邮轮数量在2019年达到14艘，与2018年相比减少2艘，同比下降12.5%，邮轮市场运力达到194.08万人次，邮轮床位数比2018年减少

5.2%,达 40 342 个。歌诗达邮轮市场份额占比为 32.0%,运力达到 62.31 万人次,位居中国首位;皇家加勒比的海洋光谱号、超量子系列全新船系于 2019 年在中国邮轮市场展开布局,皇家加勒比国际游轮的市场份额为 27.3%,市场运力达到 53.03 万人次;星梦邮轮市场份额为 12.3%,运力达到 23.8 万人次。截至 2019 年 11 月,已经有 33 艘国际邮轮先后在中国运营,全国有 20 个城市已建成或规划建设邮轮码头;为邮轮服务的旅行社由 10 多家发展到 800 多家;开展邮轮教育的高等院校发展到 130 多家。2019 年,国际各大邮轮公司对中国邮轮市场充满信心,纷纷将最新最好的邮轮布局上海,游客关于"邮轮本身即目的地"的消费习惯开始培育,尤为受人瞩目的有皇家加勒比国际游轮超量子系列首艘邮轮海洋光谱号、歌诗达邮轮专为中国量身打造的首艘 Vista 级邮轮威尼斯号两艘全新邮轮已经进入中国市场运营。

中国邮轮经济正处于一个从量变到质变的转型优化期,中国邮轮经济正进入政策红利的释放期。新冠疫情让邮轮旅游市场陷入停滞,在邮轮停运前的 2020 年 1 月 20 日至 29 日,上海接靠了邮轮十多艘次,接待出入境游客 4.27 万人,船员 2.8 万人次。2019 年海南邮轮到港艘次仅为 4 艘次,游客人数仅 6 435 人次。停航 2 年来,中国邮轮行业重启艰难但是充满希望,国内邮轮行业也在产业洗牌中蓄势待发。2019 年 5 月,中国民族邮轮品牌星旅远洋在厦门发布。招商维京游轮公司旗下首艘五星红旗高端邮轮在 2021 年国庆假期间,从深圳蛇口往返三亚。2020 年 12 月两艘国产邮轮长乐公主号和南海之梦分别进行复航,在 2021 年 7 月由于疫情反扑又相继宣布暂停运营,2021 年 9 月又分别准备复航。2021 年 10 月,上海宝山吴淞口论坛正式发布了《上海国际邮轮旅游度假区总体规划》[①],2021 年 11 月,中国最大的邮轮公司中船嘉年华(上海)邮轮有限公司落户上海宝山,2021 年 7 月到 12 月,云顶梦号邮轮已经接待了 7 万多名邮轮乘客。2022 年 1 月,长江内河最新一代豪华邮轮长江叁号完成首航,于 3 月正式运营,该邮轮于 2020 年 7 月在招商工业海门基地开工建造,成为新冠疫情后国内开工建造的首艘内河邮轮。2022 年 2 月 20 日,国内首艘悬挂五星红旗的豪华邮轮招商伊敦号邮轮在深圳开启 3 天 2 晚的海上巡游,这是继 2021 年 10 月招商伊敦号从蛇口始发完成 8 天 7 晚魅力南海之旅后的又一次亮相,为沉寂已久的国内邮轮市场增添了一抹亮色。2022 年 4 月 27 日开始,招商伊敦号开启

---

① 上海宝山官方微信.一图读懂《上海国际邮轮旅游度假区建设三年行动计划(2022—2024 年)》发布 [EB/OL].(2022.07.02)[2023－02－21].https://sghexport.shobserver.com/html/baijiahao/2022/07/02/786735.html.

深圳周边海上航线鹏城周边海上游,引领国内微度假新体验。

4.2　中国邮轮全产业链结构日趋完善

4.2.1　我国邮轮产业要素加快集聚

从邮轮产业的不同发展区域角度分析,我国邮轮全产业链的区域集聚度差异明显,决定邮轮产业要素集聚的影响因素有交易的成本、收益递增、产业前后关联效应、垄断竞争等。不同港口城市在发展邮轮产业时,要将区域邮轮产业优势资源与当地的历史风情、旅游景点、文化背景等进行融合发展、联动开发,打造集浏览观光、休闲娱乐、独家体验、购物消费等多种功能于一体的综合性邮轮旅游开发模式。通过协调区域资源实现错位竞争,发挥区域之间的群体组合优势,注重不同邮轮发展区域的互补合作关系,最大限度利用区域聚散效应,丰富港口城市邮轮商务区的业务范围,促进地区经济与邮轮产业的协调发展,并且在此基础上,寻求邮轮产业集群的构建契机、拓展港口城市的开发建设、带动邮轮配套产业的发展。按照我国邮轮产业全产业链上中下游的要素集聚特点,将我国邮轮产业集聚区划分为商务商贸休闲服务集聚区、装备制造要素集聚区、运营管理集聚区、港口综合能源储备和供应集聚区、金融服务集聚区等。

4.2.1.1　商务商贸休闲服务集聚区

以上海市邮轮港口的商务商贸服务为例,当前上海建有国际邮轮客运中心、吴淞口国际邮轮码头,上海港国际邮轮客运中心于 1999 年开展前期筹备工作,2001 年 2 月列为上海市重大工程,2004 年 1 月举行奠基仪式,2008 年 8 月启用。上海港国际邮轮客运中心与万国建筑群的外滩相邻,与现代建筑群的陆家嘴相望,不仅发挥着豪华邮轮停靠功能,又被称为"一滴水"国际邮轮码头。作为上海市商业活动场地使用,吴淞口国际邮轮码头于 2008 年 12 月开工建设,2011 年 10 月开港,不仅是我国邮轮母港门户,也是上海市建设国家邮轮航运中心的重要部分,吴淞口国际邮轮港周边建设有免税商店、临江公园、炮台湾公园。国际邮轮客运中心、吴淞口国际邮轮码头共同构成了上海的"一港两码头"国际邮轮组合港。我国邮轮产业发展迅速、邮轮乘客数量激增,刺激了吴淞口国际邮轮港的扩张需求。宝山区政府投资 270 亿元,开启市区两级重大工程项目,其中吴淞口国际邮轮港后续工程启动仪式于 2015 年 4 月推进,于二季度启动,加快打造宝山城市功能转型升级版。在航线创新方面,上海吴淞口国际邮轮港还开辟以东南亚、日本、韩国为主的近海邮轮航线,随后推出覆盖欧洲、美洲、大洋洲、环太平洋区域的远洋邮轮航线,围绕上海市邮轮配套服务与邮轮产品升级,构建集商品商贸、旅游观光、休闲购物于一体的"长滩一号"集聚项目。

厦门邮轮母港位于国家级邮轮运输试点示范城市——厦门,实施"船、港、城"一体化开发策略,定位为"国际一流邮轮母港暨高端旅游目的地"。从地理位置角度,厦门地处海峡邮轮经济圈,是著名邮轮旅游城市,厦门邮轮母港凭借其优越的地理位置,开拓邮轮旅游市场、开发邮轮航线产品、吸引邮轮旅游消费者,为邮轮产业不断注入新活力、新动力。从规划建设角度,厦门邮轮母港注重码头泊位规模的拓展,满足同时接待多艘大型邮轮的需求,邮轮航站楼兼顾短途水上客运、客货滚装、邮轮运输等多种功能。从邮轮运营角度,丽星邮轮双子星号在2018年4月于厦门邮轮母港启航,厦门邮轮母港长达半年的运营季由此开始,刷新了厦门母港运营航次、航线跨度的纪录,总计53个航次。在运营季助力下,厦门国际邮轮母港于2018年接待邮轮旅客吞吐量达32.46万人次、邮轮艘次96艘次,地中海邮轮公司、云顶邮轮集团、歌诗达邮轮集团在西海湾邮轮城公司、厦门邮轮母港集团的支持下开启了厦门母港邮轮航线;在全国邮轮产业于2018年整体呈下降趋势的大背景下,厦门邮轮经济仍然保持加速发展的良好趋势,厦门国际邮轮中心于2019年1月迎来首例144小时过境免签游客,厦门国际邮轮中心迎来邮轮旅游客流高峰。

从政策规划角度,海南省和三亚市为了加快区域内邮轮旅游的快速发展,相继由三亚市人民政府和办公厅、海南省旅游发展委员会、财政厅等出台了系列财政奖励政策,对海南省和三亚市内为邮轮提供服务的船舶代理公司、邮轮港口经营企业、组织游客从海南省邮轮港登轮出游和组织邮轮游客在海南省登岸旅游的国内组团、地接旅行社进行财政奖励;对邮轮港口经营企业、对邮轮业务进行拓展的企业给予补贴。海南2019年12月印发了《关于促进海南邮轮经济发展的实施方案》[①],2020年4月9日,海南发布《2020年海南省邮轮游艇产业发展重点》[②],将对标全球邮轮产业发展最高开放水平,研究放宽国际船舶登记限制条件、吸引国际邮轮在海南洋浦港登记注册、建立国际船舶登记制度以适应自由贸

①　海南省人民政府办公厅.海南省人民政府办公厅关于印发海南省促进邮轮游艇产业加快发展政策措施工作任务分解方案的通知[EB/OL].(2016.01.15)[2023-02-21].https://www.hainan.gov.cn/data/hnzb/2016/02/3494/.

②　海南省交通运输厅.2020年海南省邮轮游艇产业发展重点[EB/OL].(2020.04.09)[2023-02-21].http://jt.hainan.gov.cn/ywdt_384/zwdt/202004/t20200409_2772587_mo.html.

易港、推动邮轮船供物流监管运营模式创新、加快邮轮游艇产业高端人才培养、丰富邮轮旅游产品供给与航线创新。2021 年 2 月,《三亚中央商务区关于加快邮轮产业发展的实施细则》《三亚中央商务区关于加快游艇产业发展的实施细则》(以下分别简称《邮轮细则》《游艇细则》)正式印发①。《邮轮细则》提出了多项创新举措,鼓励邮轮产业链企业集聚、鼓励邮轮经济发展、支持邮轮基础设施建设及邮轮文化推广。截至目前,已有 30 余家知名邮轮游艇企业在三亚中央商务区注册或签约。2021 年 6 月,海南省人民政府办公厅发布关于印发《海南省"十四五"综合交通运输规划》②,2022 年 2 月通过了《推进三亚游艇产业链高质量发展工作方案》③,以"2866"行动计划为主要任务,搭建 2 个平台,建设 8 个重点项目,争取 6 项政策支持,擦亮 6 个游艇文化活动赛事品牌,全力推进三亚游艇全产业链发展。2021 年 9 月 16 日,广西壮族自治区人民政府下发《关于支持北海市发展邮轮产业的意见》④,提出,在北海建设国际化邮轮港口,打造高品质邮轮产业体系,支持北海市开辟境内游船和跨境邮轮旅游航线,明确支持北海市以邮轮旅游为重点,完善邮轮配套产业,逐步建成完备的邮轮产业链,建设邮轮旅游发展实验区。

4.2.1.2 装备制造要素集聚区

我国邮轮研发与建造在各区域形成错位竞争态势,拥有中船设计研究院(708 所)、上海船舶设计院等知名船舶设计院。我国在邮轮全产业链建设尤其是上游邮轮研发与建造领域实现创新突破。在邮轮制造方面,招商局工业集团于 2017 年 4 月与美国 SunstoneShips 公司签订邮轮建造合同,船型为 4+6 艘极地探险邮轮,成为首家建造探险邮船的中国船厂,于 2018 年 3 月举行极地探险邮轮建造工程开工仪式,2019 年 3 月国内自主建造的首艘极地探险邮轮 1 号船下水仪式暨 3 号船开工仪式在江苏海门基地举行,极地探险邮轮 3 号邮轮将向南极进军,开启了我国邮轮建造领域的新篇章;RINA 船级社、福建国航远洋集

① 中国政府网.海南三亚扶持邮轮游艇产业发展[EB/OL].(2021.02.09)[2023 - 02 - 21].https://www.mnr.gov.cn/dt/hy/202102/t20210209_2611614.html.

② 海南省人民政府办公厅.海南省人民政府办公厅关于印发《海南省"十四五"综合交通运输规划》的通知[EB/OL].(2021.06.08)[2023 - 02 - 21].https://www.hainan.gov.cn/hainan/szfbgtwj/202106/a8aa45c9cb4501a7f5c837391a3816.shtml.

③ 海南省人民政府.三亚开创高质量发展新局面[EB/OL].(2022.10.11)[2023 - 02 - 21].https://www.hainan.gov.cn/hainan/sxian/202210/a6a2d17548bd4bffb51971f6b895e574.shtml.

④ 广西壮族自治区人民政府办公厅.广西壮族自治区人民政府办公厅关于支持北海市发展邮轮产业的意见[EB/OL].(2021.09.16)[2023 - 02 - 21].http://www.gxzf.gov.cn/zfwj/zzqrmzfbgtwj_34828/2021ngzbwj_34845/t10140782.shtml.

团、武船集团于 2018 年 1 月就三方在 7 万吨级豪华邮轮建造项目签署了战略合作协议,中国首艘豪华邮轮于 2019 年 10 月在上海外高桥开工建造,开启了我国邮轮研发与建造发展机遇,2021 年 12 月,顺利实现坞内起浮,总体建造进度达55％,中国首艘豪华邮轮进入内装和系统完工调试的"深水区",已于 2023 年 9 月完工,我国开启了逐步复苏本土邮轮的步伐。

在维修方面,舟山中远船务工程、深圳友联船厂、黄海造船有限公司、上海华润大东船厂等均在豪华邮轮的修理、翻新领域积累了丰富经验,开启了邮轮产业链上游邮轮维修、翻新领域的大门。2015 年 1 月歌诗达邮轮公司所属大西洋号从上海华润大东船舶工程有限公司干船坞安全出坞,成为首家选择中国国内修造船企业,进行邮轮船舶系统改造和维修的国际邮轮公司,德国 R&M 船舶技术有限公司与中船集艾为提升本土邮轮施工和供应链管理、内装设计等综合能力的提升、助推中国邮轮修造产业发展,于 2017 年底成立戎美邮轮科技发展(上海)有限公司,中船集团为发展高技术船舶及邮轮内饰装潢产业,由上海集艾邮轮发展有限公司、中船九江海洋装备(集团)有限公司共同设立了混合所有制企业中船集艾邮轮科技发展(上海)有限公司,该公司于 2019 年 4 月在 2019 年海贸全球邮轮大会上与 UEI 邮轮投资有限公司中方展台正式签署塞班之星邮轮全船翻修总包合同,开启了由本土企业承接并在国内实施的邮轮全船翻修首次总包工程。塞班之星邮轮全船翻修总包合同要求承包方具有全船设计与施工的系统把控能力、邮轮公区和舱室的设计施工能力、采购与施工 EPC 总包等综合管理能力,还要满足挂旗国、船级社等相关规范,涉及大堂、餐厅、娱乐、厨房等约5 000 平方米公共区的改造以及约 200 间舱室的翻新,翻修设计灵感融入塞班岛的自然风光,将光影下水波的明暗深浅虚实变化作为设计的基础元素,打造满足邮轮乘客需求的梦幻空间。除此之外,天海新世纪号邮轮于 2017 年 11 月在中远船务工程有限公司船坞内完成翻新升级,海洋赞礼号于 2018 年 9 月在舟山中远重工有限公司完成了为期六天的维修与保养,海洋赞礼号是亚洲最大的邮轮,中国·舟山·六横国际绿色修造船岛于 2019 年 8 月举行起航仪式,将进一步释放六横船舶修造业产能、打造国际绿色修造船岛、提升船舶修造绿色发展能力,以 1 500 艘的年外轮修理量为发展目标,稳固六横知名国际外轮修造基地的地位,抢占全国外轮修理市场的半壁江山,实现从修船大国走向修船强国的中国梦。

4.2.1.3 运营管理集聚区

以三亚邮轮港、天津邮轮港为例。三亚邮轮港地处三亚,从区位优势角度,三亚凭借自身丰富的旅游资源条件、适宜的气候条件、优越的地理位置,打造了国际性热带滨海度假胜地。从航线分布角度,"三亚—西沙"是以三亚国际邮轮港作为邮轮母港打造的国内出发港航线,运载乘客达 2 万人,目前已日趋成熟,南海之梦邮轮运营的"三亚—西沙"航线每次航行最大载客量为 400 人次,按季节划分,淡季为夏季,上座率在六成左右,旺季为冬季,客流爆满,该条航线于 2018 年 5 月满两周年。从公司运营管理角度,三亚凤凰岛投资集团有限公司于 2019 年 9 月转让 100％公司股权,对价 40.37 亿元,标的企业持有三亚凤凰岛国际邮轮港发展有限公司 45％股权,三亚凤凰岛项目的 55％股权被作价 48.01 亿元出售,云顶邮轮集团于 2020 年 9 月入驻三亚中央商务区,与国内知名旅游企业携手在三亚成立合资公司,与三亚中央商务区管理局开展邮轮旅游战略合作,在三亚引入旗舰豪华邮轮,推动了海南的邮轮旅游试验区建设、邮轮航线拓展、自由贸易港建设;招商局维京游轮旗下伊敦号于 2021 年 9 月开通"深圳—三亚"航线,是国内首条五星红旗邮轮航线。从智慧边检角度,为适应口岸经济的快速发展、邮轮出入境客流量的持续攀升、海南国际旅游岛建设的加快推进,海南凤凰边检站始终以"智慧边检"为邮轮港口发展建设方向,推进边检站出入境自助查验通道建设,三亚首家自助查验通道于 2018 年 5 月正式启用,包括八条出入境边检自助通关通道,邮轮乘客仅需 10 秒就可通过自助通道过关,达成真正意义上的绿色通道,为出入境邮轮乘客带来了便利性、高效性。从口岸检验检疫角度,载着 1 855 名境外邮轮乘客的荷美邮轮威斯特丹号于 2019 年 1 月抵达三亚,为提高邮轮入境的通关速度、优化邮轮及邮轮乘客的检疫监管模式,三亚海关对威斯特丹号邮轮实施电讯检疫,标志着电讯检疫在三亚口岸正式落地。天津国际邮轮母港由招商局、天津港集团总投资 12.8 亿元共同建设,于 2010 年 6 月建成并启用,建设于天津港东疆港区最南端。从区位优势角度,天津市地处太平洋西岸、环渤海湾边,是连接华北、东北、西北这三北地区的交通枢纽,借助京津冀协同发展新格局、国际邮轮旅游发展新契机,加快完善邮轮旅游配套服务设施、培育邮轮产业高端人才、建立区域合作伙伴关系的步伐,实现邮轮全产业链完善、多功能邮轮母港建设,天津滨海国际机场作为我国主要航空枢纽之一,完备了天津交通网络,为邮轮乘客的出行提供了通达、高效、便利的交通条件。从邮轮经济发展政策角度,2021 年 9 月,天津市人民政府办公厅为加强邮轮产业持续健康发展、培育邮轮经济发展新动能、推动邮轮经济提质增效,出台了《加快天津邮轮产业发展的意见》①,指出天津邮轮产业应围绕推进北方国际航运核心区规划建设,以邮轮研发与建造以及维修为基础、以邮轮运营为核心,以港口服务、金融服务、货运配送为支撑,统筹谋划天津市邮轮全产业链发展布局、打造天津市邮轮全产业链产业体系、构建天津市邮轮经济高质量发展新亮点。2022 年2 月,天津政务网为加快邮轮产业融入"一带一路"建设、优化天津市邮轮产业布局、扩大天津市邮轮产业发展优势,发布了《天津市邮轮产业发展"十四五"规划(2021—2025 年)》②,提出天津市将从邮轮业态、邮轮航线、精品旅游线路、邮轮产品、邮轮产业营销推广五个方面加强发展与优化,邮轮航线包括邮轮国际游、邮轮沿海游、邮轮在津游三大旅游圈层;加强国际邮轮港城、国际邮轮用品采购供应中心、中国邮轮制造维修基地三大工程的建设。

4.2.1.4　港口综合能源储备和供应集聚区

我国邮轮产业发展迅速、邮轮旅游日益火热,对于邮轮船供业的发展需求也逐渐提升,当前邮轮船供业主要包括船员消费、公司采购两部分。以上海市邮轮船供业发展现状分析,上海市是我国当前船供企业数量最多的港口城市,已有四百多家企业从事船舶供应,上海市吴淞口国际邮轮港于 2015 年进行了首次邮轮食品过境供应,上海邮轮船供于 2017 年总量达到 4 亿人民币。近年来各项邮轮产业发展业务蓬勃建设,吸引了国际知名邮轮公司在吴淞口国际邮轮港投资开发相关邮轮产业业务,吴淞口国际邮轮母港的邮轮产业商务集聚效应愈发凸显,但同时,上海市整体船供市场呈现多而不精的状态,后续需要积极开拓邮轮船供市场、提高邮轮船供市场质量。从上海市未来发展策略角度,应设立上海国际邮轮旅游服务中心及配套酒店,聚焦提升上海市邮轮母港的服务水平,开通邮轮直通车服务,实现从家门到舱门,推广上海市邮轮产业邮轮保险业务,设置邮轮通关便捷条形码,推动邮轮口混合验放。从区域合作角度,上海宝山区为支持邮轮产业发展、提高邮轮港口建设水平、推动邮轮口岸管理创新,与上海市边检、检验检疫、海事、海关等口岸单位签订了"区港联动"制度创新战略合作协议,共同推进邮轮产业战略合作关系。如启用邮轮港自助通关通道,简化中国籍邮轮乘客

① 天津市人民政府公报.天津市人民政府办公厅关于加快天津邮轮产业发展的意见[EB/OL].(2021.09.08)[2023 - 02 - 21].https://www. tj. gov. cn/zwgk/szfgb/qk/2021/13site/202109/t20210914_5595226.html.

② 天津市人民政府办公厅.天津市人民政府办公厅关于加快天津邮轮产业发展的意见[EB/OL].(2021.09.14)[2023 - 02 - 21].https://www. tj. gov. cn/zwgk/szfwj/tjsrmzfbgt/202109/t20210914_5595226.html.

出境后再入境的查验程序,邮轮乘客自助通关率达到40%,达到邮轮产业边检通关全球领先水平,上海海关实行"一港两用"和"三提前"的通关工作法以简化境外船供物资通关流程,此外上海市邮轮产业聚焦加强邮轮跨境购物、邮轮船供、邮轮人才培养等服务水平。从上海市旅游景点及航线设置角度,随着上海市邮轮产业的高速渗透、入境邮轮旅游的快速发展,上海市观光旅游景点设施也在不断优化,将邮轮产品概念融入旅游活动中,旅游环境不断改善、服务质量不断提高、邮轮产品种类不断丰富,邮轮旅行社为了提高邮轮乘客的旅游体验,规划了各地到上海港以及邮轮产品的连线,上海邮轮母港为提高邮轮旅游业经济贡献度、发挥邮轮母港对城市经济的增长效益,在丰富邮轮旅游产品种类、提高邮轮乘客旅行体验、完善邮轮配套服务体系等领域提出规划政策与发展计划。上海吴淞口国际邮轮港在2018年1—8月完成货柜转运43个航次,共88个货柜转运,货值350.85万美元。上海市在2018年11月举办国际邮轮服务贸易高峰论坛,为四家"邮轮服务贸易创新企业"授牌,同时发布了上海市深化服务贸易创新发展相关政策,上海邮轮服务贸易成为邮轮产业发展的新引擎、新动力。2019年1月,富扬(上海)邮轮船供有限公司成立,作为中国主流船舶服务公司之一,为往来中国各港口和船厂的船舶提供专业的船舶物资,伙食和备件供应服务。2019年11月,全国首批邮轮港进境免税店上海吴淞口国际邮轮港进境免税店揭牌。2020年5月,中船邮轮科技发展有限公司与上海外高桥集团股份有限公司合资设立中船外高桥邮轮供应链(上海)有限公司,是中国船舶集团有限公司发展邮轮产业的业务板块平台、推进邮轮产业发展的总体责任单位,重点是围绕邮轮供应链和相关领域的建设开展经营,建立邮轮内装研发中心、材料认证检测中心、企业孵化中心、国际仓储物流中心、离岸科创中心、会展培训中心等。聚焦集成制造、物流服务、服务保障与生活保障四大功能,推动邮轮供应链产业落地,在支撑国产邮轮建造的同时,推动中国船舶产业结构向高端制造升级。

4.2.1.5　邮轮服务业集聚区

从邮轮配套服务业建设角度,芬坎蒂尼集团、中船国际邮轮产业园在上海设立邮轮产业特色小镇、豪华邮轮制造及配套产业园、国际邮轮配套企业等。上海市宝山区为实现邮轮产业总部基地的建设、邮轮配套服务核心要素的集聚,积极落实邮轮产业相关政策,引入境外公司与合作企业,加快邮轮配套服务产业发展。2018年9月第三家宝山区邮轮主题酒店邻江壹号国际邮轮酒店,于宝山区宝杨路1号零点广场正式开业,邻江壹号国际邮轮酒店具有优越的地理位置,建设于宝山区商业中心地段,位于吴淞口国际邮轮码头内,靠近宝山体育中心,交通便捷。从平台建设角度,为提高邮轮乘客满意度,中国首个邮轮区块链平台"有锤链"于2018年4月暨"海上毕业季"新品发布会上举行启动仪式,这是国内邮轮市场中"智能合约"模式的首次亮相,通过"智能合约"模式可以解决票价波动、信息不对称等问题给传统邮轮旅游业带来的邮轮乘客对运营方的信任缺失问题。从合作关系建设角度,为实现产业扶贫、打造高标准邮轮食品体系、整合优质资源,"中国优农协会邮轮食品分会首届会员大会暨采购招标会"于2018年11月在上海隆重召开。招标会主办方为上海兆祥邮轮科技集团、中国优农协会邮轮食品分会,为全方位保障邮轮客户利益、构建八重质量保障体系,邮轮产业的上下游供应商广泛汇聚,加快实现中式邮轮引领优农产品、优农产品助力中式邮轮产业的双向发展。中式邮轮商务平台将好中选优,为中式邮轮产业提供顶级服务、挑选匠心臻品供应商企业,同时借助中式邮轮产业打造中国民族品牌,组织优秀的供应商为邮轮产业服务。2019年11月29日,深圳市壹号国际邮轮配套服务有限公司注册成立,为邮轮游艇提供管理服务。2021年4月,招商局邮轮配套产业园内首个投入运营的项目顺利完成交付,招商局邮轮配套产业园总投资50亿元,总建筑面积约75万平方米,招商局邮轮配套产业园拥有国家级研发服务平台、材料及技术试验检测中心、产业展示中心、配套产业保税仓库四个公共服务平台,配套产业包括玻璃制品、铝制品、舱室单元等,邮轮配套产品制造企业覆盖电器控制设备制造、家具制品制造、娱乐设备制造、厨房设备制造,配套产业园致力于打破邮轮配套材料的国际垄断、打造国产邮轮配套材料供应链,从而发挥对邮轮产业的支撑作用。目前,已经有14家企业在招商局邮轮配套产业园完成入园注册。2022年3月6日,招商局集团在招商工业江苏海门基地举行了豪华邮轮制造的配套项目开工仪式,该配套项目总建筑面积3.2万平方米,总投资5.2亿元。

4.2.1.6　金融服务集聚区

上海市构建了包括吴淞口国际邮轮港、上海港国际客运中心的"一港两码头"国际邮轮组合母港,两个邮轮码头坚持错位竞争、协同发展,对码头功能定位、发展方向、资源要素的着重不同,通过上海市"一港两码头"国际邮轮组合母港构建邮轮要素市场、拓展邮轮产业链、完善商业配套服务,建设上海市邮轮经济商务区。上海宝山区在邮轮金融服务方面积极吸取自贸区建设经验,稳步发展并倡导支持邮轮产业金融服务业;天津东疆保税港区在融资租赁业方面已有上千家注册公司,从我国邮轮企业融资情况发展现状分析,总体来看具有以下特点:

1)银行贷款在融资结构中比例较大

我国邮轮企业的银行贷款在融资结构中比例较大,在做融资决策时,银行贷款大约占 50%以上。以渤海轮渡为例,见图 4-1。2017 年 6 月向中国银行澳门分行贷款 3 840 万美元,2019 年 8 月向星展银行香港分行申请境外贷款 4 000 万美元,贷款期限 3 年。中远集团作为国有大型航运企业,在 2009 年向中国银行贷款 200 亿元,用于船舶融资,2016 年向中国进出口银行贷款 40 亿美元购买 50 艘新船,2019 年 10 月与中国进出口银行签署 17.49 亿美元的船舶融资协议。

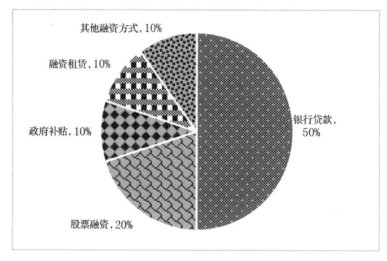

图 4-1　渤海轮渡融资结构

2)股票融资、债券融资在融资结构中的比例逐渐增大

由于国有大型航运企业拥有雄厚的资金实力,其融资渠道的选择逐渐呈现多样化的特征,并且积极向股票市场、债券市场等非银行类的金融机构进行资金募集。IPO 上市公司海峡股份、中远集团、渤海轮渡可以通过在一级市场上筹集资金。我国邮轮企业的债券融资比例也在不断扩大,海峡股份 2018 年发行公司债券,募得资金共计 3 亿元。2019 年 3 月,中远集团旗下的中远海控发行短期融资券,实际发行总额为人民币 15 亿元,期限为 180 天。2019 年 3 月 28 日,渤海轮渡公开发行总额不超过 11.9 亿元可转换公司债券,投资于股份回购、滚装船建造及偿还银行贷款。2020 年 7 月 26 日,中船外高桥邮轮供应链(上海)有限公司与德国 R&M 公司的实际控股方德意志私募股权基金公司就 R&M 公司全部股权收购完成签约,R&M 公司旗下戎美邮轮内装技术(上海)有限公司正

式揭牌。

　　3)融资租赁刚刚兴起

　　在全球航运系统中,融资租赁模式已占据较大市场领域,我国邮轮产业发展起步晚、邮轮融资租赁兴起较晚,因此邮轮企业为解决企业资金需求问题主要通过邮轮租赁市场进行交易。渤海轮渡集团与天津渤海轮渡租赁于 2019 年 8 月开展不超过 3.5 亿元融资租赁业务。鼓浪屿号邮轮也以融资租赁的方式租给了中旅和中远海运新成立的合资公司。中远集团与交银金融租赁有限公司和工银租赁于 2019 年 10 月开展在建船融资租赁业务,租赁期为 10 年,融资租赁的比例为单船价格的 70%。与银行贷款相比,融资租赁能够有效降低融资成本,减轻了融资企业的财务负担,加上其更加灵活和方便,拓宽了企业的融资渠道。2022 年 3 月,作为首个亚洲本土豪华邮轮品牌星梦邮轮宣布其旗下在新加坡运营的世界梦号豪华邮轮在 3 月 2 日完成航程后停止运营。对于停航的原因,云顶香港在星梦邮轮官网发布公告显示,尽管继续努力筹集和引入外部资金,但在目前的挑战情况下,缺乏可持续的经营收入以及巨大的债权人压力对邮轮运营构成的威胁,使集团的流动性进一步恶化。寻求融资租赁成为我国邮轮企业生存和发展的必经之路。

4.2.2　本土和自有邮轮运营公司初现

　　2006 年,歌诗达爱兰歌娜号抵达上海,成为首个进入中国市场的国际邮轮公司,此后皇家加勒比、云顶香港、嘉年华占据了中国邮轮市场 95% 的市场份额,在全球邮轮市场中,三公司控制着 80% 以上的市场份额,三公司主打高端国际邮轮市场,高昂的票价给中资邮轮公司进入中低端邮轮市场提供了市场机会。2011 年底我国海航旅业从美国嘉年华集团买下海娜号,成立海航旅业邮轮游艇管理有限公司,我国邮轮市场不再由境外邮轮公司垄断。2014 年 3 月渤海轮渡从歌诗达公司购买的旅行者号正式交船,于 5 月初到达国内,更名为中华泰山,下半年投入运营,国内最大的邮轮预订平台携程最早于 2004 年进入邮轮市场,于 2014 年 9 月,买下精致水晶号、精致世纪号,与皇家加勒比以各 35% 的股份比例组建天海邮轮。在邮轮产业的投资方面,携程重点考虑资产的未来回报、邮轮产业链的布局,市场定位在中高端市场,在接下来的邮轮市场发展规划中,将有更多国企、央企的加入,投资领域拓展到船队、船厂、邮轮服务业、码头,加快了我国邮轮产业向具备高附加值的产业链上游延伸。

4.2.2.1　本土邮轮公司试水邮轮市场

由德国建造的中华泰山号是我国第一艘自主管理、自主经营的全资国际豪华邮轮,邮轮型宽25.5米、总长180.45米、总吨2.45万吨,可容纳游客960位,收购价格4 368万。为加快上海市邮轮总部基地建设、加大上海市招商引资力度,引入自有邮轮运营企业携程公司,上海大昂天海邮轮旅游有限公司于2014年3月在宝山区注册成立,邮轮总部建设迈出重要一步。在中国企业收购角度,自2013年起通过收购国外邮轮或与国际邮轮公司合租组建了我国自有或合营邮轮营运公司,如中华泰山号,邮轮母港设在烟台,在环黄渤海地区布局海上邮轮航线,以日本、韩国的航线为主。中华泰山号在2014年邮轮乘客运送量为15 836人次,涉及26个航次,渤海轮渡邮轮旅游票价在1 500~5 000元,成本约5 744万元,营业收入达到3 777万元,同时经营邮轮船上的博彩业务,持有40%的中华泰山邮轮博彩娱乐股权。海娜号邮轮于2013年初在三亚凤凰岛国际邮轮港首航,总吨位5万吨,载客能力达1 965人次,航线以日韩、中国台湾和东南亚航线为主。携程于2013年12月与皇家加勒比合资成立天海邮轮,各占有35%的股份,其余股份由携程管理层和磐石基金持有,旗下现已公示购入的邮轮为吨次7.15万吨的新世纪号,载客量1 814人,主营日韩航线,2015年9月首航,航程5~6日。2014年7月16日,携程购入第二量邮轮迈希夫二号,吨次7.77万吨级,2014年8月15日,携程自途易邮轮购入第三艘邮轮迈希夫一号,吨次7.65万吨级。从我国邮轮运营行业发展现状角度,我国邮轮运营管理技术不成熟、行业发展时间较短,且我国的邮轮经营数量以及体积较小,本土邮轮公司规模较小,其航线与航班经营模式也相对固定。基于上述原因,我国邮轮运营与经营在高端休闲度假属性上与国际邮轮总体发展现状相比不具备优势,而是主要面向中低端市场、定位中低端客户。具体而言,由海南海峡航运股份有限公司投资2.3亿元、由广船国际公司建造的新型豪华邮轮长乐公主号于2017年3月2日在三亚凤凰岛国际邮轮码头起航,西沙生态旅游航线由此开启。由中国交通建设股份有限公司、中国旅游集团公司、中国远洋海运集团有限公司三大央企共同出资的南海梦之旅邮轮有限公司于2016年5月20日注册成立,注册资本金5亿元,南海梦之旅邮轮以西沙航线为切入点,开发了中国台湾海峡、南海诸岛及其他沿海航线,致力于打造精品航线以满足国内邮轮乘客需求,创新中国邮轮产业民族品牌。2014年交通运输部发布的《交通运输部关于促进我国邮轮运输业持续健康发展的指导意见》提出,要积极拓展东北亚、东南亚等地区的邮轮目的地,开辟精品国际邮轮航线,规划完善邮轮港口布局,形成包括母港、始发港、访问港的层次分明、功能完善的邮轮港口体系[①]。2021 年,招商伊敦号完成登记注册,成为中国籍首艘五星红旗豪华邮轮和中国第一艘自主经营管理的豪华邮轮,是中国邮轮业发展的里程碑,招商伊敦号长 228.2 米,宽 28.8 米,载客量为 930 人,有 465 间全阳台客房,其中包含 47 间套房,被业界权威 Berlitz 指南、Cruise Critic 评为全球"最佳中小型邮轮"之一。2021 年 12 月,交通运输部正式批准招商伊敦号运营"深圳—上海"航线,2022 年 3 月 6 日,招商伊敦号"深圳—上海"航线的试运行安全试靠上海港北外滩国际客运中心码头。

4.2.2.2　直接购买境外邮轮模式出现

中船嘉年华邮轮有限公司由我国最大造船公司之一的中国船舶集团有限公司、全球最大的邮轮公司之一的嘉年华集团于 2018 年 3 月在香港合资成立,注册资金 5.5 亿美元、中船集团股权占比 60%,致力于构建自主运营、自主管理的本土邮轮运营船队,公司船队从嘉年华集团购买的两艘邮轮,为大西洋号和地中海号,载客 2 210 人、重 85 861 吨的歌诗达大西洋号于 2020 年 1 月抵达上海吴淞国际邮轮码头,中国邮轮发展开启新篇章,载客量 2 680 人、总吨 86 000 吨的地中海号于 2021 年 4 月 30 日抵达,是中船嘉年华旗下的第二艘邮轮。2019 年 9 月,鼓浪屿于厦门国际邮轮码头靠岸,我国第一艘国有豪华邮轮的首个航程结束,鼓浪屿隶属星旅远洋旗下,星旅远洋由中远海运集团、中国旅游集团两大央企共同合资成立,代表中央企业对于邮轮产业领域国家战略的主动融入,致力于推进供给侧结构性改革、推动邮轮产业高质量发展、培育新的经济增长点,星旅远洋未来计划开展由中国邮轮母港到越南、东南亚、日本、东亚等地区的邮轮航线。

4.2.2.3　自主建造国产邮轮模式出现

中国船舶集团于 2018 年 11 月与意大利芬坎蒂尼集团、美国嘉年华集团就 2+4 艘 13.5 万总吨 Vista 级大型邮轮建造计划签订正式合同,2019 年 10 月,中国首制大型邮轮在中国船舶集团旗下上海外高桥造船有限公司正式开工点火钢板切割,进入大型邮轮的实质性建造,2020 年 11 月首制国产大型邮轮在上海外高桥造船有限公司转入坞内,开始了连续搭载总装。2021 年 10 月,中国首制大型邮轮在上海外高桥造船有限公司如期实现全船贯通,意味着建造全面进入设备安装调试和内部装饰装潢阶段,标志着中国船舶工业在大型邮轮建造领域取

---

① 交通运输部.交通运输部关于促进我国邮轮运输业持续健康发展的指导意见[EB/OL].(2014.03.07)[2023-02-21].http://www.gov.cn/gongbao/content/2014/content_2711449.htm.

得重大突破,在 2023 年已如期交船。招商局重工(江苏)有限公司致力于推动极地邮轮建造,2017 年 4 月招商局工业集团有限公司与美国船东 SunStone 公司签订了 7+3 艘极地探险邮轮建造合同;2018 年 3 月,招商局重工举行极地探险邮轮开工仪式,极地探险邮轮在江苏海门开工建造;2019 年 7 月第一艘极地邮轮试航成功;2021 年 4 月,第六艘极地探险邮轮正式开工,已于 2022 年 10 月底完成建造并交付。

4.2.3　我国邮轮设计修造加快突破

4.2.3.1　我国邮轮制造业的设计环节

邮轮研发与建造的第一步是邮轮研发与设计,邮轮研发与设计工作主要包括船舶设计、邮轮外形设计、邮轮内部装潢设计等三个不同方面,船舶设计主要指外舾装、结构、电气、轮机等前期的方案设计、送审设计;邮轮外形设计包括平面效果处理、三维数据建模等,邮轮的内部装潢设计工作包括内部装潢材料选择标准的制定、钢结构设计建造、设备系统安装。邮轮内部装潢工作对于内装材质的要求更高,根据我国邮轮产业内部装潢发展现状分析,由于我国邮轮产业起步较晚、自主创新能力不足,尚未建立邮轮内部装潢的材料供应系统。随着中国邮轮市场的高质量发展,需要针对国内邮轮乘客的行为习惯、消费特点,设计具有中国文化特色、满足中国乘客需求的邮轮功能空间,在邮轮内部装潢工作的各个环节,充分考虑人才储备、供应系统、文化融合等问题。

中国是全球第一造船大国,但并非船舶工业强国,特别是在具有高附加值的邮轮设计与建造方面发展不足。首先由于我国邮轮产业发展时间较短,邮轮建造从业人员缺乏相关经验,对邮轮研发与建造的标准缺乏理论支撑,此外我国邮轮产业链上中下游未建立完备、全面的邮轮建造技术、人才、配套服务等供应链系统,邮轮产业竞争力有待提升。当前在我国豪华邮轮研发与建造领域,有招商集团、中船集团,此外各地区纷纷设立邮轮产业园,带动我国邮轮研发与建造业的发展与推进。

近年来我国邮轮产业快速发展,邮轮经济稳步提升,邮轮市场吸引力逐渐增强,已成为全球第二大邮轮市场,但仅依赖于国外邮轮旅游产品,无法满足我国邮轮乘客的旅游需求与消费习惯,在本土邮轮研发与建造过程中,应致力于打造符合我国邮轮旅游市场需求的中式豪华邮轮,通过融合饮食文化、传统文化将中国元素与现代豪华邮轮建造完美结合,提高国内邮轮市场的乘客回头率。邮轮研发与建造是邮轮全产业链的高附加值环节,我国邮轮产业链建设应抓住首艘国产大型邮轮的建造契机,以邮轮研发与设计作为突破口,与国际邮轮建造企业强强联合,借此培养自身的邮轮研发设计团队、提升产业链上游发展水平。2017年12月,中船芬坎蒂尼(上海)邮轮设计有限公司成立,中船邮轮科技发展有限公司自主研发设计的15万总吨级大型邮轮于2021年12月获得意大利船级社原则性(AIP)认可证书,是我国拥有完全自主知识产权、首次独立自主研发设计大型邮轮,打破了欧美国家在邮轮研发与建造领域的垄断地位。

4.2.3.2 我国邮轮制造业的制造环节

邮轮产业链上游的邮轮研发与建造是"中国制造2025"战略的重大决策领域,2015年10月,国家主席习近平与英国首相卡梅伦举行双边会晤,见证了在华合资设立豪华邮轮船东公司合资协议的签订,该合资协议由中国船舶工业集团有限公司联合中国投资有限责任公司与嘉年华集团签署;2017年2月,中国国家主席习近平与意大利总统塞尔焦·马塔雷拉,在中船集团、意大利芬坎蒂尼集团、嘉年华集团备忘录签约仪式上出席,见证了我国首艘国产大型邮轮建造备忘录协议的签约,协议约定将向中船集团与芬坎蒂尼集团合资组建的邮轮建造公司订购首批2+4艘Vista级大型豪华邮轮,计划于上海外高桥建造并于2023年完成首艘邮轮交付;2019年9月"招商工业"极地探险邮轮系列项目首制极地探险邮轮交付,命名为格雷格·莫蒂默,该极地探险邮轮集水上运动、休闲娱乐、海洋探险等设施于一体。当前我国的邮轮研发与建造主要部署在长三角地区,并构建了协同发展、错位竞争的邮轮制造业发展态势,其中南通主要聚焦于小型探险邮轮的建造,舟山聚焦于中型邮轮的建造,上海聚焦于大型豪华邮轮的建造。2021年12月17日,中国首制大型邮轮在中国船舶集团有限公司旗下上海外高桥造船有限公司顺利实现坞内起浮的里程碑节点,标志着该船从结构和舾装建造的上半场全面转段进入内装和系统完工调试的深水区,2023年9月已如期完成交付。

为完善邮轮全产业链发展、契合日益增长的邮轮市场需求、打破供不应求的邮轮建造市场现状,我国大力支持国产邮轮的研发与建造,在邮轮研发与建造的政策宣传方面,借助邮轮研发建造宣传平台以及各类会议平台,向国际邮轮设计建造与配套厂商介绍中国邮轮设计建造政策。邮轮建造巨头的入驻与加盟有力推动了邮轮研发与建造的发展,通过降低邮轮建造企业的交换成本、生产成本等制度成本,提高邮轮建造产业的市场竞争力、邮轮建造企业的企业竞争力,提高邮轮研发建造的范围经济效益以及规模经济效益,通过细化分工提高产业效率,通过空间布局规划降低因企业间频繁交易而产生的交通运输成本。通过与国际豪华邮轮建造企业展开合作,完善我国邮轮供应链体系,稳步推进人才引进、工厂设计、中型邮轮制造业务拓展、内部项目审批等前期准备工作;通过专业化邮轮工作团队的组建,优化现有船型、引进船型平台,对国产邮轮本土建造过程积累的专业化、国际化、多元化的邮轮建造资源进行充分把握、统筹协调,充分利用我国在豪华客滚船设计、中小型客船等建造领域拥有的优势地位,开发海上旅游高端装备。尽管当前豪华邮轮建造工作中的内饰装潢部分仍是建造难点,但充分借助全球娱乐设施、艺术设施等领域的建造资源,各取所长、各尽其能,邮轮内饰装潢的发展指日可待。

4.2.3.3　我国邮轮制造业的维修环节

以中国为邮轮母港的邮轮运营公司不断增加,我国邮轮市场中对维修、改造、保养的需求不断扩大,在邮轮翻新改造方面,受邮轮新技术应用、邮轮局部区域功能变化、运营市场客户新要求、客房家具的自然损耗、海洋环境的不断改变等多重因素综合影响。豪华邮轮一般需要每 3～5 年进行大型翻新改造。在邮轮的修理、翻新方面,越来越多的中国修船企业开始涉足邮轮修理、翻新市场,且逐渐积累了一定的经验,国内邮轮修理、翻新市场存在着较大的市场需求与发展机遇,邮轮修理、翻新工程十分复杂,需考虑项目施工经验、公司的设计风格等多种因素,作为设计公司以及工程施工公司选择的凭据,整体工程流程主要包括邮轮船东的改造要求、现场审查、结构及内装设计、证书收集、图纸送审、施工及项目管理、材料样品收集以及完工检验等流程。在邮轮修理、翻新市场估值方面,预计到 2030 年,常年在中国运营管理的豪华邮轮将达到 50 艘,入坞需求约为每年 10 次,假设入坞成本为 500 万～1 000 万美元,将实现 5 000 万～1 亿美元的邮轮修理、翻新市场估值。

当前我国在邮轮修理领域的工程更倾向使用周期短、方式灵活、工程成本低的本土总包公司及配套产品,基于我国在邮轮修理领域的发展经验、国际豪华邮轮修理技术,我国邮轮供应链体系中的维修、改进企业应立足国内邮轮产业发展现状,对本土化邮轮保养及维修产业进行实践探索,进一步提高我国修船企业的项目管理能力,在邮轮维修与改造市场中获得更大的市场份额,推动邮轮内装工程技术产业基地的建设,产业基地包括了邮轮内装工程管理和施工培训、邮轮本土生产配套、邮轮内装工程和技术研发三大基地,打造汇聚全球技术服务以及邮轮内装配套产品集成平台,助力我国在邮轮的修理、翻新、改造方面实现新突破。

4.2.3.4　我国邮轮制造业的配套环节

邮轮产业具有长产业链、强带动性、广覆盖面的特征,乘数效应达 1∶14,被誉为"漂浮在黄金水道上的黄金产业"，本土化邮轮配套能力的提升对于豪华邮轮本土化建造、修理、翻新目标的实现不可或缺，国产豪华邮轮的研发与建造、修理与翻新的发展需庞大的供应商网络给予支撑，邮轮研发与建造需要约 500～600 个普通供应商、100 个战略供应商的供应商网络体系，但在船厂建造超大型邮轮时，一般业务往来仅在 100 个供应商间产生。全球三大邮轮制造商的供应商约有占比 80％的部分来源于邮轮制造本土地区，比如芬坎蒂尼集团，仅有 1％的邮轮配套产品，需要从欧洲以外的地区采购，这样的本土供应商占比，对于首艘国产邮轮建造过程而言，在短期内是很难达到的。我国邮轮配套产业链的完善与发展，需要我国将整合国内资源与引进国外资源相结合，利用 5～10 年左右的时间建立本土化的配套产业链。此外我国的邮轮产业园不断建设崛起，如招商局豪华邮轮制造及配套产业园、中船国际邮轮产业园、三亚市省级邮轮母港产业园。

中资企业直接并购国外邮轮建造及配套企业。通过收购兼并入股的形式参与邮轮建造，云顶香港集团于 2016 年 4 月将在梅克伦堡前波莫瑞州所收购三间船厂命名为 MV Werften 造船集团，主要业务为全新大型邮轮的建造，总部设于威斯玛，MV Werften 造船集团投放 1 亿欧元用于增设及优化各种设施，从而将 MV Werften 打造成为全球最高效率、最现代化的造船厂之一，增设及优化的设施包括增设邮轮客舱制造工厂、超薄钢板制造产能提升、建立现代化生产控制系统等。在邮轮采购方面，政府积极打造邮轮采购基地，如在全国设立邮轮采购新模式。厦门海关邮轮物供打造了全国首例邮轮物供快速通道，包括保税供船、进口直供等新型邮轮物供监管模式，天津为开展邮轮物资的仓储、采购、分拨、物流等业务，打造了亚太地区首个邮轮物资配送基地，为邮轮物资配送奠定坚实的基础，上海港在吴淞口国际邮轮港将境外货物按过境模式进行邮轮物资配送，大幅提高了邮轮物资的采购与配送效率。加快浦东邮轮产业特色小镇的创建，是服务国家战略的内在需求，有利于城乡发展一体化的建设以及邮轮产业结构的调整，通过外高桥片区对邮轮制造相关上下游的开发环节，着力打造邮轮研发与建造、邮轮翻新与升级、邮轮维修与保养的完整产业群落，基于全生命周期发展邮轮产业，为邮轮产业特色小镇的建设发展、外高桥片区的经济提高提供了新的机遇，邮轮产业特色小镇的建设将围绕船厂方圆 10 平方千米范围内展开，邮轮研发与建造需要电气、水声、光学、导航、液压、物理、传动等技术支持，以及数百家乃至上千家船舶配套产业领域的企业密切配合，包含冶金、电子、机械、化工、船舶等众多相关产业。外高桥造船有限公司是邮轮研发与建造的主体，此外还需要 3 000～5 000 名从事邮轮产业项目与工作的国内外邮轮产业高端人才,不少于 500 家的工程、配套、设计等领域的国内外供应商,外高桥造船有限公司的邮轮研发与建造工程可带动约每年 14 亿美元产值的配套产业发展,推动浦东高端制造业的结构优化与转型升级。当邮轮研发与建造进入安装、调试环节时,有多达 2 000～3 000 名国内外邮轮设计工程人员、供应商、邮轮安装调试人员在船厂工作。根据外高桥造船有限公司的发展规划,2023 年将会实现 2 条船下水,需要多达 3 000～5 000 名的欧美工作人员,邮轮产业在 2030 年可提供百万人就业机会,带来 7 万亿元投资,但从我国邮轮产业现有发展条件来看,工作人员的休闲娱乐、住宿餐饮等邮轮配套设施无法满足需求,为解决邮轮研发建造的后勤保障问题,建设邮轮产业特色小镇尤为重要。

4.2.4　我国邮轮运营高度集中和独特

邮轮产业链上游包括邮轮设计与制造、船上物资的采购与配送、燃料补给、码头和港区的配套设施建设,中游包括各大邮轮公司对邮轮的运作和管理,下游包括邮轮产品的营销和市场拓展。从产业链看产值分布,邮轮设计与制造 20%,邮轮经营管理 50%,码头配套服务占 30%。我国旅游产业中上游资源(港口除外)更多依赖于国外寡头结构,下游旅行社(包括 OTA)起到了巨大的作用,欧美地区的邮轮旅游乘客约有 67% 通过旅行社的安排与计划出游,70% 通过 OTA 在线预定邮轮旅游产品,欧美地区邮轮旅行社佣金率在 20%～25%,而我国的邮轮旅游乘客约有 97% 通过 OTA 在线预定邮轮旅游产品。邮轮全产业链中,邮轮产业链的中游内容最多、服务时间最长、产生的经济效益与利润最多,是邮轮全产业链的发展建设中,最为核心与重要的一环。从全球邮轮运营商的发展特征来看,具有服务创新程度高、邮轮大型化、集中度高的特点,即邮轮与航线目的地的服务种类丰富、单艘邮轮接待能力较强、市场由少数邮轮运营商把持。从邮轮产品的下游销售渠道分析,主要包括旅行社等第三方代理机构的代理销售、邮轮公司的直销,邮轮本身就是旅游目的地,邮轮产品的内容较为复杂与丰富,为了促进邮轮产品的销售,旅行社公司的全面推广与精准营销至关重要。

中国邮轮产业发展市场良好,中国境内邮轮业务吸引了各大国际邮轮公司的入驻,中国邮轮市场中的主要邮轮产品由国际邮轮公司提供,占比达 97%。疫情前有五家国际邮轮公司的 10 艘邮轮提供自中国港口出发的航线,载客能力达到 2.6 万人次。除此之外,也有国际邮轮公司通过国内旅行社向中国邮轮乘客提供海外航线产品,航线主要分布在欧洲地区,船次达 15 艘,但消费量不大,只占国内邮轮消费总计的 1.1%。由于我国对邮轮旅游行业的总体需求层次较低,消费者对价格比较敏感,航次周期较短,邮轮公司向国内游客提供的邮轮以 5 万吨次的中型邮轮为主,航线产品则集中在日韩航线,总体占比 50% 左右,相对单一,价格竞争激烈,未来邮轮公司将以提高产品差异化,满足更多层次的需求为发展方向,以获取更大的市场份额。2015 年在亚洲市场运营的国际邮轮公司品牌达到 26 个,其中以皇家加勒比(亚洲区域内航线份额 16%)、歌诗达(亚洲区域内航线份额 20%)、丽星(亚洲区域内航线份额 33%)为代表,如皇家加勒比、丽星占据 25% 的市场份额,歌诗达的客流量预计占邮轮旅游乘客的 29%,达到 217 万人次。而在亚洲市场远洋航线中,公主邮轮则以 18 条航线居首,占总体市场份额的 40%。2014 年,中国母港邮轮仅有 8 艘,2015 年有 5 家国际邮轮公司共计 10 艘邮轮提供自中国港口出发的航线,载客能力达到 2.6 万人次。2016 年邮轮数量增长到 18 艘,2017 年中国邮轮市场出现增速放缓现象,共有 6 大品牌共计 8 大邮轮入驻中国,中国邮轮运力在 2018 年出现首次下滑,2018 年中国市场中,嘉年华公司与皇家加勒比分配给中国市场的船舶比例均被下调,船舶占比为 5%～10%。2019 年以中国为母港邮轮共计 15 艘,总运力为 44 874 床位,2019 年以来,央企中国远洋海运集团有限公司、中国船舶集团有限公司向邮轮市场发起冲锋,中远海运集团和中国旅游集团联合成立了星旅远洋邮轮公司,强强联合、多头并进,随着首艘国产大型邮轮的开工,国船国造的梦想即将实现。交通运输部预计 2030 年沿海邮轮旅客吞吐量将达到 3 000 万人次左右,根据上海国际航运研究中心发布的《2030 中国航运发展展望》[①],中国有望在 2030 年成为全球第一大邮轮旅游市场。

　　独特的邮轮销售模式。同程旅游网、途牛旅游网、携程旅行网等中国在线出境邮轮分销商在用户认可情况、市场覆盖范围、市场拓展能力等方面均表现较好,同程旅游网向邮轮旅游市场迅猛拓展,途牛旅游网在出境邮轮业务上发展较快,携程旅行网邮轮行业积累深厚。由于在线邮轮旅游船票预定具有产品丰富多样、支付方便快捷、船票价格透明的优势,我国邮轮船票的 OTA 销售量,在 2013 年大约占到整个邮轮市场船票销售份额的 15%,且该比例仍在提高。在邮轮船票销售排名方面,中国 2013 年排名前五家的在线旅游预订平台有同程旅游网、途牛旅游网、携程旅行网、悠哉旅游网、邮轮海旅行网。随着邮轮 OTA 的扩

---

① 网易财经.中国航运发展展望:2030 年中国有望成为全球第一大邮轮旅游市场.[EB/OL].(2015.03.31)[2023-02-21].https://www.163.com/money/article/AM1S4O1700253B0H.html.

张,掀起邮轮旅游的激烈争夺战,相比单个旅行社的线下门店销售,邮轮 OTA 模式的优势在于产品信息全面、价格公开透明、自由度大、选择丰富。随着旅游行为逐渐转向网络消费,网络预订邮轮产品也将成为主流的预订方式。《2018 年度中国在线邮轮市场研究报告》指出,2018 年,我国前 5 家 OTA 依次是同程旅游网(42.5%)、携程＋去哪儿旅游网(34.4%)、途牛旅游网(13.6%)、驴妈妈旅游网(5.8%)、马蜂窝(1.5%)[①]。OTA 已经成为邮轮在线市场的主力,各家平台在激烈的争夺战下,市场集中度逐渐在上升。我国市场上相继有携程旅行网推出的首个"中文邮轮预订平台",可实现全球邮轮即时舱位显示和预订,京东上线邮轮产品、阿里旅行涉足邮轮产品以及其他在线旅游企业推出的邮轮销售业务。全球在线邮轮预订平台 Cruise Compete 的数据显示,疫情后的邮轮预订量增加明显,国外邮轮 2020 年的同期预订量较 2019 年增长了 40%。2022 年,招商维京游轮在官网上售卖三款 8 日航线产品,聚焦在东南海岸文化之旅、魅力南海之旅、南海秀丽风光之旅,游客的关注度和预订量也比较理想。

4.3　我国邮轮产业要素集聚差异化明显

4.3.1　我国邮轮港口产业发展要素集聚度差异明显

从邮轮港口性质看,目前我国共有 15 家国际邮轮港口正在使用,其中货运码头改造而成的港口有 7 家、邮轮专用码头有 8 家,为研究这些邮轮港口的产业要素集聚程度,参照已有文献对要素集聚度指标构建的评价指标体系以及邮轮价值链、邮轮产业发展潜力、邮轮产业分类体系的指标测度,建立邮轮产业要素集聚度评价指标体系,并通过专家打分法确定指标权重来进行测算分析。考虑邮轮产业受到新冠疫情的影响,2020 年没有全年完整的邮轮航行数据,因此本书所有的指标数据选取均截至 2019 年,计量分析 11 个城市的 13 个港口产业集聚度[132,133]。

由于我国邮轮产业发展时间较短,邮轮产业数据统计尚未形成完整的体系,指标数据的计量统计没有细化到每个港口,且存在数据的缺失,因此在参考各学者已有研究成果的基础上,进行了数据的科学简化与替换。具体而言,在邮轮研

---

① 比达网.2018 年中国在线邮轮市场年度报告[EB/OL].(2019.01.24)[2023 - 02 - 21].https://www.sohu.com/a/291196282_783965.

发与建造领域,采用当前我国的邮轮建造订单数量、港口城市内饰装潢企业数量作为替代性指标;在邮轮运营与管理领域,采用邮轮港口接待母港邮轮的艘次作为替代性指标;采用港口出入境人次作为入境管理、海关和检验检疫管理水平的替代性指标;考虑到客运大楼使用费、港区服务水平、港口作业费、系缆绳费与邮轮接待艘次直接相关,因此采用港口城市的邮轮接待艘次作为替代性指标;采用港口城市母港邮轮数量作为邮轮燃料费及物资供应的替代性指标;采用港口城市邮轮接待艘次作为邮轮交通服务业发展水平的替代性指标;邮轮乘客的汽车、飞机、铁路交通消费,通过邮轮旅游出入境人数与旅游出行总人数的比例再乘以港口城市旅游业全年综合收入得到,邮轮旅游出入境人数、旅游出行总人数、旅游业全年综合收入由统计年鉴获得;采用港口城市旅行社数量作为邮轮旅行社和代理收入;假设每位游客保险费相同,邮轮产业金融、保险、法律服务业采用母港游客数量衡量;邮轮法律采用 2016—2019 年期间各地方出台的法律法规数量作为替代性指标。其中需要的辅助指标及数据见表 4-1,简化和替换后的数据指标见表 4-2,各指标比重也相应计算更新。

表 4-1　邮轮产业要素集聚度评价辅助指标及数据

城市	旅游消费总额(亿元)TCI	游客总人数(万)Q	客运总量(万人次)PTV
上海	5 372.27	37 037.74	22 237.84
天津	4 372.09	24 821.77	19 600.00
青岛	1 955.90	10 900.00	15 003.41
深圳	1 700.00	15 102.70	21 214.82
三亚	633.19	2 396.33	2 416.00
舟山	1 054.60	7 051.80	5 684.00
厦门	1 655.90	10 012.87	10 400.00
广州	4 454.59	24 178.10	49 819.79
大连	1 657.00	10 382.70	8 362.04
烟台	1 148.50	8 689.45	7 386.41
海口	320.61	2 820.39	10 142.00

数据来源:各地 2019 年国民经济与社会发展统计公报。

表 4 - 2 邮轮产业要素集聚度评价简化指标

产业分类	替换指标	比重
邮轮研发与建造	港口城市装潢公司数	0.1325
	邮轮建造订单数	0.1175
邮轮运营服务业	出入境旅客数量	0.1166
	母港邮轮接待艘次	0.1034
邮轮港口服务业	母港邮轮艘次	0.0558
	邮轮接待艘次	0.1242
邮轮交通发展状况	邮轮乘客吞吐量	0.0912
	邮轮接待艘次	0.0288
邮轮旅游服务业	邮轮乘客消费金额	0.09
	港口城市旅行社数量	0.03
邮轮金融保险等服务水平	地方法律法规数量	0.0275
	母港游客数量	0.0825

港口城市上海、广州均有两个港口共享数据,因此将上海、广州的港口数据进行合并,统一作为港口城市的数据指标进行计量统计。本书仅进行不同港口城市之间的横向对比,不再对数据进行无量纲化处理。本书参考的计量公式如下:

i 产业分类在 m 港口的集聚度评价指数为:

$$\sigma_i = \sum p_{ij} \cdot \omega_{ij} \tag{4-1}$$

m 港口邮轮旅游服务业集聚度评价指数为:

$$H_m = \sum \sigma_i \cdot \omega_i \tag{4-2}$$

其中,$i = 1, 2, 3, \cdots, 11$

邮轮乘客的交通出行量:

$$p_{42} = \frac{p_{22}}{Q} \cdot PTV \tag{4-3}$$

邮轮乘客的消费收入:

$$p_{52} = \frac{p_{22}}{Q} \cdot TCI \tag{4-4}$$

数据测算计量结果如表 4 - 3 所示。

表 4 - 3　2019 年各地邮轮港口数据指标及集聚度测算

数据指标	比重	上海	天津	青岛	深圳	三亚	舟山	厦门	广州	大连	烟台	海口
港口城市装潢公司	0.1325	26	0	2	5	1	0	0	4	2	1	0
邮轮建造订单	0.1175	5	0	0	0	0	0	0	0	0	0	0
出入境旅客数量	0.1166	189.3	72.55	17.62	37.30	0.64	1.60	41.37	44.188	8.85	0	0
母港邮轮接待艘次	0.1034	225	104	45	96	0	5	128	92	33	0	0
邮轮接待艘次	0.1242	258	121	51	97	4	5	136	93	39	0	0
母港邮轮艘次	0.0558	12	6	2	7	2	0	5	4	1	0	1
接待邮轮艘次	0.0288	258	121	51	97	4	5	136	93	39	0	0
邮轮乘客吞吐量	0.0912	189.34	72.55	17.62	37.30	0.64	1.60	41.37	44.188	8.85	0	0
邮轮乘客消费金额	0.09	27.39	12.31	3.16	4.42	0.17	0.239	6.84	29.06	1.43	0	0
港口城市旅行社数	0.03	1 758	502	575	1100	134	171	359	789	474	254	287
地方法律法规数量	0.0275	15	10	12	3	4	1	4	4	4	3	3
母港游客人数	0.0825	181	68.64	15.88	36.79	0	1.60	39.59	44.158	7.86	0	0
集聚度指数 Hm		177.34	66.78	35.67	70.09	5.13	6.93	57.68	63.72	26.65	7.84	8.75

数据来源：各城市文化和旅游局网站、各城市 2020 年统计年鉴、中国邮轮产业发展报告（2020）、CCYIA 统计资料、中国邮轮配套企业推荐介绍手册。

将各个港口城市的数据指标代入公式进行测算，可以发现邮轮旅游服务业的集聚分布离散，在(5.13,177.34)区间内分布，差异明显，其中上海邮轮旅游服务业的集聚评价指数最高,集聚发展相对最好,其次为港口城市深圳、天津及广州,青岛、厦门、大连的集聚发展水平相对落后,城市烟台、海口、舟山、三亚的集聚发展水平则排在末位,所以说目前我国各邮轮港口旅游服务业发展的集聚度差异显著。

　　按产业分类来看,计算港口城市邮轮产业指数如表4-4。从表中可以看出,上海凭借高速的经济发展、优越的地理位置、密集的人口优势,在邮轮各产业中居于全国领军位置。在邮轮运营服务业、邮轮港口服务业、邮轮交通发展状况、邮轮金融保险等服务水平领域,广州、天津、厦门、深圳的港口发展水平相近,邮轮旅游服务业除上海之外,其余港口城市中广州、深圳较为突出,其次为天津、青岛、大连,而海口、舟山、三亚、烟台在各个邮轮产业的发展中均处于末位。

表4-4　各港口各邮轮产业分类集聚度指数

港口	邮轮制造业	运营管理服务业	港区服务业	邮轮交通服务业	邮轮商务商贸旅游服务业	金融保险法律服务业
上海	4.03	45.34	32.71	24.70	55.21	15.35
天津	0	19.21	15.363	10.10	16.17	5.94
青岛	0.27	6.71	6.45	3.08	17.53	1.64
深圳	0.66	14.28	12.44	6.20	33.40	3.12
三亚	0.13	0.07	0.61	0.17	4.04	0.11
舟山	0	0.70	0.62	0.29	5.15	0.16
厦门	0	18.06	17.17	7.69	11.39	3.38
广州	0.53	14.67	11.77	6.71	26.29	3.75
大连	0.27	4.45	4.90	1.93	14.35	0.76
烟台	0.13	0	0	0	7.62	0.08
海口	0	0	0.06	0	8.61	0.08

4.3.2　邮轮港口产业要素集聚区的经济贡献区域差异显著

　　建设邮轮港口产业要素集聚区对邮轮产业链构建、邮轮经济发展具有重要意义,主要体现在邮轮游客消费、码头作业收入方面,因此邮轮游客数量、到港邮轮艘次成为影响邮轮经济贡献度的重要因素。可见,港口城市在邮轮接待艘次、邮轮游客数量方面具有很大差异,不同年份之间也存在较大差异,邮轮港口产业要素集聚区对区域的经济贡献度也存在差异性,其中上海市的邮轮产业要素集聚区,对上海地区的经济贡献度相对最高,随后为天津、广州等地区的经济贡献度。

　　由于上海具有得天独厚的地理环境,在邮轮政策环境方面,邮轮研发与建造、邮轮维修与改进、邮轮产业政策、邮轮乘客服务等领域取得突破,越来越多的国际邮轮选择在上海邮轮港停靠,在邮轮乘客量、邮轮接待艘次方面要高于其他港口城市,相应邮轮产业收入水平也显著高于其他港口城市,因此上海邮轮产业发展速度较快,邮轮产业对上海区域经济贡献度日益提高。在母港邮轮游客数量、母港邮轮接待艘次都呈现上升趋势的情况下,访问港邮轮游客数量、访问港邮轮接待艘次的上升趋势并不明显,甚至部分港口城市呈现下降趋势,如厦门、三亚,规模增长并没有带来更多的入境游客数量。2012 年以后天津市的邮轮产业经济贡献度要高于三亚、厦门,说明天津国际邮轮母港尽管起步较晚,但邮轮产业发展迅速,天津自由贸易区的设立,将进一步提高邮轮产业对天津市的经济贡献度。厦门因客源市场不广阔,与三亚地理距离较近,尽管旅游资源丰富,但与三亚存在竞争关系,邮轮产业发展缓慢,邮轮产业对地区的经济贡献度不大。三亚具有优质的邮轮旅游资源、优越的地理空间位置,邮轮产业的发展起点较高、产业发展时间较早,但受到三亚自身经济发展水平以及客源市场的限制,邮轮产业对地区的经济贡献度增长平缓;深圳蛇口太子湾邮轮母港的周边交通便利、通达性优良,是集"海、陆、空、铁"于一体的现代化国际邮轮母港,邮轮产业发展潜力巨大,潜在邮轮市场较广。

4.3.3　邮轮产业要素集聚区与区域经济的协调度差异明显

4.3.3.1　邮轮产业与区域经济评价指标体系构建

　　邮轮产业和区域经济均是复杂的系统,因此邮轮产业和区域经济系统本身的指标体系也非常庞大,本书充分考虑到邮轮产业及配套产业的发展状况、区域经济的发展特点,基于数据的可得性、研究的科学性进行指标选取与模型构建,通过参考国内外学者文献资料,构建邮轮市场规模评价指标体系、区域经济评价指标体系,相关指标体系具体如表 4 - 5[134]。

表 4-5 邮轮产业和区域经济评价指标体系

子系统	一级指标	二级指标
邮轮产业	邮轮产业 发展现状	访问港邮轮接待艘次/艘次
		访问港邮轮游客数/万人次
		母港邮轮接待艘次/艘次
		母港邮轮游客数/万人次
区域经济	居民收入水平	星级宾馆、酒店数/家
		城乡居民人均可支配收入/元
		各地区人均生产总值/元
	区域经济规模	一般公共预算收入/亿元
		地区生产总值/亿元
		社会消费品零售总额/亿元
		固定资产投资/亿元
		A级景区数目/个
		旅行社/家

4.3.3.2 协调发展度评价模型

1)子系统发展水平指数

$$U = \sum_{j=1}^{n} (x_{ij}, \omega_j) \qquad (4-5)$$

其中,U 表示邮轮产业和区域经济子系统的发展水平指数,由指标原始数 x_{ij} 经过目标值法进行标准化处理得到。标准化公式为:

$$x_{ij} = \begin{cases} X_{ij}/M_j, & X_{ij} \text{具有正功效} \\ M_j/X_{ij}, & X_{ij} \text{具有负功效} \end{cases} \quad (i=1,2,\cdots,m; j=1,2,\cdots,n) \quad (4-6)$$

其中,M_j 表示该子系统第 j 个指标的目标值。

2)耦合度模型

耦合度公式:

$$C = \left\{ \frac{U_1 \cdot U_2}{[(U_1 + U_2)/2]^2} \right\}^{\frac{1}{2}} \qquad (4-7)$$

式中:耦合度 $C \in [0,1]$,U_1 表示子系统邮轮产业功效,U_2 表示子系统区域经济功效。

3)协调发展度模型

$$T = \alpha U_1 + \beta U_2 \qquad (4-8)$$

$$D = \sqrt{C \cdot T} \qquad (4-9)$$

式中:C 为耦合度,D 为协调发展度,一般在 $0 \sim 1$,T 为邮轮产业与区域经济综合评价指数,α、β 为待定系数,取值 $\alpha = \beta = 0.5$。参照已有研究,将邮轮产业与区域经济的协调发展状况按照协调发展度大小划分为失调类、过渡类、协调发展类,然后根据邮轮产业综合系统功效与区域经济综合系统功效之间的关系,将三个大类进行合理细分(见表 4 - 6),在不同邮轮产业要素集聚区,两个综合系统功效协调度特征各异。

表 4 - 6 邮轮产业要素集聚与区域经济协调发展的评判标准及类型

类别	协调发展度 D	D 类型	功效对比	综合评价类型
协调发展类	0.90~1.00	优质协调发展类	$U_1 > U_2$	优质协调发展类区域经济滞后型
			$U_1 = U_2$	优质协调发展类邮轮产业区域经济同步型
			$U_1 < U_2$	优质协调发展类邮轮产业滞后型
	0.80~0.90	良好协调发展类	$U_1 > U_2$	良好协调发展类区域经济滞后型
			$U_1 = U_2$	良好协调发展类邮轮产业区域经济同步型
			$U_1 < U_2$	良好协调发展类邮轮产业滞后型
	0.70~0.80	中级协调发展类	$U_1 > U_2$	中级协调发展类区域经济滞后型
			$U_1 = U_2$	中级协调发展类邮轮产业区域经济同步型
			$U_1 < U_2$	中级协调发展类邮轮产业滞后型
过渡类	0.60~0.70	初级协调发展类	$U_1 > U_2$	初级协调发展类区域经济滞后型
			$U_1 = U_2$	初级协调发展类邮轮产业区域经济同步型
			$U_1 < U_2$	初级协调发展类邮轮产业滞后型
	0.50~0.60	勉强协调发展类	$U_1 > U_2$	勉强协调发展类区域经济滞后型
			$U_1 = U_2$	勉强协调发展类邮轮产业区域经济同步型
			$U_1 < U_2$	勉强协调发展类邮轮产业滞后型
	0.40~0.50	濒临失调衰退类	$U_1 > U_2$	濒临失调衰退类区域经济滞后型
			$U_1 = U_2$	濒临失调衰退类邮轮产业区域经济同步型
			$U_1 < U_2$	濒临失调衰退类邮轮产业滞后型

（续表）

类别	协调发展度 D	D 类型	功效对比		综合评价类型
失调类	0.00～0.40	失调衰退类	$U_1 > U_2$	失调衰退类	区域经济滞后型
			$U_1 = U_2$	失调衰退类	邮轮产业区域经济同步型
			$U_1 < U_2$	失调衰退类	邮轮产业滞后型

4.3.3.3 邮轮产业与区域经济协调发展实证检验

1）数据来源与指标权重确定

选取各省市 2019 年邮轮产业与区域经济的相关指标数据，数据来源于各省市统计年鉴、统计年报等，数据详见表 4‑7、表 4‑8。两个子系统的样本数都是 $m = 11$，指标数 n 分别为 5 和 8。

表 4‑7 2019 年 11 个城市邮轮产业系统各指标值

港口	接待母港邮轮/艘次	接待访问港邮轮/艘次	接待母港邮轮出入境游客/万人次	接待访问港邮轮出入境游客/万人次	星级酒店数
上海	225	33	181	8.34	195
天津	104	17	68.64	3.91	76
三亚	0	4	0	0.64	37
厦门	128	8	39.59	1.78	57
青岛	45	6	15.88	1.74	98
舟山	5	0	1.6	0	17
大连	33	6	7.86	0.99	119
广州	92	1	44.158	0.03	160
深圳	96	1	36.79	0.51	94
烟台	0	0	0	0	75
海口	0	0	0	0	36

数据来源：中国邮轮产业发展报告（2020）、CCYIA 统计资料、各城市 2020 年统计年鉴。

表 4-8　2019 年 11 个城市区域经济系统各指标数据

港口	旅行社	A 级景区	地区生产总值/亿元	人均生产总值/万元	一般公共预算收入/亿元	固定资产投资/亿元	城乡居民人均可支配收入/(元/人)	社会消费品零售总额/亿元
上海	1 758	113	38 155.32	15.73	7 165.1	8 012.22	69 442	15 847.6
天津	502	95	14 104.28	9.03	2 410.41	12 122.72	42 404	4 218.2
三亚	134	14	677.86	8.76	109.1	782.16	33 130	265.84
厦门	359	22	5 995.04	14.27	768.37	2 871.92	55 870	2 257.92
青岛	575	110	11 741.31	12.39	1 241.7	10 204.04	45 452	5 126.6
舟山	171	40	1 371.6	11.7	154.9	1 760.29	53 568	576.1
大连	474	56	7 001.7	10	692.8	1 459.43	40 825	3 848.7
广州	789	70	23 628.6	15.64	1 697.21	6 920.21	60 074	9 551.57
深圳	1 100	18	26 927.09	20.35	3 773.21	7 374.71	62 522	6 582.85
烟台	254	82	7 653.45	10.73	595.42	6 226.39	37 783	3 306.46
海口	287	11	1 671.93	7.22	465.92	1 123.27	33 815	823.94

数据来源：各城市 2020 年统计年鉴、各城市 2019 年国民经济和社会发展统计公报。

　　基于目标值法，对原始指标数据进行标准化处理，由于原始指标数据均为正功效类型，因此将最大值作为目标值，根据熵值法，计算得到各指标的权重见表 4-9。

表 4-9　邮轮产业和区域经济评价指标体系及指标权重

子系统	一级指标	二级指标	指标权重
邮轮产业	邮轮产业发展现状	访问港邮轮接待艘次/艘次	0.25
		访问港邮轮游客数/万人次	0.27
		母港邮轮接待艘次/艘次	0.18
		母港邮轮游客数/万人次	0.25
		星级宾馆、酒店数/家	0.05

(续表)

子系统	一级指标	二级指标	指标权重
	居民收入水平	城乡居民人均可支配收入/元	0.01
		各地区人均生产总值/元	0.02
		一般公共预算收入/亿元	0.25
区域经济		地区生产总值/亿元	0.19
		社会消费品零售总额/亿元	0.18
	区域经济规模	固定资产投资/亿元	0.12
		A级景区数目/个	0.11
		旅行社/家	0.12

2)协调强度与协调等级分析

将数据指标带入区域经济与邮轮产业的协调发展度模型,分析计算得到11个港口城市区域经济与邮轮产业的协调发展类型如表4-10、图4-2。

表4-10　11个城市邮轮产业与区域经济协调等级与协调发展类型

城市	U_1	U_2	T	C	D	综合评价类型	协调等级
上海	1.00	0.95	0.98	1.00	0.99	优质协调发展类 区域经济滞后型	优质协调发展类
天津	0.45	0.46	0.46	1.00	0.68	初级协调发展类 邮轮产业滞后型	初级协调发展类
三亚	0.06	0.05	0.06	1.00	0.24	失调衰退类 区域经济滞后型	失调衰退类
厦门	0.29	0.18	0.24	0.97	0.48	濒临失调衰退类 区域经济滞后型	濒临失调衰退类
青岛	0.18	0.43	0.31	0.90	0.53	勉强协调发展类 邮轮产业滞后型	勉强协调发展类
舟山	0.01	0.11	0.06	0.55	0.18	失调衰退类 邮轮产业滞后型	失调衰退类
大连	0.15	0.22	0.19	0.98	0.43	濒临失调衰退类 邮轮产业滞后型	濒临失调衰退类

（续表）

城市	U_1	U_2	T	C	D	综合评价类型	协调等级
广州	0.18	0.5	0.34	0.88	0.55	勉强协调发展类 邮轮产业滞后型	勉强协调发展类
深圳	0.18	0.54	0.36	0.87	0.56	勉强协调发展类 邮轮产业滞后型	勉强协调发展类
烟台	0.02	0.27	0.15	0.51	0.28	失调衰退类邮轮 产业滞后型	失调衰退类
海口	0.01	0.09	0.05	0.60	0.17	失调衰退类 邮轮产业滞后型	失调衰退类

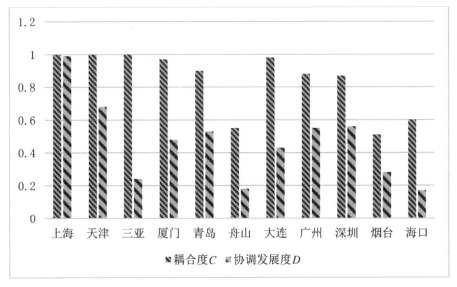

图 4-2 邮轮产业与区域经济耦合度与协调发展度

4.3.3.4 结果分析

（1）从耦合度 C 来看，11 个城市的旅游产业与区域经济的耦合度取值居于 0.55～1.0，有 6 个港口城市的耦合度取值处于 0.9～1.0，分别是上海、天津、三亚、大连、厦门和青岛。其中上海、天津、三亚的协调度数值接近于 1，大连、厦门和青岛的港口协调度数值也处于高位，紧跟其后的是广州、深圳，耦合度数值分别是 0.88 和 0.87，而海口、舟山和烟台的港口协调度数值较低，居于 0.5～0.6。通过比较各个城市的邮轮产业与区域经济的综合系统功效数值，即比较 U_1 和

U_2 的数值来看,上海、天津和三亚的 U_1 和 U_2 差距较小,使得其耦合度数值高,而海口、舟山和烟台的 U_1 和 U_2 数值差异较大,造成两者的耦合度不高。

(2)从协调发展度 D 来看,11 个城市的旅游产业与区域经济的耦合发展度取值居于 0.18～0.99,数值差异大,表明我国港口城市的区域经济与邮轮产业协调发展度差异较大,协调发展情况由低到高依次为海口、舟山、三亚、烟台、大连、厦门、青岛、广州、深圳、天津、上海。

(3)从协调等级来看,上海属于优质协调发展类,上海市在邮轮产业不断发挥领军作用,邮轮港口协调发展、错位竞争,构建了不同的服务功能体系,有力地促进了上海市邮轮产业发展市场的整体进步,深化了上海市邮轮产业领军地位,因此上海市的区域经济与邮轮产业具有良好的协调发展关系。此外上海市不断推进邮轮产业特色小镇的建设、提高邮轮综合配套产业的服务水平,围绕上海市邮轮母港的建设,带动周边产业及地区的共同发展,由此拉动了区域经济的大幅增长,促进了邮轮市场的深度扩张,因此上海市区域经济子系统与邮轮产业子系统不存在较大的数值差异,实现了区域经济与邮轮产业的优质协调。天津属于初级协调发展类,在城市区域经济子系统与邮轮产业子系统的协调发展建设上初见成效;深圳、广州、青岛为勉强协调发展类,城市区域经济子系统与邮轮产业子系统的耦合协调发展效果不明显;大连、厦门属于濒临失调衰退类型,港口发展没有与邮轮配套产业达成发展协调性,区域经济子系统与邮轮产业子系统的耦合协调发展效果较差;其余港口均属于失调衰退类。

(4)从综合评价类型来看,上海、三亚、厦门属于区域经济滞后型,在各地区发展邮轮产业时,对邮轮产业与区域经济之间的发展协调性缺乏重视,造成与邮轮产业发展水平相比,区域经济相对滞后,在此后的发展中,应注重提高邮轮产业对于配套产业的带动作用;其余港口均属于邮轮产业滞后型,邮轮港口的运营能力尚不完善、邮轮产业建设不足、邮轮经济发展不充分,不能发挥邮轮产业对区域经济的拉动效应,在此后的发展中,港口城市还需做好港口配套产业及基础设施的建设,提高对国际邮轮的吸引力。

4.4　中国邮轮港口城市邮轮消费特点鲜明

4.4.1　邮轮客源地和消费群体较聚焦

邮轮游十大客源地主力在上海和北京,邮轮消费主力客群比较聚焦。因为疫情原因,邮轮按下了暂停键,消费报告仅更新到 2018 年,途牛旅游网于 2018 年 8 月公布了《中国在线邮轮旅游消费分析报告 2018》①,根据消费报告,我国的北京、上海、天津、西安、南京、杭州、成都、重庆、深圳、广州等是邮轮旅游十大客源地。具体分析,我国城市在东南亚、日本的短途邮轮旅游客源地中,前三名为上海、北京、南京;美洲、欧洲、中东、极地等长线邮轮旅游客源地中,前三名为北京、上海、长沙。从途牛旅游网的出游群体来看,父母游、亲子游为邮轮旅游消费群体的主体群体,其中以中老年团队为主的邮轮旅游消费群体占比最高,其次为亲子游邮轮旅游消费群体;从途牛旅游网的用户星级分布来看,途牛用户共划分 1～7 星,4 星及以上途牛用户更爱长线出境邮轮产品,人次占途牛用户邮轮旅游总数的 50%。从途牛旅游网用户群体出游时间来看,亲子游出游时间集中在国庆节以及暑期,7 月下旬～8 月上旬的邮轮旅游消费群体最为密集。从途牛旅游网用户群体年龄段及性别比例来看,女性邮轮旅游群体占比最高,占 57.5%;30～59 岁的用户群体是邮轮旅游主力军,占比达到 48.5%;其次为占比达到 27.5% 的 60 岁及以上邮轮旅游群体。

4.4.2　邮轮品牌选择和产品预定偏好明显

邮轮品牌选择海洋量子号居首,邮轮产品预定以近海短程线路为主。我国邮轮市场对于邮轮品牌的选择中,人气排行榜排名前十的有皇家加勒比海洋量子号、歌诗达赛琳娜号、皇家加勒比海洋赞礼号、诺唯真喜悦号、歌诗达幸运号、皇家加勒比海洋水手号、星梦世界梦号、盛世公主号、歌诗达大西洋号、天海新世纪号。皇家加勒比海洋量子号位居榜首,邮轮旅游产品具有"海上初体验"的娱乐革新性,如邮轮客房是当前最大且最先进的,室内运动及娱乐综合性场馆最大,配备有旱冰场、碰碰车等娱乐设施,跳伞体验惊险刺激,可以让邮轮乘客体验 300 英尺的空中之旅。此外,选择提前 15 天内预订邮轮产品及航线的邮轮游客占比 26.2%,选择提前 30 天左右预订邮轮产品及航线的邮轮游客占比 52.7%,预订邮轮产品及航线周期增至两个月的邮轮游客占比 28.8%。邮轮游客在选择远洋航线邮轮产品过程中,基于签证办理时长、出行距离远近等多方面考虑,更倾向于提前 61～90 天以及 90 天以上预订远洋航线邮轮产品,提前 61～90 天预订的人次占比为 27.3%,提前 90 天以上预订的人次占比 36.4%。青年团队游、

---

① 成都商报红星新闻官方账号.途牛发布《中国在线邮轮旅游消费分析报告 2018》[EB/OL].(2018.08.03)[2023-02-21].https://baijiahao.baidu.com/s?id=1607767960202873391&wfr=spider&for=pc.

夫妻游、家庭游以东南亚、日本方向的远洋航线邮轮产品为主,夕阳游、中老年团队游更倾向于选择美洲、欧洲、中东方向的远洋航线邮轮产品,从远洋航线邮轮产品的价格选择上,远洋航线邮轮产品单价超过 2 万元时,邮轮游客群体年龄主要在 45~70 岁,近几年有年轻化趋势,通过途牛旅游网预订远洋航线邮轮产品的邮轮游客群体,40 岁以下占比 20%,表明有更多的年轻邮轮游客群体开始体验长线邮轮休闲度假。

4.4.3 邮轮河轮游产品异军突起

岸上行程品质备受关注,河轮游产品异军突起。邮轮游客对主题活动、客房环境、岸上行程等邮轮旅游核心要素更加关注,其中,邮轮游客对个性化岸上行程的需求旺盛、对岸上行程的关注度提升。途牛旅游网在日本方向的远洋航线邮轮产品中,对岸上行程进行了升级,增加了福冈油山牧场、长崎企鹅水族馆、熊本人吉温泉等景点,规划升级了更多针对父母游、亲子游客群的邮轮航线产品,岸上行程体验大幅提升,邮轮乘客满意度提高,也让途牛旅游网在日本方向的邮轮产品销量持续领先。邮轮河轮游与常规邮轮游相比,邮轮乘客可以体验"一天一港""一周四国"的特色河轮游,更加侧重于邮轮旅游目的地的到访密集性,因此邮轮河轮游日益成为国内邮轮乘客的新体验、新选择,当前全球河轮游主要分布在美国密西西比河、俄罗斯伏尔加河、欧洲莱茵河及多瑙河、泰国湄南河、埃及尼罗河等流域。

途牛加大了河轮游市场的布局,途牛旅游网于 2018 年重点推广位于欧洲的高端河轮游线路,游客对星途游轮以及维京游轮的河轮游产品的关注度较多,航线主要为多瑙河之旅(东欧五国)以及莱茵河之旅(西欧四国)。我国内河游轮的市场发展中,长江叁号游轮作为目前我国长江内河水域智能化、绿色环保、舒适性水平最高的游轮,是海门基地于 2020 年 7 月开工承建的首艘长江内河游轮,于 2021 年 11 月底下水,最早首航执行的是武汉到重庆的游轮航线。另一艘游轮世纪凯歌,作为荣耀号姊妹船,同属长江新一代高端豪华游轮创新力作,由"海上马车夫"世界造船强国荷兰的著名船舶设计公司 SDUIO—L 操刀概念设计,由重庆东港船舶公司建造,属重庆冠达世纪游轮有限公司,主要航行路线为重庆到宜昌的三峡路线。2021 年 3 月,长江游轮重启并新增了 3 条航线,长江游轮市场起伏较大,之前有近 80% 的游轮游客来自海外,后降为 10%~20%。但近几年受疫情影响,过去喜欢海轮游以及出境游的中高端市场,有明显回流内河游轮市场的迹象。如 2021 年 4 月 12 日起航的首趟"渝汉线"游轮航次在 3 月份就已售罄,5 月份的游轮船票被预订了将近 80％,暑期的游轮航次在内河游轮市场需求火热,游客对于内河游轮旅游的需求激增,到 2022 年 3 月,长江上的豪华游轮数量已经达 30 余艘,预见长江游轮市场将迎来更大的复苏。

4.4.4　邮轮消费逐渐打破产品同质化

消费趋势逐渐打破产品同质化。我国邮轮产业不断发展,邮轮市场不断扩张,进入中国邮轮市场的国际邮轮品牌也在不断增多。为在众多国际邮轮品牌中提升自身竞争力、吸引更多中国旅游消费者,各国际邮轮品牌致力于在邮轮旅游产品中融入更多中国元素,转型升级以打造差异化游客消费体验,满足中国游客的出行需求。具体来看,有在邮轮船身彩绘装饰物中加入中国元素的,如诺唯真邮轮喜悦号、星梦邮轮世界梦号、星梦邮轮云顶梦号等;餐饮种类上增加中国特色食物的,如面条、火锅等,增添邮轮上更具创意元素的娱乐设施,如诺唯真邮轮喜悦号的海上 VR 虚拟现实游戏、海上卡丁车,星梦邮轮世界梦号上海上滑水道,创新邮轮主题活动的多样化类型,如针对亲子游客户群体的小小梦想家、小小航海家、大航海时代 STEAM 科学之旅等主题活动。多维度产品布局借助“邮轮＋酒店”“邮轮＋当地玩乐”“邮轮＋交通接驳”等模式加快升级,解决了邮轮乘客“最后一公里”的问题,为非港口城市的邮轮乘客提供了便利的交通,大大节约了邮轮游客的出行成本,成为邮轮旅游市场以及邮轮旅游产品中必不可少的服务环节。国际邮轮在我国的邮轮市场中缩减了运力,但在邮轮产品的中国化、科技感、特色服务、产品质量等方面不断开拓创新,以更好地感知中国邮轮旅游消费者的个性化需求、提高中国邮轮旅游消费者的满意度,进而扩大在中国邮轮市场的市场份额、增加邮轮品牌的消费吸引力、延伸邮轮旅游消费者在船上的消费时间与成本,将“邮轮即是旅游目的地”的旅游观念、消费理念进行推广与传播,开创属于中国的新邮轮时代。

第5章 我国邮轮产业结构时空格局演化特点

5.1 研究方法及指标体系构建

目前全国已有 13 个沿海城市 15 个邮轮港口,形成以上海、天津、广深厦港为核心的三大邮轮产业圈。对我国邮轮产业结构时空演变态势研究有利于准确把握邮轮产业发展脉络,调整区域邮轮旅游发展战略,促进邮轮旅游业可持续发展。

在邮轮旅游快速发展背景下,国内外先后出现有关邮轮产业结构时空演化研究系统性综述类论文:①邮轮产业发展趋势及进展研究。Lawton 和 Butler 通过对加勒比海邮轮业在 1880—1986 年的发展模式进行探究,指出外界经济、政治发展、立法、市场变化等是影响这些模式的重要因素[135];Chase 对世界邮轮产业的发展过程进行了分析,指出邮轮产业的快速发展将带动全球各地区对于邮轮停泊港口的建设需求[136];还有专家深入分析了邮轮经济的内涵和外延,运用产业集群理论和核心能力理论分析了上海发展邮轮业的可行性和必要性、比较世界三大邮轮公司的经营模式、发展状况并提出发展中国邮轮旅游经济的系列对策。②邮轮产业结构测度指标及方法。主要方法包括:区位熵、灰色关联模型、SSM 及其改进、区域投入—产出模型、熵权 TOPSIS 法、旅游卫星账户、EM 算法等[137]。③邮轮产业结构演变对经济的影响。有学者分析了邮轮港口、邮轮线路运营以及相关业务在配套产业中的作用,通过使用仿真平台,计算了美国佛罗里达州卡纳维拉尔港的经济影响,并指出在过去 20 年里,邮轮业呈指数级增长,并以意大利萨迪尼亚岛奥尔比亚港为例,阐述了邮轮活动与城市更新过程的关系。还有学者以辽宁省沿海经济带旅游产业为例,认为邮轮经济发展对沿海旅游业具有带动作用,进而带动辽宁经济的发展,振兴辽宁地方产业。综上研究成果,国内外的研究视角各异、研究方法多样、研究成果丰硕,学者立足时空视角,对邮轮产业发展趋势、邮轮产业结构测度、邮轮产业结构演变进行深入探讨,对于优化邮轮产业布局、提升港口功能提供了大量极富价值的有益参考。但中国邮轮旅游的研究还处于起步阶段,研究方法具有局限性,定性研究多、定量研究少、时空特征的研究少。

当前我国邮轮产业结构的研究中,主要面临以下难题:一是邮轮产业结构的数据指标难以构建。邮轮产业链较长,具有外延的无限性,产业各部门与宏观经济、配套产业难以脱离。二是邮轮产业结构演变在过程分析、空间格局分析等研究有待加强,模型分析、空间计量等有待强化。本书融合新发展形势,以 2008—2019 年中国主要港口城市的邮轮产业发展为数据基础,利用产业集中指数、区位熵、偏离—份额分析(SSM)等方法对邮轮产业结构时空演化格局进行分析,探究其结构发展特征及演变,基于研究现状规划优化方向,为邮轮产业结构的优化布局提供理论意义与实践参考。

针对 2008—2019 年中国邮轮产业结构发展状况,从空间和时间维度对时空分布特征进行分析。在时间纬度上,利用偏离—份额分析中国邮轮产业结构的时序变化特征,在空间维度上,利用近 12 年以来中国邮轮旅游的时空分布特征研究产业集中指数,利用区位熵分析中国邮轮旅游的空间变化特征。

5.1.1　研究方法

5.1.1.1　产业集中指数

Ellison 和 Glaeser 在充分考虑区域差异、企业规模的基础上,建立了产业集中指数,以进行跨区域、跨时间、跨产业的比较。假设在国家或地区中,某一产业内有 M 个企业,这 M 个企业分布于该国家或地区的 N 个地理区域,则根据 Ellison 和 Glaeser 的产业集中指数计算公式有:

$$r_{EG} = \frac{G/(1-X)-H}{1-H} \qquad (5-1)$$

$$G = \sum_{i=1}^{N} (S_i^k - S_i)^2 \qquad (5-2)$$

$$X = \sum_{i=1}^{N} S_i^2 \qquad (5-3)$$

其中,r_{EG} 是该国家或地区某产业的产业集中指数,r_{EG} 系数越大,集聚结构越差,r_{EG} 系数越小,集聚结构越好;S_i^k 是产业 k 在地区 i 的就业人数与该产业就业人数总数的比值,S_i 是地区 i 全部就业人数占该国家或地区总就业人数的比重;G 是某产业就业状况的原始地理集中指数,用来衡量产业集聚水平,某产业数值越高,在地理上越集中;H 是赫芬达尔指数(Herfindahl index),表示在企业层面上产业 k 的就业集中度即:

$$H = \sum_{j=0}^{M} Z_j^2 \qquad (5-4)$$

其中,M 是某行业的全部企业数,Z_j 是某行业第 j 个企业在全行业就业中所占份额。

5.1.1.2 区位熵

地区集中度或专门化率通常使用指标区位熵(Location Quotient)衡量,可以反映某一区域要素的空间特征与分布状况、地区在高层次区域的地位和价值、某一产业部门的集中度。借助区位熵指标可以对区域优势产业、专业化程度、集聚度水平进行测算与分析。计算公式为:

$$LQ_i = \left(d_i / \sum_{i=1}^{n} d_i\right) / \left(D_i / \sum_{i=1}^{n} D_i\right) \qquad (5-5)$$

其中 LQ_i 表示在某地区某产业,部门 i 的区位熵;n 为某类产业的部门数量;d_i 为某地区某产业,部门 i 的就业人数、生产能力、产量、产值等有关数据指标;D_i 为全国某产业中,部门 i 的就业人数、生产能力、产量、产值等有关数据指标。

对于 Q_i 值,如果 $Q_i < 1$,则表明该区域某产业部门 i 的发展强度较小,发展强度低于高层次同类产业的平均水平;如果 $Q_i = 1$,则表明某区域某产业中部门 i 的发展强度与高层次同类产业的平均水平相当;如果 $Q_i > 1$,则表明该区域某产业部门 i 的发展强度较大,发展强度高于高层次同类产业的平均水平;当 $Q_i > 1.5$ 时,说明 i 部门的发展强度与高层次同类产业的平均水平相比,具有显著的比较优势。

5.1.1.3 偏离—份额分析法

偏离—份额分析法是旅游学科常用的产业结构演化分析法,从动态视角研究某区域的经济变化,评价区域经济某产业结构优劣和自身竞争力的强弱。假设某区域邮轮产业部门基期的收入为 b_{i0},区域基期经济规模为 b_0,经过 n 年发展后,区域邮轮产业部门收入为 b_{it},区域经济规模 b_t。假设全国基期经济总规模为 B_0,邮轮产业部门收入为 B_{i0},经过 n 年发展后,邮轮产业收入为 B_{it},全国

经济总规模为 B_t。

将某区域邮轮产业实际增长量 G_i 分解为三个部分:区域增长分量 N_i,即标准化后按照某地区的经济规模平均增长率,计量产生的邮轮产业变化量;产业结构偏离分量 P_i,指排除区域经济规模与区域邮轮产业在增长速度上的差异后,邮轮产业结构对区域经济规模总量增长的贡献;竞争力偏离分量 D_i,指邮轮产业结构以外的一切因素,即 i 区域邮轮产业与区域经济规模增长速度引起的偏差,反映产业的相对竞争力。

静态偏离份额分析模型如下:

$$r_i = (b_{it} - b_{i0})/b_{i0} \qquad (5-6)$$

$$R_i = (B_{it} - B_{i0})/B_{i0} \qquad (5-7)$$

$$b_i' = b_0 \times B_{i0}/B_0 \qquad (5-8)$$

$$G_i = N_i + P_i + D_i \qquad (5-9)$$

$$N_i = b_i' \times R_i \qquad (5-10)$$

$$P_i = (b_{i0} - b_i')/R_i \qquad (5-11)$$

$$D_i = b_{i0} \times (r_i - R_i) \qquad (5-12)$$

$$G = b_t - b_0 = N + P + D \qquad (5-13)$$

$$P = \sum_{i=1}^{n} (b_{i0} - b_i')R_i \qquad (5-14)$$

$$D = \sum_{i=1}^{n} b_{i0}(r_i - R_i) \qquad (5-15)$$

$$PD = P + D \qquad (5-16)$$

静态偏离份额分析模型对于研究年份,一般仅考虑基期和末期,数据计算过程简单,但容易忽视整个研究期间邮轮产业结构、区位因素的变化波动,研究期间各时间段对整个邮轮产业总体变化的影响被掩藏。通过划分多个时段,构建动态偏离份额分析(动态 SSM),可以避免对邮轮产业结构、区位因素中激烈信息的忽视,保证时效性以及连续性,准确计量区域内邮轮产业结构、区位因素对经济增长产生的不同影响。

5.1.2 数据来源

本书研究期为 2008—2019 年,数据来源于中国港口发展报告、中国统计年鉴、中国港口年鉴、地方统计公报。本书聚焦于空间差异与时间演变,对邮轮产业结构展开分析与探讨,缺失数据使用插值法予以补齐,由于邮轮维护费用有关数据缺失,本书使用成本平均值进行研究。

5.1.3　指标体系构建

国外学者较多使用就业数据来研究产业集聚度。国内学者以广西旅游产业发展为例,构建了包含旅游人次、旅游收入、财政数据的城市旅游化测度指标体系,利用区位熵理论进行了实证计量与探索研究,研究将邮轮产业链按上中下游详细划分,分为上游产业船舶设计与制造、中游产业邮轮经营管理、下游产业邮轮码头及配套,从产业链角度对邮轮产业的经济效益进行了剖析,还有研究采用相对于邮轮行业周期波动在经济指标的时间上领先、或同时、或落后,分为先行指标、一致指标和滞后指标,构建了中国邮轮经济景气指数体系,具体见表5-1。

表 5-1　中国邮轮经济景气指标

指标组	先行指标	一致指标	滞后指标
指标名称	人均可支配收入 邮轮制造业新接订单 企业家信心指数 GDP	母港邮轮数量 邮轮航线数 接待邮轮旅客人次 港口接待邮轮搜次 游客平均停留天数 邮轮从业人员数	邮轮公司营业收入 邮轮公司营业利润 港口酒店营业收入 邮轮停靠泊位码头数 邮轮港口数量

尝试在中国旅游业经济和邮轮经济景气指数研究基础上构建我国邮轮产业结构指数评价体系,利用产业集中指数、区位熵、偏离份额分析等指标对我国10个主要港口城市的邮轮产业专业化程度、产业结构特征进行计量分析,以确定邮轮产业结构的优化路径。参考邮轮产业已有研究以及统计年鉴数据,邮轮产业活动从发生到完成的全过程,将产业结构系统分为邮轮研发与建造、邮轮运营与管理、邮轮消费数量和邮轮服务水平四个产业系统,并以全国邮轮产业结构整体发展水平作为参照对象。通过评估这些发展竞争力必备的可观测因子变量指标体系,可从整体上概括我国邮轮港口城市核心产业结构的优势与差距。具体指标如表5-2。

表 5 - 2　我国邮轮产业结构指数评价体系

一级指标	二级指标	三级指标	序号
邮轮产业 结构指数	邮轮制造	邮轮建造完工量(条)	X_1
		新接邮轮建造订单量(条)	X_2
		手持邮轮订单量(条)	X_3
		邮轮维修完工量(条)	X_4
	邮轮运营	接待母港邮轮(艘次)	X_5
		接待访问港邮轮(艘次)	X_6
		接待母港游客量(万次)	X_7
		接待访问港游客量(万次)	X_8
	邮轮消费	A 级景点数量(个)	X_9
		星级酒店数量(个)	X_{10}
		地区生产总值(万元)	X_{11}
	邮轮服务	码头泊位数(个)	X_{12}
		泊位长度(米)	X_{13}

　　当前我国邮轮建造业刚刚起步,首艘国产自制豪华邮轮将于 2023 年交货,邮轮维修始于 2015 年,上海华润大东船务公司和舟山中远船务可以承接邮轮维修业务。随着邮轮旅游热度上升,我国邮轮产业经济贡献主要来源于邮轮游客和船员在港口周边和城市内进行的消费以及港口服务费。表 5 - 3 为我国邮轮产业经济贡献估算方法。

表 5 - 3　我国邮轮产业经济贡献估算方法

	乘客消费 金额	船员消费金额	港口使用费	邮轮补 给费用
邮轮母港	平均每人 354.97 美元	人数为游客人数的 1/3, 平均每人 100 美元	每次挂靠约 8 万美元, 平均每人 80 美元	每人每天约 10 美元
挂靠港	平均每人 96.54 美元	同上	同上	平均每航次 785 美元

数据来源:CLIA。

　　本书对邮轮产业经济贡献的经济活动进行了调研,根据各方面取得的数据和信息进行统计、分析、计算得出我国邮轮产业直接经济收入,结果见图5-1。总体来看,2008—2019年我国各个港口城市的邮轮产业经济收入呈增长趋势,城市之间邮轮产业收入差异较大。收入位居前三的港口城市是上海、天津、广州,紧跟其后的是厦门、深圳、青岛。上海在邮轮制造、邮轮运营、邮轮消费和邮轮服务各个方面均是全国领先,2015年上海华润大东船厂首次承接邮轮维修业务,2018年上海外高桥开启了我国首制豪华邮轮的历程;天津凭借稳定的邮轮游客接待量位居第二;广州和深圳邮轮产业晚于其他港口城市,但凭借日渐增长的邮轮游客接待量以及优质的旅游服务,使得邮轮产业发展迅速;舟山中远船务自2017年后开始承接邮轮维修业务,至今已经完成了天海新世纪号邮轮的翻新升级、海洋赞礼号的维修与保养,聚焦打造国际绿色修造船岛,舟山六横龙山工业园区逐渐成为国内豪华邮轮维修基地。

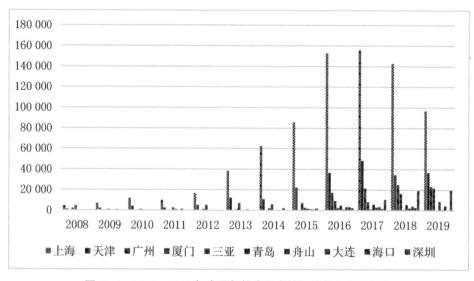

图5-1　2008—2019年我国邮轮产业直接经济收入(万美元)

5.2　中国邮轮港口集聚水平特点

5.2.1　邮轮产业集中指数分析

利用产业集中指数公式分别计算我国主要港口城市2008—2019年邮轮产业集中指数,结果见表5-4。

表 5-4　2008—2019 年我国邮轮港口产业集中指数

年份	2008	2009	2010	2011	2012	2013	2014	2015	2016	2017	2018	2019
上海	-0.1329	-0.4018	-0.47623	-0.3346	-0.347	-0.4557	-0.7143	-0.5578	-0.4863	-0.3927	-0.1514	-0.2272
天津	-0.009	-0.029	-0.0394	-0.0185	-0.0294	-0.0363	-0.0169	-0.02845	-0.0237	-0.0299	-0.0098	-0.0264
广州	—	—	—	0.0326	—	—	—	0.0365	0.0089	0.0053	-0.0091	-0.0068
厦门	-0.0096	-0.0023	-0.001	-0.0004	-0.0019	0.0002	-0.0004	-0.0031	-0.0016	-0.0009	-0.00191	-0.0073
三亚	-0.0028	-0.0006	-0.00044	-0.0012	-0.0016	-0.001	-0.0006	-0.0002	-0.0001	-0.00002	-0.0001	0.00002
青岛	0.0075	0.0051	0.0045	-0.0006	0.0088	0.0089	0.0089	0.0067	0.0057	0.0051	-0.0002	0.00054
舟山	—	—	—	-0.00022	—	—	0.0001	-0.0001	0.00002	-0.0001316	-0.0001	0.00003
大连	0.0022	0.0003	0.0033	-0.0253	0.0054	0.0063	0.00683	-0.0028	0.0009	-0.0109	-0.008	-0.0006
海口	—	—	—	0.0001	—	0.00014	-0.00047	-0.0003	-0.0002	0.00004	-0.0001	—
深圳	—	—	—	—	—	—	—	—	0.0341	0.0245	0.7497	0.0049

(1)从总体水平来看,天津和上海的 r_{EG} 系数都小于 0,集聚结构相对较好,这主要是因为天津和上海的邮轮产业发展已经相对成熟。①r_{EG} 系数最小的是上海。2019 年 5 月,上海吴淞口国际邮轮港的后续工程正式全面完工,具备"四船同靠"能力,上海在邮轮基础设施建设方面,港口布局逐步完善,为市场规模的扩大提供坚实的硬件基础,上海已形成吴淞口国际邮轮港、上海港国际客运中心以及浦东海通码头"二主一备"格局,邮轮港口大型邮轮运营能力显著增强。②r_{EG} 系数较大的是青岛,由于自然气候原因,以青岛为邮轮母港的航线,出发时间大都集中在 4 月底至 10 月初,几乎没有邮轮航线在冬季半年出发,可以发现青岛邮轮产业对于季节因素较为依赖,同时青岛位于华北和华东之间,夹在上海和天津两个直辖市之间,省内还有烟台港也会分割青岛邮轮港一部分客源市场。

(2)从变化趋势来看,基本上各邮轮港口的 r_{EG} 系数都呈下降的趋势,这就意味着我国邮轮产业集聚结构越来越优化。2012 年国家旅游局正式批复同意在上海设立首个中国邮轮旅游发展实验区,随后,天津于 2013 获批成立、深圳于 2016 年获批成立、青岛于 2016 年获批成立、大连于 2017 年获批成立、福州于 2017 年获批成立。

(3)从三大邮轮旅游港口群来看(图 5 - 2),产业集中指数表现出华东小于华北,华北小于华南的格局,我国邮轮产业对接国家"一带一路"倡议,支持邮轮产业发展重点区域建设、承接自贸试验区制度创新溢出效应。

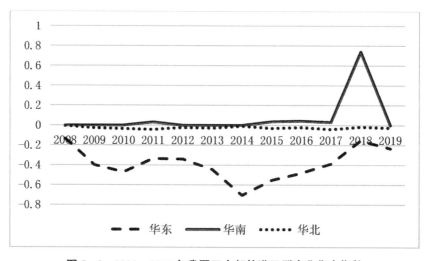

图 5 - 2 2008—2019 年我国三大邮轮港口群产业集中指数

5.2.2　邮轮产业区位熵分析

利用公式计算我国主要港口城市 2008—2019 年邮轮产业区位熵,从图 5‐3 可以看出以下特点。

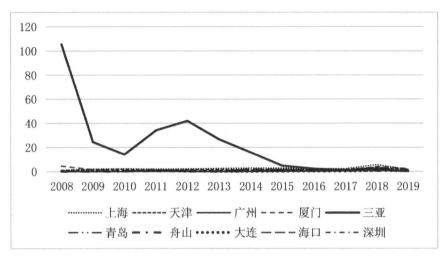

图 5‐3　2008—2019 年我国港口城市邮轮产业区位熵

(1)总体来看,邮轮旅游产业区位熵在不同港口城市中表现出显著的差异。2008—2019 年上海、厦门和天津的邮轮产业区位熵值较为稳定,多在 1～5,说明这些港口城市的邮轮产业发展水平较高、发展强度较大,其中天津和上海拥有良好的区位发展优势与地理发展条件,人文旅游资源丰富且质量较高,其邮轮产业处于全国领先水平,表明这两个港口的邮轮产业集聚较为突出,专业化水平较高且发展具有一定优势。而青岛、大连的邮轮产业区位熵值均小于 1,表明其邮轮产业集聚效果不佳,专业化水平较低。

(2)从变化趋势来看,区位熵在不同港口城市表现出显著的差异。①上海邮轮产业区位熵在 2012 年后提升较快,这是由于 2012 年上海吴淞口国际邮轮港开港运营后,国际大型豪华邮轮停靠上海,邮轮旅游产业形成了较快的集聚,成为专业化水平最高的邮轮产业集聚区。②三亚邮轮产业集聚度呈现较快下降趋势,逐渐向华南区域辐射,三亚具有优质且丰富的旅游资源、优越的区位优势,邮轮产业的发展起点较高、发展起步较早,然而由于受自身经济发展条件以及客源市场的限制,邮轮停靠数量、邮轮游客数量的增长趋势平缓。③厦门邮轮产业区位熵维持稳定下降趋势,厦门拥有优质的邮轮旅游资源、丰富的旅游产品,但由于旅游资源与三亚存在较强竞争力,缺少客源市场,因此厦门邮轮产业发展比较缓慢。④舟山、广州、深圳、海口等邮轮旅游发展较晚,规模相对较低,所以邮轮产业区位熵表现出缓慢的增长趋势。

(3)区域产业集中水平差异明显。从三大区域来看(见图5-4),华东地区的邮轮旅游产业集聚水平较高,华北和华南地区集聚水平较低,这主要是由于华东地区的地理环境得天独厚、旅游资源丰富多样,在邮轮研发与建造、邮轮维修与改造、邮轮运营与管理、邮轮游客服务等实现了突破,越来越多的国际邮轮在华东地区停靠,邮轮产业对华东地区的经济贡献日益显著。

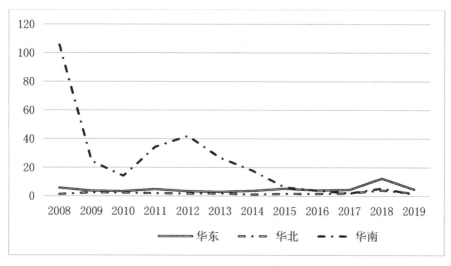

图 5-4　2008—2019 年我国三大邮轮港口群区位熵

5.3　我国邮轮产业结构时空格局动态演化

5.3.1　静态 SSM

利用静态 SSM 分析 2008—2019 年我国邮轮产业结构偏离分布特征,结果见表5-5。从各项指标数值来看,2008—2019 年间,我国 10 个主要港口城市邮轮旅游发展迅速,各邮轮港口发展状况存在着较大的差距。

(1)根据总体经济增量 G 数值来看,最大为上海(58.81),最小的为三亚港

(-52.57)。从三大邮轮港口群来看,其发展格局表现出华东大于华北、华北大于华南的状态。2008—2019 年华东地区邮轮旅游经济增量较大,华南地区邮轮产业旅游经济增量较小。

(2)从邮轮经济增长份额分量 N 数值来看,最大的为上海港(42.31),最小的为三亚港(0.48)。从三大邮轮港口群来看,其发展格局表现出华东大于华北,华北大于华南的状态。

(3)从结构偏离分量 P 数值来看,最大的为三亚港(0.2),最小的为青岛港(-0.05),从对邮轮产业经济增长的贡献来看,结构因素的影响力最大,其中在三亚作用最大,在青岛作用最小。从三大邮轮港口群来看,结构因素对邮轮产业经济的影响力,在华南地区最大(0.2),在华北地区最小(-0.031)。

(4)从竞争力偏离分量 D 来看,上海港数值最大(16.47),三亚港数值最小(-50.24)。在三亚,竞争性因素对邮轮经济的贡献最小,在上海,对邮轮经济的贡献最大。从三大邮轮港口群来看,表现出华东大于华北,华北大于华南的格局,竞争性因素对邮轮经济增长的贡献,在华东最大,华北次之,在华南地区对邮轮产业经济的增长具有负作用。

表 5 - 5　2008—2019 年邮轮港口产业 SSM 分析结果

地区	G	N	P	D	PD
上海	58.81	42.31	0.02	16.47	16.49
天津	27.08	15.59	-0.001	11.5	11.499
厦门	-3.09	4.87	0.07	-8.03	-7.96
三亚	-52.57	0.48	0.2	-50.24	-50.04
青岛	18.19	13.34	-0.05	4.9	4.85
大连	9.43	11.6	-0.03	-2.15	-2.18
最大值	58.81	42.31	0.2	16.47	16.49
最小值	-52.57	0.48	-0.05	-50.24	-50.04
均值	9.64	14.7	0.03	-4.6	-4.56
华北	36.51	27.19	-0.031	9.35	9.319
华东	73.91	60.52	0.04	13.34	13.38
华南	-52.57	0.48	0.2	-50.24	-50.04

5.3.2　DSSM 分析

为了探讨邮轮港口产业结构在各阶段、各地区的空间分布特征、时间演化趋势,参照已有文献,利用动态 SSM 模型计算各港口城市邮轮产业结构的空间分布特征、时间演化趋势,以结构偏离分量系数 P 为纵轴,竞争偏离分量系数 D 为横轴,绘制动态演化图,结果如图 5 - 5。从变动趋势来看,时间上分为三个阶段。

(1)结构驱动主导阶段(2008—2012 年):该阶段除了舟山、广州、深圳、海口等起步建设晚,大部分邮轮港口城市位于第一、二象限,结构因素、竞争力因素对邮轮产业结构的经济增长贡献均为正,结构因素驱动我国邮轮产业结构的经济增长。主要原因在于,我国 2006 年后邮轮产业发展迅速、邮轮经济市场扩大,进入“母港经济”时代。

(2)竞争力驱动主导阶段(2012—2016 年):该阶段广州、深圳的邮轮产业建设起步较晚,大部分邮轮港口位于第二、四象限,竞争力因素对邮轮产业结构的经济增长贡献为正,结构因素对邮轮产业结构的经济增长贡献部分为负。该阶段是我国邮轮产业结构转型升级的关键时期,我国邮轮产业由高速增长向高质量增长转变,邮轮市场从超预期数量增长向稳健发展转变,更加注重邮轮产品的转变升级。

(3)结构—竞争力双重驱动阶段(2016—2019 年):该阶段大部分港口城市位于第一象限,结构因素对邮轮产业结构的经济增长贡献为正,竞争力因素对邮轮产业结构的经济增长贡献为正。该阶段我国各个港口城市邮轮产业发展迅速,形成了邮轮产业经济增长双驱动机制。

基于上述计算结果,绘制我国三大邮轮旅游港口群的产业结构动态演化图(图 5 - 6),以探究我国邮轮产业结构的空间特征以及时间演化。从演化路径上看,空间上分为三大地带。

(1)华北地区结构偏离分量系数均值在 2008—2010 年位于第四象限,2016—2019 年在第一象限,表明华北地区的邮轮产业发展现状由竞争力因素驱动,转变为结构—竞争力双重驱动。

(2)华东地区结构偏离分量系数均值在 2008—2010 年位于第一象限,2014—2016 年位于第二象限,表明华东地区的邮轮产业发展现状由结构—竞争力双重驱动发展为结构因素驱动,结构的优化调整将会给邮轮市场带来进入黄金发展阶段的机会,开启国际化发展新征程。

（3）华南地区邮轮产业结构偏离分量系数均值在 2008—2010 年位于第二象限，2016—2019 年位于第一象限，表明华南地区的邮轮产业发展现状由结构因素驱动，转变结构—竞争力双重因素驱动。

（a）

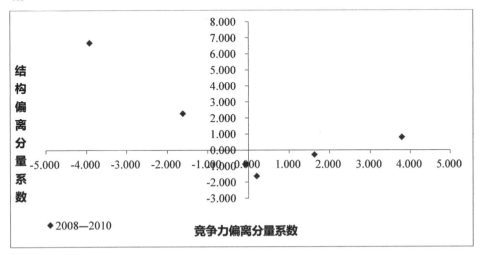

（b）

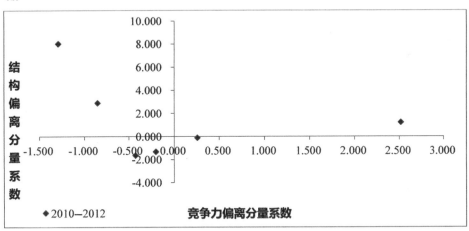

(c)

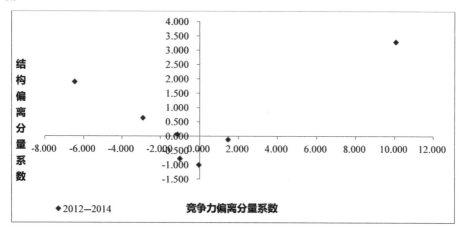

(d)

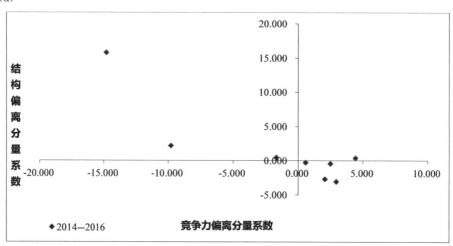

(e)

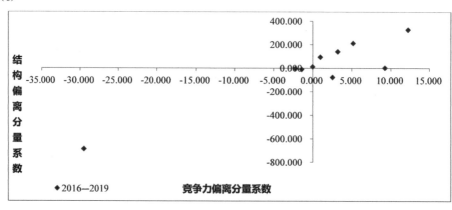

图 5 - 5　各邮轮港口产业动态 SSM 计算结果

（a）

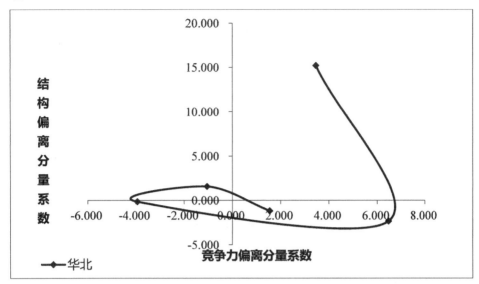

（b）

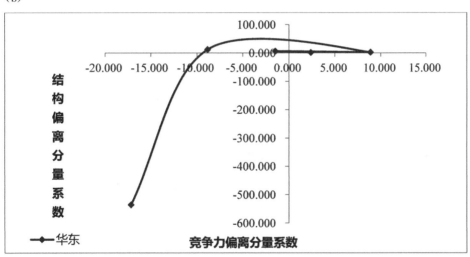

(c)

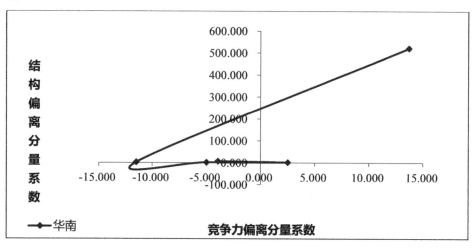

图 5 - 6　三大邮轮港口群邮轮产业偏离—份额动态演化

5.4　研究结论

利用 2008—2019 年我国港口城市邮轮产业发展数据,结合区位熵、产业集中指数、偏离—份额分析法,对我国邮轮产业结构的空间特征、时间演化进行探究,梳理产业结构升级模式。

5.4.1　产业发展程度差异化明显

2008—2019 年我国主要港口城市邮轮产业均获得一定程度发展,呈现一定的差异化特点。上海和天津的邮轮产业经济贡献在我国邮轮产业经济中占据较大份额,三亚、海口、舟山等所占比重较低。当前入境国际邮轮游客数量十分有限,中国游客占 94%,消费市场集中在东部沿海,邮轮旅游蓬勃发展为周边国家带去了"福利",但对当地经济拉动作用和直接经济贡献却很小。当前应主动纳入国家战略和全球前沿竞争之中,激发区域发展创新活力,通过优化消费结构,吸引入境邮轮游客,充分挖掘中西部邮轮潜在市场,优化邮轮经济结构,提高邮轮经济贡献率,推动邮轮产业全面开放新格局,在开放的范围和层次上进一步拓展,推动"一带一路"沿线国家签证便利化。

5.4.2　产业集中指数及专业化程度地带性明显

我国邮轮产业的集中指数及专业化程度具有明显的地带特征。产业集中指数表现出华东小于华北、华北小于华南的格局。从时间上来看,邮轮产业集聚度整体上呈现波动式下降趋势,邮轮旅游产业发展规律呈现"集聚—扩散"模式,进而使邮轮旅游产业的区域集聚度呈现逐渐下降趋势。从空间分布来看,我国邮轮港口密度逐步增大,邮轮产业集聚区由上海港一枝独秀发展到形成以上海、天津、广深厦港为核心的三大邮轮圈体系。通过邮轮港口整体规划布局,重点对沿海邮轮带、南海邮轮圈、岛礁等进行开发建设,增设邮轮停靠港和港口基础设施,发挥国家对邮轮产业政策的引领、辐射、带动作用,充分利用三大邮轮圈旅游市场发达的优势,以及城市经济圈和覆盖经济圈的交通发达优势,充分发挥大市场的活力、动力、魅力、实力,搭建产业集聚平台,发挥邮轮全产业链的集聚优势,共建邮轮产业集群基地,形成具有全球竞争力的邮轮产业集群。

5.4.3　结构性竞争性因素具有地带效应

结构性因素与竞争性因素对邮轮旅游产业经济增长的贡献,具有显著地带效应。静态 SSM 分析表明,在 2008—2019 年研究期间,结构因素对邮轮产业经济的影响力,在华北地区最小,在华南地区最大,竞争性因素对邮轮产业经济的贡献,在空间格局上表现为华东大于华北、华北大于华南的特征。分析动态 SSM 的计量分析结果,华北地区邮轮产业发展由竞争力因素驱动,转变为结构—竞争力双重驱动,华东地区邮轮产业发展由结构—竞争力双重驱动发展为结构因素驱动,华南地区的邮轮产业发展由结构因素驱动,转变为结构—竞争力双重因素驱动。从产业融合视角出发,推动邮轮产业从"中国速度"向"中国质量"转变,打造我国邮轮近海邮轮产品,丰富本土邮轮旅游产品,开发沿海特色航线,依托邮轮产业发展地的优势产业,构建邮轮旅游产业与优势产业的融合发展模式,创新邮轮旅游业态、扩大邮轮旅游市场、促进邮轮旅游发展,从而加快邮轮产业竞争力的提升。

第6章 我国邮轮产业结构优化的效率评价

6.1 DEA模型指标选取

面对中国沿海各区域投入巨资建设邮轮港口的火热现象,部分学者提出了一些思考认为我国部分地区没有考虑自身资源条件与邮轮港口建设风险,存在盲目跟风建设现象,邮轮经济泡沫正在逐渐形成。邮轮港口建设缺乏规划协调、各自为营,降低了邮轮产业效率。邮轮港口是发展邮轮产业的基础,国内针对邮轮港口的研究主要聚焦于邮轮港口城市的竞争力研究、邮轮港口对区域经济发展的影响研究、邮轮港口的规划选址和建设研究、邮轮港口的评价指标体系研究、邮轮港口的风险研究、港口的运营策略研究等方面,但是对邮轮港口效率的研究相对较少。邮轮产业是资本密集型产业,邮轮港口的开发建设需要投入巨额资金,且港口用途较为单一,投资成本具有沉没性,缺乏效率的投资不仅不能带来预期收益还会造成巨大的资源浪费,因此对我国沿海各区域邮轮港口的效率进行定量评价十分必要,可以为各港口合理定位、规划布局、改善运营提供决策参考。

查阅文献发现现有关于港口的效率研究,研究对象基本是集装箱港口,研究的方法主要有两种,一种是数据包络分析(DEA),另一种是随机前沿分析(SFA)。有学者根据15家港口水运上市公司2002年年报,从财务数据中选择输入指标和输出指标,基于DEA模型对港口水运上市公司的相对效率进行了计量评价,基于DEA模型对澳大利亚的港口效率进行了计量分析与评价。还有学者选择我国主要集装箱港口为研究对象,基于改进的DEA模型对集装箱港口的效率进行实证分析,采用DEA模型主成分分析法选择指标对大连港等8个港口的相对生产效率进行实证分析,发现上海港、广州港、宁波港位于第一层次的效率值为 1,厦门港、青岛港分别第二和第三,天津和深圳港的效率值偏低为 0.18。采用 DEA 模型对港口内部效率,港口间联网效率及港口对腹地经济的辐射效率三个层面进行研究,认为三个层面基本实现有效,但是大多数港口仍存在不同程度的低效率,并且指出低效率源自港口体系内部股权结构的扭曲。以亚洲主要集装箱港口为研究对象,SFA 模型对其效率进行了评价。以我国和全球部分集装箱码头为研究对象,基于 SFA 模型对港口效率进行了评价。利用财务数据结合神经网络模型对中国港口上市公司的综合效率进行研究,前四名分别为上海港、深赤湾、天津港、盐田港,他们的每股收益和人均利润比较高。有学者聚焦港口上市公司分为营运和资本运作两部分,利用 SBM—DEA 分别进行研究,发现半数港口上市公司的相对运营效率以及相对资本运作效率可以达到最优,其余没有达到相对效率最优的重要原因是资源配置与发展规模不匹配。对于港口效率的研究已经取得了丰富的成果,但是对于我国邮轮港口效率的评价与研究仍然不足。邮轮港口的效率影响着邮轮经济效益和我国邮轮产业的健康发展,对其效率进行合理评价,对我国邮轮产业持续健康发展、提升我国邮轮港口效率具有重要意义。

6.1.1　DEA 模型简介

数据包络分析(DEA)通过多指标投入和多指标产出,对相似服务单位的相对效率进行有效评价与分析。在银行业、保险公司、医院等行业广泛使用,指标无须进行无量纲化,可以评价不同量纲等级的数据指标,避免了主观赋权的不确定性,具有较强的客观性。此方法的不足在于没有考虑随机误差,任何对估计前沿的偏离都被理解为是低效率的表现。

假设有 n 个需要评价的对象,每一个对象视为一个 DMU,并且每个 DMU 有 p 种投入和 q 种产出。以 X_{ij} 作为 DMU_i 的第 j 项投入,Y_{ik} 作为 DMU_i 的第 k 项产出,所有的 DMU_i 的投入可以表示为:

$$X_i = (x_{i1}, x_{i2}, x_{i3}, \cdots, x_{ip})^T, (i=1,2,3,\cdots,n) \tag{6-1}$$

DMU_i 的产出可以表示为:

$$Y_i = (y_{i1}, y_{i2}, y_{i3}, \cdots, y_{iq})^T, (i=1,2,3,\cdots,n) \tag{6-2}$$

DMU_i 的效率为:

$$E_i = \frac{\boldsymbol{U}^T Y_i}{\boldsymbol{V}^T X_i} \tag{6-3}$$

式子中 U^T 为投入指标的权向量，V^T 为产出指标的权向量，权重 U 和 V 的选择需要满足 $E_i \leqslant 1, i=1,2,3,\cdots,n$。假设对第 i_0 个 DMU 进行评价，用 DMU_0 表示，投入为 X_0，产出为 Y_0，那么第 i_0 个 DMU 的相对效率评价模型为：

$$\max \cdot E_0 = \frac{U^T Y_0}{V^T X_0} \tag{6-4}$$

$$s.t. \ U \geqslant 0, \ V \geqslant 0 \tag{6-5}$$

$$\sum_{i=1}^{q} U_i = 1, \sum_{i=1}^{P} V_i = 1 \tag{6-6}$$

因为模型(6-1)是分式线性规划，为了计算简便引入 Charness-Cooper 变换及对偶规划理论，并且引入松弛变量 S^+ 和 S^-，以及非阿基米德无穷小量 g，将模型(6-1)转变为线性规划模型。

$$\text{Min}[\theta - (e_1^T S^- + e_2^T)] \tag{6-7}$$

$$\text{s.t.} \sum_{i=1}^{n} X_i \beta_i + S^- = \theta X_0 \tag{6-8}$$

$$\sum_{i=1}^{n} Y_i \beta_i - S^+ = Y_0 \tag{6-9}$$

$$\beta_i \geqslant 0, \ i=1,2,3,\cdots,n \tag{6-10}$$

$$S^+ \geqslant 0, \ S^- \geqslant 0 \tag{6-11}$$

其中 g 为非阿基米德无穷小量：

$$e_1^T = (1,1,1,\cdots,1) \in E_p \tag{6-12}$$

$$e_2^T = (1,1,1,\cdots,1) \in E_q \tag{6-13}$$

S^- 是和投入指标相对应的松弛变量组成的向量：

$$S^- = (s_1^-, s_2^-, \cdots, s_p^-)^T \tag{6-14}$$

S^+ 是和产出指标相对应松弛变量组成的向量：

$$S^+ = (s_1^+, s_2^+, \cdots, s_p^+)^T \tag{6-15}$$

6.1.2　模型参数计算与结果分析

借助线性规划软件，对模型中的参数 β_i、S^+、S^-、θ 进行计量测算，θ 是港口的效率值。模型结果分为三种不同情况：第一种是当 $\theta=1$ 时，并且 $S^+ \neq 0$ 或者 $S^- \neq 0$ 时，则 DMU_0 是 DMU 弱有效，即主体 i_0 的投入在 X_0 的基础上减少 S^- 时，产出 Y_0 是不变的，或者投入 X_0 保持不变，产出 Y_0 是可以增加 S^+ 的。第二种是当 $\theta<1$ 时，意味着 DMU_0 是 DMU 的非有效，即 DMU_0 将投入降低到 θX_0 时，Y_0 仍保持不变。第三种是当 $\theta=1$ 时，并且 $S^+ = S^- = 0$ 时，DMU_0 是 DMU

有效,也就是在 n 个评价对象中,投入 X_0 的要素,产出 Y_0 达到了最优。

6.1.3　邮轮港口投入产出指标的确定

6.1.3.1　现有研究的投入产出指标

对于港口效率的研究已经比较丰富,DEA 数据包络分析是进行港口效率评价的主流方法,不同文献中仅投入和产出指标的选取有所不同,这表明 DEA 在评价港口效率方面具有一定的科学性。本书中把现有文献对港口效率研究的指标分为两大类:财务指标和非财务指标,财务指标一般是通过港口上市公司的财务数据作为投入和产出指标进行计量,非财务指标的投入指标一般为邮轮港口的基础设施,产出指标一般为港口吞吐量。现有各港口效率评价方法及投入产出指标归纳总结如表 6-1。

表 6-1　现有各港口效率评价方法及投入产出指标

学者	研究对象	模型	投入指标	产出指标
余璇和鲍君忠(2016)	世界前十邮轮港口	SFA	泊位数量、泊位总长度、泊位最大水深、客运中心建筑面积、邮轮码头停车位数量	邮轮旅客客流量
匡海波和陈树文(2007)	中国港口	DEA	码头面积、港口泊位数、码头 CFS、港口吊桥、港口吃水	港口货物量、港口集装箱吞吐量年增长率、港口货物增长率、港口集装箱吞吐量
李谭等(2012)	辽宁省港口	CR2-DEA BC2-DEA	综合通过能力生产用码头泊位数	货物吞吐量、集装箱吞吐量港口货运量、港口货运周转量

6.1.3.2　邮轮港口投入产出指标的确定

由于我国港口上市公司主要以集装箱货运业务为主且经营范围比较广泛,邮轮业务占比并不大,采用港口上市公司的整体财务数据进行计量极有可能掩盖邮轮业务的真实情况。目前,国际邮轮协会、邮轮绿皮书、中国邮轮产业发展报告都以邮轮停靠艘次和邮轮旅客人次作为邮轮经济产出的代表,因此本书也以邮轮停靠艘次和邮轮旅游人次作为邮轮港口的产出指标;基于数据搜集的可行性并参见已有港口研究的投入指标,研究邮轮港口采用的投入指标,结合邮轮港口自身的特点,本书以邮轮港口的邮轮泊位数量及长度、邮轮港口前沿最大水深、可停靠最大邮轮吨位四项作为邮轮港口的投入指标,如表6-2。

表6-2　邮轮港口投入产出指标

指标类型	指标
产出指标	邮轮停靠艘次/艘次
	邮轮旅游人次/万人次
投入指标	邮轮港口泊位数量/个
	邮轮泊位长度/米
	泊位最大水深/米
	可停靠最大邮轮吨位/吨

基于以上投入产出指标,选取中国大连、天津、青岛、上海、宁波、厦门、广州、三亚、深圳9个地区的10个港口(大连港国际邮轮中心、天津国际邮轮母港、青岛邮轮母港、上海港国际客运中心、上海吴淞口国际邮轮港、舟山群岛国际邮轮港、厦门国际邮轮中心、广州南沙国际邮轮母港、三亚凤凰岛国际邮轮港、深圳招商蛇口邮轮母港)的相关数据进行研究。

6.2　实证研究

6.2.1　实证数据来源

鉴于邮轮产业在中国处于起步阶段,多数邮轮港口都处于规划建设当中,各邮轮港口在2018、2019年都接待过邮轮,本书采用的投入指标数据来自2019年《中国交通年鉴》。邮轮在我国快速变化,不同港口的运营时间不一致,难以同时对10个邮轮港口进行多个年份数据的对比分析,且投入产出存在时滞效应,因此本书产出指标选择2018年和2019年的数据。邮轮港口泊位数量数据、邮轮港口泊位长度、邮轮港口前沿最大水深、可停靠最大邮轮吨位数据来自《中国交通年鉴》、中国邮轮产业协会邮轮游艇分会网站、中国港口协会网站、政府网站、邮轮港口公司网站及其他网站的公开数据,邮轮停靠数据和邮轮旅游人次数据来自《邮轮绿皮书:中国邮轮产业发展报告(2020)》。

6.2.2　中国邮轮港口效率评价

6.2.2.1　港口投入指标的主成分分析

DEA 评价模型要求决策单元数量至少是指标数量 2 倍。为了保证 DEA 模型的评价效果,采用主成分分析法对邮轮港口投入指标进行降维处理。

首先对原始变量进行极差标准化处理消除量纲影响,极差标准化处理方法为:

$$X_i = \frac{X_i - X_{\min}}{X_{\max} - X_{\min}} \qquad (6-16)$$

式(6-16)中 $X_{\min}$ 是 X 的极小值, $X_{\max}$ 是 X 的极大值,此处均为正向指标。

将原始数据标准化处理后,用 SPSS 软件进行主成分分析,计算标准化邮轮港口投入数据的特征根、方差贡献率和主成分载荷矩阵,见表 6-3。

表 6-3　投入指标的主成分分析

成分	初始特征值			提取平方和载入		
	合计	方差的%	累积 %	合计	方差的%	累积 %
邮轮港口泊位数量	2.002	50.049	50.049	2.002	50.049	50.049
邮轮泊位长度	1.493	37.326	87.376	1.493	37.326	87.376
泊位最大水深	0.438	10.938	98.314			
可停靠最大邮轮吨位	0.067	1.686	100.000			

从表 6-3 可以看出邮轮港口投入指标第一个主成分的方差贡献率为50.049%,前两个主成分的累计方差贡献率为 87.376%,表明前两个主成分可以解释原始变量 87.376%的信息,即能够解释原始变量的大部分信息,可以用前两个主成分代替原始的四个变量进行数据分析。

计算投入指标旋转后的成分矩阵如表 6-4、表 6-5,可以看出第一个主成分主要解释了邮轮港口目前泊位数量、邮轮泊位长度,第二个主成分主要解释了邮轮港口泊位最大水深和可停靠最大邮轮吨位。

表6-4 投入指标旋转后的成分矩阵

成分	成分	
	1	2
邮轮港口泊位数量	0.972	0.041
邮轮泊位长度	0.982	0.032
泊位最大水深	−0.117	0.887
可停靠最大邮轮吨位	0.196	0.862

从表6-5成分得分系数矩阵可以看出,第一个主成分主要解释了邮轮港口目前泊位数量、邮轮泊位长度,第二个主成分主要解释了邮轮港口泊位最大水深和可停靠最大邮轮吨位。

表6-5 成分得分系数矩阵

成分	成分	
	1	2
邮轮港口泊位数量	0.497	−0.017
邮轮泊位长度	0.502	−0.024
泊位最大水深	−0.100	0.587
可停靠最大邮轮吨位	0.061	0.557

6.2.2.2 中国邮轮港口效率的 DEA 综合评价

本书采用 DEAP Version 2.1 对数据进行处理。得到结果如表6-6。

表6-6 中国邮轮港口效率分析结果

	2018 综合效率	2018 技术效率	2018 规模效率	排序	2019 综合效率	2019 技术效率	2019 规模效率	排序
大连港国际邮轮中心	0.395	1.000	0.395	5	0.416	1.000	0.416	6
天津国际邮轮母港	0.445	0.620	0.718	4	0.464	0.636	0.730	4

（续表）

	2018 综合效率	2018 技术效率	2018 规模效率	排序	2019 综合效率	2019 技术效率	2019 规模效率	排序
青岛邮轮母港	0.213	0.496	0.430	7	0.247	0.524	0.472	7
上海港国际客运中心	0.135	0.452	0.300	8	0.087	0.431	0.202	8
上海吴淞口国际邮轮港	1.000	1.000	1.000	1	0.689	0.761	0.906	1
舟山群岛国际邮轮港	0.012	1.000	0.012	10	0.060	1.000	0.060	9
厦门国际邮轮中心	0.308	0.466	0.661	6	0.436	0.571	0.764	5
广州南沙国际邮轮母港	0.537	0.809	0.664	2	0.493	0.772	0.638	3
三亚凤凰岛国际邮轮港	0.071	0.333	0.213	9	0.014	0.333	0.043	10
深圳招商蛇口邮轮母港	0.498	0.779	0.638	3	0.542	0.816	0.664	2
平均值	0.361	0.696	0.503		0.345	0.684	0.490	

6.3　实证结果分析

6.3.1　港口综合生产效率实证结果分析

（1）总体上我国邮轮港口的 DEA 综合效率偏低。仅吴淞口国际邮轮港在 2018 年达到 DEA 有效,其余港口都非 DEA 有效,且大多数邮轮港口偏离 DEA 效率的程度比较大。上海吴淞口国际邮轮港 DEA 综合效率最高,其次是广州南沙国际邮轮港、深圳招商蛇口邮轮母港,然后是天津国际邮轮母港、大连邮轮母港、厦门国际邮轮中心。2018 年和 2019 年两年内 DEA 综合效率中除了前两名邮轮港口外,其余港口的综合效率都在 0.5 以下,10 个邮轮港口综合效率的平均值不足 0.4,表明我国大多数邮轮港口的综合效率比较低。

本书的港口效率排名与一般仅根据邮轮港口接待旅客数量和邮轮艘次进行排名有所不同,本书除了考虑这两个因素外还考虑了邮轮港口的投资规模,是以投入产出比进行的排序。2018 年邮轮港口综合效率排名前 6 的邮轮港口有吴淞口国际邮轮港、广州南沙国际邮轮港、深圳招商蛇口邮轮母港、天津国际邮轮母港、大连邮轮母港、厦门国际邮轮中心,2019 年邮轮港口综合效率排名前 6 的邮轮港口有吴淞口国际邮轮港、深圳招商蛇口邮轮母港、广州南沙国际邮轮港、天津国际邮轮母港、厦门国际邮轮中心、大连邮轮母港,尽管排名略有变化,但基本保持一致。2018 年 DEA 综合效率排名后三位的分别为上海国际客运中心码头、三亚凤凰岛国际邮轮港、舟山群岛国际邮轮港。2019 年 DEA 综合效率排名后三位的分别为上海国际客运中心码头、舟山群岛国际邮轮港、三亚凤凰岛国际邮轮港,三个港口一直处于效率较低的位置,排名后两位的邮轮港口综合效率不足 0.1,偏离 DEA 有效比较远。

(2)我国邮轮港口技术水平不一,存在分层现象。2018 年大连邮轮母港、吴淞口国际邮轮港、舟山群岛国际邮轮港都达到了技术效率的最大值 1,天津国际邮轮母港、广州南沙国际邮轮港、深圳招商蛇口邮轮母港的技术效率在 0.5 以上,其余邮轮港口的技术效率不足 0.5,10 个邮轮港口的平均技术效率为 0.696。2019 年大连邮轮母港、舟山群岛国际邮轮港达到技术效率的最大值 1,天津国际邮轮母港、青岛邮轮港、吴淞口国际邮轮港、厦门国际邮轮中心、广州南沙国际邮轮港、深圳招商蛇口邮轮母港的技术效率在 0.5 以上,其余邮轮港口的技术效率不足 0.5,10 个邮轮港口的平均技术效率为 0.684。我国各邮轮港口技术水平高低不同,但总体上处于中上水平。

(3)我国邮轮港口规模效率较低。2018 年吴淞口国际邮轮港的规模效率为 1,达到了 DEA 效率,其次为天津国际邮轮母港、广州南沙国际邮轮港、厦门国际邮轮中心、深圳招商蛇口邮轮母港,其余港口的规模效率在 0.5 以下,2018 年平均规模效率仅有 0.503。2019 年吴淞口国际邮轮港的规模效率为 0.906,未达到 DEA 效率,其次为厦门国际邮轮中心、天津国际邮轮母港、深圳招商蛇口邮轮母港、广州南沙国际邮轮港,其余港口的规模效率在 0.5 以下,2019 年平均规模效率仅有 0.490。规模效率最差的邮轮港口为舟山群岛国际邮轮港、三亚凤凰岛国际邮轮港,邮轮港口的投资规模大、成本高,港口不能接待足够数量的邮轮和旅客,就发挥不了港口的规模效应,很难盈利甚至难以回收成本。

6.3.2　我国邮轮港口 DEA 无效成因分析

中国邮轮港口 DEA 径向改进值和松弛变量结果为各决策单元改进 DEA 效率提供方向,也为分析非有效原因提供线索。表 6-7、表 6-8 分别列出了 2018 年、2019 年中国邮轮港口 DEA 径向改进值和松弛变量结果,并进行了分析总结。

表 6-7　2018 年中国邮轮港口 DEA 径向改进值和松弛变量结果

邮轮港口	接待邮轮艘次 产出不足	接待邮轮旅客 产出不足	港口泊位数目 投入冗余	港口泊位长度 投入冗余
大连邮轮母港	0.000	18.348	−0.605	−261.133
天津国际邮轮母港	0.000	15.684	−2.763	−617.067
青岛邮轮港	0.000	20.866	−2.531	−692.267
上海国际客运中心码头	0.000	16.552	−2.701	−762.533
吴淞口国际邮轮港	0.000	0.000	0.000	0.000
舟山群岛国际邮轮港	0.000	0.694	−0.989	−351.733
厦门国际邮轮中心	0.000	37.024	−2.976	−920.400
广州南沙国际邮轮港	0.000	22.108	−0.965	−356.133
三亚凤凰岛国际邮轮港	0.000	12.480	−2.787	−1 114.667
深圳招商蛇口邮轮母港	0.000	27.976	−1.051	−383.267

表 6-7 给出了 2018 年中国邮轮港口 DEA 径向改进值和松弛变量结果,可以看出 2018 年吴淞口国际邮轮港资源配置比较合理,已达到 DEA 有效,无须改变投入与产出值。其余港口大多存在着港口泊位数量及长度投入冗余、邮轮旅客接待量尚且不足的问题,如大连邮轮母港的邮轮旅客接待量还需要扩大 18.348 万人次,港口泊位长度则需要缩减 261.133 米;天津国际邮轮母港的投影情况显示应缩减两个主成分因子所代表的投入指标的资源投入,同时吸引更多的邮轮旅客人次,具体而言,天津国际邮轮母港的邮轮旅客接待量还需要扩大 15.684 万人次,港口泊位数目可以减少 2 个左右,港口泊位长度则需要缩减 617.067 米;青岛邮轮港的邮轮旅客接待量还需要扩大 20.866 万人次,港口泊位数目可以减少 2 个左右,港口泊位长度则需要缩减 692.267 米;上海国际客运中

心码头的邮轮旅客接待量还需要扩大 16.552 万人次,港口泊位数目可以减少 2 个左右,港口泊位长度则需要缩减 762.533 米;舟山群岛国际邮轮港的投入产出调整重点应该放在港口泊位长度的缩减上,应缩减 351.733 米;厦门国际邮轮中心的邮轮旅客接待量还需要扩大 37.024 万人次,港口泊位数目可以减少 2 个左右,港口泊位长度则需要缩减 920.400 米;广州南沙国际邮轮港的邮轮旅客接待量还需要扩大 22.108 万人次,港口泊位数目可以减少 1 个左右,港口泊位长度则需要缩减 356.133 米;三亚凤凰岛国际邮轮港也存在投入拥挤现象,且现有产出远远低于目标产出,邮轮旅客接待量还需要扩大 12.480 万人次,港口泊位数目可以减少 2 个左右,港口泊位长度则需要缩减 1 114.667 米;深圳招商蛇口邮轮母港的邮轮旅客接待量还需要扩大 27.976 万人次,港口泊位数目可以减少 1 个左右,港口泊位长度则需要缩减 383.267 米。

表 6‑8 2019 年中国邮轮港口 DEA 径向改进值和松弛变量结果

邮轮港口	接待邮轮艘次产出不足	接待邮轮旅客产出不足	港口泊位数目投入冗余	港口泊位长度投入冗余
大连邮轮母港	0.000	19.386	−0.584	−252.600
天津国际邮轮母港	0.000	15.054	−2.709	−595.733
青岛邮轮港	0.000	19.304	−2.456	−662.400
上海国际客运中心码头	0.000	10.832	−2.808	−805.200
吴淞口国际邮轮港	18.481	0.000	−1.243	−497.149
舟山群岛国际邮轮港	0.000	2.020	−0.947	−334.667
厦门国际邮轮中心	0.000	57.094	−2.549	−749.733
广州南沙国际邮轮港	0.000	20.996	−1.051	−390.267
三亚凤凰岛国际邮轮港	0.000	2.256	−2.957	−1 182.933
深圳招商蛇口邮轮母港	0.000	32.928	−0.965	−349.133

表 6‑8 给出了 2019 年中国邮轮港口 DEA 径向改进值和松弛变量结果,可以看出吴淞口国际邮轮港相对于 2018 年没有实现 DEA 有效,主要原因是因为在维持 2018 年投入不变的情况下,吴淞口国际邮轮港 2019 年的接待邮轮艘次下降,要想再次实现 DEA 有效,需要扩大接待邮轮艘次 18 次左右;上海国际客运中心码头邮轮旅客接待量的产出不足,相较 2018 年有所下降,而港口泊位长

度的投入冗余提高;厦门国际邮轮中心在 2019 年邮轮旅客接待量的产出不足提升,而港口泊位长度的投入冗余有所下降;三亚凤凰岛国际邮轮港邮轮旅客接待量的产出不足下降,深圳招商蛇口邮轮母港邮轮旅客接待量的产出不足提升;其余港口的投入产出状况与 2018 年相比,没有太大变化。

6.3.3　我国邮轮港口 DEA 效率影响因素分析

根据 2019 年 DEA 径向改进值和松弛变量结果显示,吴淞口国际邮轮港存在邮轮艘次产出不足现象;大连邮轮母港、天津国际邮轮母港、青岛邮轮港、上海国际客运中心码头、舟山群岛国际邮轮港、厦门国际邮轮中心、广州南沙国际邮轮港、三亚凤凰岛国际邮轮港、深圳招商蛇口邮轮母港存在邮轮旅客接待量产出不足。影响邮轮港口 DEA 效率的因素还有投入冗余,大连邮轮港、天津国际邮轮母港、青岛邮轮港、上海国际客运中心码头、厦门国际邮轮中心等大多邮轮港口相对于目前产出,在投入因素中均存在投入过剩现象,三亚凤凰岛国际邮轮港港口泊位长度的投入冗余情况更为严重。

第7章 我国邮轮产业收入结构优化分析

7.1 我国邮轮产业收入结构灰色关联度分析

邮轮经济的收入主要分为邮轮制造、邮轮运营、邮轮消费和邮轮服务。水运院经济政策与发展战略研究中心主任宁涛认为邮轮制造企业、邮轮公司、邮轮港口、旅行社共生和互生是邮轮经济的重要组成部分,共同构成一个邮轮生态圈①。邮轮生态圈包含邮轮制造、邮轮运营、邮轮消费和邮轮服务四个不同的部分,虽然相辅相成共同促进邮轮产业的发展,但是对邮轮产业收入的贡献并非完全相同。我国处于邮轮产业发展的初级阶段,找出不同环节对邮轮产业经济的贡献程度,了解我国邮轮产业中邮轮制造、邮轮运营、邮轮消费和邮轮服务的优势与薄弱环节对制定邮轮产业发展政策具有一定的参考价值。

7.1.1 灰色关联度模型介绍

灰色关联分析是灰色系统理论的基础,是一种系统分析方法,定量描述和比较系统变化的发展态势,通过灰色关联分析,探究邮轮产业收入结构中各因素间的主要关系,找出影响邮轮产业收入结构的主要因素,掌握邮轮产业收入结构的主要特征,促进和引导邮轮产业高质量发展。关联度分析一般包括以下计算步骤。

(1)定性分析。首先要对被研究对象进行定性分析,确定参考因素序列和比

---

① 中国水运网.宁涛:中国邮轮港口评价报告解析[EB/OL].(2019.01.21)[2023 - 02 - 21].http://www.zgsyb.com/news.html? aid=467145.

较因素数列：

$$X_0(q) = (X_{01}, X_{02}, X_{03}, \cdots, X_{0n}) \tag{7-1}$$

$$X_i(q) = (X_{i1}, X_{i2}, X_{i3}, \cdots, X_{in}) \tag{7-2}$$

$$\text{其中 } i = 1, 2, 3, \cdots, m, q = 1, 2, 3 \cdots, n$$

（2）原始数据变换。首先对原始数据进行无量纲处理，转换为可比较的数据序列，比如均值化、标准化、极值化、标准差化。

（3）计算关联系数。

第一，求差序列。记 $\Delta_{0j}(q) = |X_0(q) - X_j(q)|$ $\tag{7-3}$

第二，求两级最大差与最小差。

$$M = \max\Delta_{0j}(q) \tag{7-4}$$

$$m = \min\Delta_{0j}(q) \tag{7-5}$$

第三，求关联系数。

$$\gamma_{0j}(q) = (m + MP) / [\Delta_{0j}(q) + MP] \tag{7-6}$$

$$P \in (0, 1) \tag{7-7}$$

通常情况取 $0.1 \sim 0.5$，关联度系数反映两个被比较序列在某一时刻的紧密靠近程度，其范围为 $0 < r_{0j}(q) \leqslant 1$。

第四，求关联度。

由上可知，关联度分析实质上是对时间序列数据进行几何关系比较，若两序列在各个时刻点都重合在一起，则关联系数为 1，即关联度等于 1。另一方面，两比较序列在任何时刻也不可垂直，所以关联系数大于 0，即关联度大于 0。因此，两序列的关联度便以两比较序列各个时刻的关联系数的平均值计算，即公式：

$$\gamma(X_0, X_i) = \frac{1}{n} \sum_{q=1}^{n} \gamma_{0j}(q) \cdot i = 1, 2, 3, \cdots, m \tag{7-8}$$

第五，排关联序。

将各自序列对同一母序列的关联度大小顺序排列起来，便组成关联序，计为 $\{X\}$，它直接反映各个子序列对于母序列的"优劣"关系。若 $r_{0a} > r_{0b}$，则称 X_a 相对于母序列 X_0 优于 X_b，记为 $\{X_a/X_0\} > \{X_b/X_0\}$；若 $r_{0a} < r_{0b}$，则称 X_a 相对于母序列 X_0 劣于 X_b，记为 $\{X_a/X_0\} < \{X_b/X_0\}$；若 $r_{0a} = r_{0b}$，则称 X_a 相对于母序列 X_0 等价于 X_b，记为 $\{X_a/X_0\} = \{X_b/X_0\}$；$r_{0a} \geqslant r_{0b}$，则称 X_a 相对于母序列 X_0 优于或等于 X_b，记为 $\{X_a/X_0\} \geqslant \{X_b/X_0\}$；若 $r_{0a} \leqslant r_{0b}$，则称 X_a 相对于母序列 X_0 劣于或等于 X_b，记为 $\{X_a/X_0\} \leqslant \{X_b/X_0\}$。

第六，列出关联矩阵。

若有 n 个母序列 $Y_1,Y_2,Y_3,\cdots,Y_n$ 及其 m 个子序列 $X_1,X_2,X_3,\cdots,X_m$，各子序列对于母序列 Y_n 有关联度 $\gamma_{n1},\gamma_{n2},\gamma_{n3},\cdots,\gamma_{nm}$。

将 $\gamma_{ij}(i=1,2,3,\cdots,m;j=1,2,3,\cdots,n)$ 做适当排列，可得到相关矩阵，根据关联度矩阵，不仅可以做优势分析，还可做决策的依据。根据关联度判断，若关联矩阵 R 中，第 i 列满足：

$$\begin{bmatrix} \gamma_{1i} \\ \gamma_{2i} \\ \cdots \\ \gamma_{mi} \end{bmatrix} > \begin{bmatrix} \gamma_{1j} \\ \gamma_{2j} \\ \cdots \\ \gamma_{mj} \end{bmatrix} (\forall i,j \in 1,2,3,\cdots,i,j)，则称母序列 Y_i 相对于其他母序列$$

最优。

若 $\dfrac{1}{n}\sum\limits_{q=1}^{n}\gamma_{qi} > \dfrac{1}{n}\sum\limits_{q=1}^{n}\gamma_{qj}, (\forall i,j \in 1,2,3,\cdots,n,i \neq j)$，则称母序列 Y_i 相对于其他母序列最优。

若关联矩阵为下三角如下：

$$\begin{bmatrix} r_{11} & & & \cdots & & \\ r_{12} & r_{22} & & \cdots & & \\ r_{13} & r_{23} & r_{33} & \cdots & & \\ \cdots & \cdots & \cdots & \cdots & \cdots & \cdots \end{bmatrix}$$

则称母序列 Y_i 相对于其他母序列最优。

7.1.2 邮轮产业收入现有指标分析和评价

邮轮产业包含上中下游三个环节，是一个涉及多个产业的高度复合型的经济形态。从收入出发研究邮轮产业结构优化的文献比较少，对邮轮港口竞争力的研究比较丰富，在研究邮轮结构优化时可以参考邮轮竞争力评价指标选取，构建了邮轮经济影响因子的灰色关联度分析，从区位条件、船舶资源、旅游资源、配套设施、区域经济发展水平、资本资源、人力资源等角度，分析了影响邮轮经济发展的主要因素，认为经济发展水平对邮轮经济的影响最大。有研究以我国港口城市为研究对象，基于国家竞争优势理论模型，从需求条件、支持性产业、生产要素、企业结构等方面选取指标对厦门邮轮产业竞争力进行评价，并通过与国内主要港口城市上海、天津、广州的横向比较，来分析厦门邮轮产业的优势和不足。研究结果显示上海在国内最具有竞争优势，其次是天津和广州，厦门与海南相比,在政府、需求方面的发展优势略强,在相关支持产业、生产要素方面的发展优势较小。有学者基于供给、需求、市场三个角度选取评价港口物流综合服务水平的指标,建立了港口物流综合服务水平指标体系,对上海、天津等 6 个主要沿海邮轮港口的竞争力进行了评价和比较,指出旅游景区的得分、邮轮旅行社的数量、港口泊位数量、国际旅游外汇收入、港口海岸线长度是影响邮轮港口服务水平的前五大因素。有研究构建了邮轮港竞争力评价指标体系,从腹地旅游条件、港口设施及服务、连通性条件、政策条件、港口腹地经济条件 5 个方面对中国、日本、韩国的代表性港口上海、福冈、济州和塞山的邮轮港竞争力进行对比研究。邮轮港竞争力排名分别是上海、福冈、济州和釜山港。有研究从港口条件、地区经济条件、旅游业发展水平、交通发达程度、发展潜力 5 个方面用因子分析法对大连、天津、青岛、上海、厦门、三亚六个国际邮轮母港的竞争能力进行评价。竞争力排名由高到低依次是上海、天津、大连、青岛、三亚和厦门。有研究从自然环境、基础设施及交通状况和政治与经济条件 3 个方面通过主成分分析和数据包络分析对我国 8 个邮轮港口竞争力进行评价。重点对大连邮轮港进行分析,得出大连邮轮旅游业的投入与产出没有达到最优,邮轮产业收益还有提升的空间。有研究根据波特价值理论从经济支撑条件、港口支持条件、市场发展潜力、邮轮研发与建造、企业运营能力等方面构建邮轮产业绩效评价指标,对邮轮产业链进行分析,用层次分析法和灰色综合评价模型,对天津、上海、青岛、三亚、厦门、大连六大城市的邮轮产业进行绩效评价。绩效排名分别是上海、天津、青岛、大连、厦门、三亚。多数学者是对邮轮港口的竞争力进行评价,未涵盖邮轮全产业链,少数学者对邮轮全产业链进行评价,评价指标分类复杂,研究视角需要丰富。以往研究指标的选取有邮轮研发制造、企业运营能力、经济发展水平、港口基础设施、交通及旅游资源、政府政策等多个方面,指标分类过多,造成评价系统复杂。经济发展水平可直接影响居民的消费能力,港口基础设施、交通及旅游资源、政府政策属于与邮轮产业相关的服务。因此本书在借鉴以往指标选取基础上从邮轮制造、邮轮运营、邮轮消费和邮轮服务四个方面选取指标,从收入角度进行分析。

7.1.3　指标选取的原则和构建

研究结论的准确性、客观性、科学性与指标选取的适宜性有直接关系,是本章进行邮轮产业灰色关联分析的重点,为了科学探究分析结果,指标选取将基于以下原则进行。

(1)数据可得性原则:基于邮轮经济发展特点,构建了评价指标系统,对所需指标数据进行了统计,本章指标数据主要分为政府数据、调查数据,由于邮轮经济发展时间较短,政府数据十分有限,主要来源于国家统计局的统计年鉴与统计公报、邮轮统计公报;调查数据主要指高校、科研机构通过开展调研所获得的数据资料。

(2)可量化性原则:可量化原则指数据指标可以量化,本章对邮轮产业收入结构进行定量研究,指标是否可以量化是本章研究能否顺利进行的基本前提,定性的指标变量不能作为邮轮产业收入结构的评价指标。

(3)直接关联性原则:在构建邮轮产业收入结构的指标体系时,每个指标必须与邮轮研发与建造、邮轮运营与管理、邮轮旅游消费、邮轮服务水平具有直接或间接相关性,指标数据简明扼要、表达准确、不可重复。

基于前文指标数据的选取原则,详细分析邮轮产业收入结构的影响因素,选取邮轮产业收入灰色关联度指标。指标体系的确立分为以下三个步骤,基于邮轮产业上中下游,对邮轮产业结构现有研究进行综述,根据已有研究成果,寻找反映邮轮产业收入结构的初始指标;采用问卷或访谈的形式,对邮轮产业方向的专家进行调研,根据专家意见对指标进行修正,基于数据的可得性、可量化、直接相关等原则,结合修正指标构建最终指标体系见表7-1。包括:

(1)邮轮制造收入指标:邮轮制造业位于邮轮产业链的上游,影响邮轮产品的供给,是影响邮轮产业收入的重要一环。世界豪华邮轮制造集中在欧洲,邮轮研发设计附加值高,邮轮制造工艺复杂,对一个国家的制造能力、配套产业的丰富度和协调度都有极高要求。造船业最常用的3大指标是手持船舶量、造船完工量、新承接造船订单。本章也选取这3个指标作为邮轮制造收入的代表。

(2)邮轮运营收入指标:目前我国邮轮市场上外资邮轮占很大比重,对邮轮运营收入的考察可以用接待邮轮艘次及接待邮轮旅客数量表示。旅行社在我国邮轮产业中游发挥重要作用,旅行社的数量以及营业状况是影响邮轮运营收入的重要因素。入境旅客数量、旅游外汇收入也是影响邮轮运营收入的一个因素。

(3)邮轮消费收入指标:区域经济发展、人均购买力、人均收入是影响其支出消费的重要因素。选取人均GDP、城市居民人均可支配收入、出境旅客数量、国内旅游总花费作为邮轮消费收入影响因素指标。

(4)邮轮服务收入指标:邮轮产业的覆盖面广,包含邮轮的设计制造,游客的食、住、行、游、购、娱各个方面,发展邮轮经济需要有与邮轮旅游相适应的配套基础设施和服务能力。与邮轮服务相关的配套设施建设,有利于吸引国际邮轮靠泊,发展邮轮制造,带动邮轮产业链各环节协调发展。对邮轮产业收入具有重大影响。邮轮服务的影响因素主要包括邮轮港口、旅游业、餐饮业、邮轮交通运输业及金融业的发展状况。因此,选取沿海港口万吨级以上泊位数、沿海规模以上港口旅客吞吐量、限额以上住宿业营业额、限额以上餐饮业营业额、高速公路里程和外汇储备表示邮轮服务收入指标。

表 7-1　邮轮产业收入灰色关联度指标体系

体系	维度	指标	指标变量
邮轮产业收入结构 Y	邮轮制造 Y1	手持船舶量(万载重吨)	X1
		造船完工量(万载重吨)	X2
		新承接造船订单(万载重吨)	X3
	邮轮运营 Y2	接待邮轮艘次(个)	X4
		接待邮轮旅客数量(万人次)	X5
		旅行社数量(个)	X6
		全国旅行社营业收入(亿元)	X7
		全国入境旅客数量(万人次)	X8
		旅游外汇收入(亿美元)	X9
	邮轮消费 Y3	人均 GDP(元)	X10
		城市居民人均可支配收入(元)	X11
		国内居民出境游客数量(万人次)	X12
		国内旅游总花费(万亿元)	X13
	邮轮服务 Y4	沿海港口万吨级以上泊位数(个)	X14
		沿海规模以上港口旅客吞吐量(千人)	X15
		限额以上住宿业营业额(亿元)	X16
		限额以上餐饮业营业额(亿元)	X17
		高速公路里程(万公里)	X18
		外汇储备(亿美元)	X19

7.2 邮轮产业收入结构灰色关联度实证分析

7.2.1 数据来源

为对我国邮轮产业收入结构灰色关联度进行实证分析,需要收集相关数据。本章评价数据来自国家统计局网站、中国船舶工业协会网站、必达咨询等。由于2020年以来没有运营数据,选取2008—2019年的数据(见表7-2)进行研究。

表 7-2　邮轮产业收入结构原始数据

年份	2008	2009	2010	2011	2012	2013
$X1$	20 453	18 817	19 590	19 590	10 695	13 100
$X2$	2 886	4 243	6 560	6 560	6 021	4 534
$X3$	5 778	2 600	7 523	7 523	2 041	6 984
$X4$	344	156	294	272	275	406
$X5$	56	33.7	48.08	47.85	65.69	120.15
$X6$	20 691	21 649	22 784	23 690	24 944	26 054
$X7$	1 662.88	1 806.53	2 649.01	2 871.77	3 374.75	3 599.14
$X8$	13 002.74	12 647.59	13 376.22	13 542.35	13 240.53	12 907.78
$X9$	408.43	396.75	458.14	484.64	500.28	516.64
$X10$	23 708	25 608	30 600	35 198.57	38 459	41 908
$X11$	15 781	17 175	19 109	21 810	24 565	26 955
$X12$	4 584.44	4 765.62	5 738.65	7 025	8 318.17	9 818.52
$X13$	8 749.3	10 183.69	12 579.77	19 305.39	22 706.22	26 276.12
$X14$	1 076	1 214	1 293	1 366	1 453	1 524
$X15$	68 337	76 000	66 886	73 255	71 195	70 160
$X16$	2 231.6	2 260.7	2 797.8	3 261.9	3 534.4	3 528
$X17$	2 592.8	2 686.4	3 195.1	3 809	4 419.8	4 533.3
$X18$	6.03	6.51	7.41	8.49	9.62	10.44
$X19$	19 460.3	23 991.52	28 473.38	31 811.48	33 116	38 213.15

（续表）

年份	2014	2015	2016	2017	2018	2019
$X1$	14 890	12 304	9 961	8 723	8 931	8 166
$X2$	3 905	4 184	3 594	4 268	3 458	3 672
$X3$	5 995	3 126	2 107	3 373	3 667	2 907
$X4$	466	620	1 010	1 181	969	804
$X5$	172.37	247.861485	456.66	495.9	490.7	415.4
$X6$	26 650	27 621	27 939	29 717	36 002	38 943
$X7$	4 029.59	4 189.01	4 643.1	4 643.1	7 103.38	7 103.38
$X8$	12 849.83	13 382.04	13 844.38	13 948.24	14 119.83	14 530.78
$X9$	569.13	1 136.5	1 200	1 234.17	1 271.03	1 312.54
$X10$	47 203	49 992	53 935	59 660	65 650	70 724.6
$X11$	29 381	31 790	33 616	36 396	39 251	42 359
$X12$	11 659.32	12 786	13 513	14 272.74	16 199.34	16 920.54
$X13$	30 311.86	34 195.05	39 390	45 660.77	51 278.29	57 250.92
$X14$	1 614	1 723	1 793	1 913	2 019	2 076
$X15$	72 513	73 072	73 377	77 285	88 033	88 033
$X16$	3 535.2	3 648.2	3 811.1	3 963.9	4 059.7	4 343.6
$X17$	4 615.3	4 864	5 127.1	5 312.8	5 622.9	6 557.4
$X18$	11.19	12.35	13.1	13.64	14.26	14.96
$X19$	38 430	33 303.62	30 105.17	31 399.49	30 727.12	31 079

7.2.2　实证研究

根据前面介绍的灰色关联分析计算步骤,本章利用灰色关联度分析方法来计算邮产业收入结构的关联度。

(1)数据均值化处理。本章选取指标数据计量单位不尽相同,为消除量纲影响,保证分析结果的客观性,首先对数据进行无量纲化,方法为均值化处理。计算结果如表 7-3 所示。

表 7-3   邮轮产业收入结构均值化数据

年份	2008	2009	2010	2011	2012	2013
$X1$	1.5207	1.3991	1.4566	1.4566	0.7952	0.974
$X2$	0.6427	0.9449	1.4609	1.4609	1.3409	1.0097
$X3$	1.293	0.5818	1.6835	1.6835	0.4567	1.5629
$X4$	0.6073	0.2754	0.5191	0.4802	0.4855	0.7168
$X5$	0.2536	0.1526	0.2177	0.2166	0.2974	0.544
$X6$	0.76	0.7952	0.8369	0.8702	0.9163	0.957
$X7$	0.4628	0.5028	0.7373	0.7993	0.9393	1.0017
$X8$	0.9668	0.9404	0.9946	1.0069	0.9845	0.9597
$X9$	0.5166	0.5018	0.5794	0.6129	0.6327	0.6534
$X10$	0.5243	0.5663	0.6767	0.7784	0.8505	0.9267
$X11$	0.56	0.6094	0.678	0.7739	0.8716	0.9565
$X12$	0.438	0.4553	0.5483	0.6712	0.7947	0.9381
$X13$	0.2934	0.3415	0.4218	0.6473	0.7613	0.881
$X14$	0.6773	0.7642	0.8139	0.8598	0.9146	0.9593
$X15$	0.913	1.0154	0.8937	0.9787	0.9512	0.9374
$X16$	0.6535	0.6621	0.8193	0.9553	1.0351	1.0332
$X17$	0.5834	0.6044	0.7189	0.857	0.9944	1.0199
$X18$	0.5653	0.6103	0.6947	0.7959	0.9019	0.9787
$X19$	0.631	0.7779	0.9232	1.0314	1.0737	1.239
年份	2014	2015	2016	2017	2018	2019
$X1$	1.1071	0.9148	0.7406	0.6486	0.664	0.6072
$X2$	0.8696	0.9318	0.8004	0.9505	0.7701	0.8177
$X3$	1.3416	0.6995	0.4715	0.7548	0.8206	0.6505
$X4$	0.8227	1.0946	1.7831	2.085	1.7108	1.4194
$X5$	0.7804	1.1222	2.0676	2.2453	2.2217	1.8808
$X6$	0.9789	1.0146	1.0263	1.0916	1.3225	1.4305
$X7$	1.1215	1.1659	1.2923	1.2923	1.9771	1.9771
$X8$	0.9554	0.995	1.0294	1.0371	1.0499	1.0804

（续表）

年份	2014	2015	2016	2017	2018	2019
$X9$	0.7198	1.4374	1.5177	1.5609	1.6075	1.66
$X10$	1.0438	1.1055	1.1927	1.3193	1.4518	1.564
$X11$	1.0425	1.128	1.1928	1.2914	1.3928	1.503
$X12$	1.1139	1.2216	1.291	1.3636	1.5477	1.6166
$X13$	1.0164	1.1466	1.3208	1.531	1.7194	1.9196
$X14$	1.0159	1.0846	1.1286	1.2042	1.2709	1.3068
$X15$	0.9688	0.9763	0.9804	1.0326	1.1762	1.1762
$X16$	1.0353	1.0684	1.1161	1.1608	1.1889	1.272
$X17$	1.0384	1.0943	1.1535	1.1953	1.2651	1.4753
$X18$	1.0491	1.1578	1.2281	1.2787	1.3369	1.4025
$X19$	1.246	1.0798	0.9761	1.0181	0.9963	1.0077

（2）计算序列差。计算邮轮产业收入结构序列差，如表 7-4 所示。

表 7-4 邮轮产业收入结构序列差

年份	2008	2009	2010	2011	2012	2013
$X1$	0.2277	0.8173	0.2269	0.2269	0.3385	0.5889
$X2$	0.6503	0.3631	0.2226	0.2226	0.8841	0.5532
$X4$	0.6857	0.3064	1.1644	1.2033	0.0288	0.8461
$X5$	1.0395	0.4292	1.4658	1.4669	0.1593	1.0189
$X6$	0.533	0.2134	0.8466	0.8133	0.4595	0.6058
$X7$	0.8302	0.079	0.9462	0.8842	0.4825	0.5611
$X8$	0.3262	0.3586	0.6889	0.6766	0.5277	0.6032
$X9$	0.7765	0.0801	1.1041	1.0706	0.176	0.9095
$X10$	0.7687	0.0155	1.0068	0.9051	0.3937	0.6361
$X11$	0.733	0.0276	1.0055	0.9096	0.4149	0.6064
$X12$	0.855	0.1265	1.1352	1.0123	0.338	0.6248
$X13$	0.9996	0.2404	1.2617	1.0362	0.3046	0.6818

（续表）

年份	2008	2009	2010	2011	2012	2013
$X14$	0.6157	0.1823	0.8696	0.8237	0.4579	0.6036
$X15$	0.38	0.4336	0.7898	0.7048	0.4945	0.6255
$X16$	0.6395	0.0802	0.8642	0.7282	0.5783	0.5297
$X17$	0.7097	0.0226	0.9646	0.8265	0.5377	0.5429
$X18$	0.7277	0.0285	0.9888	0.8876	0.4451	0.5841
$X19$	0.662	0.196	0.7603	0.6521	0.617	0.3239

年份	2014	2015	2016	2017	2018	2019
$X1$	0.2344	0.2153	0.2691	0.1062	0.1566	0.0434
$X2$	0.4719	0.2322	0.3289	0.1957	0.0505	0.1672
$X4$	0.5188	0.3951	1.3116	1.3302	0.8902	0.7689
$X5$	0.5611	0.4227	1.5961	1.4905	1.4011	1.2303
$X6$	0.3626	0.3151	0.5548	0.3368	0.5018	0.78
$X7$	0.22	0.4664	0.8208	0.5375	1.1564	1.3265
$X8$	0.3861	0.2955	0.5579	0.2823	0.2292	0.4299
$X9$	0.6218	0.7378	1.0462	0.8061	0.7869	1.0095
$X10$	0.2977	0.406	0.7212	0.5645	0.6312	0.9135
$X11$	0.299	0.4285	0.7213	0.5366	0.5721	0.8525
$X12$	0.2276	0.522	0.8195	0.6088	0.7271	0.9661
$X13$	0.3252	0.447	0.8492	0.7762	0.8988	1.2691
$X14$	0.3256	0.385	0.6571	0.4493	0.4503	0.6562
$X15$	0.3727	0.2768	0.5089	0.2778	0.3556	0.5257
$X16$	0.3063	0.3689	0.6446	0.406	0.3683	0.6215
$X17$	0.3032	0.3948	0.682	0.4405	0.4445	0.8248
$X18$	0.2925	0.4583	0.7566	0.5239	0.5163	0.752
$X19$	0.0956	0.3803	0.5046	0.2632	0.1757	0.3571

（3）求最大值和最小值。计算得到 $M=1.5961, m=0.0155$。

（4）求关联系数。由上面得出的最小绝对差值与最大绝对差值，以及分辨系数0.5，代入公式计算出比较序列在各时刻的关系系数，如表7-5所示。

表 7 – 5　邮轮产业收入结构关联系数

年份	2008	2009	2010	2011	2012	2013
$X1$	1	1	0.779	0.779	0.594	0.576
$X2$	0.476	0.637	0.782	0.782	1	0.591
$X3$	0.778	0.494	1	1	0.475	1
$X4$	0.466	0.415	0.407	0.399	0.483	0.485
$X5$	0.387	0.39	0.353	0.352	0.433	0.439
$X6$	0.512	0.569	0.485	0.495	0.653	0.569
$X7$	0.43	0.471	0.458	0.474	0.665	0.587
$X8$	0.59	0.635	0.537	0.541	0.691	0.57
$X9$	0.443	0.471	0.42	0.427	0.53	0.467
$X10$	0.445	0.489	0.442	0.469	0.619	0.557
$X11$	0.454	0.503	0.443	0.467	0.63	0.568
$X12$	0.424	0.458	0.413	0.441	0.594	0.561
$X13$	0.394	0.43	0.388	0.435	0.579	0.539
$X14$	0.486	0.557	0.479	0.492	0.652	0.569
$X15$	0.568	0.675	0.503	0.531	0.672	0.561
$X16$	0.479	0.52	0.48	0.523	0.723	0.601
$X17$	0.46	0.501	0.453	0.491	0.697	0.595
$X18$	0.455	0.503	0.447	0.474	0.645	0.577
$X19$	0.473	0.562	0.512	0.55	0.749	0.711
年份	2014	2015	2016	2017	2018	2019
$X1$	0.773	0.604	0.376	0.333	0.339	0.368
$X2$	0.628	0.612	0.386	0.381	0.355	0.408
$X3$	1	0.52	0.333	0.349	0.363	0.376
$X4$	0.606	0.7	0.737	0.833	0.61	0.589
$X5$	0.587	0.717	1	1	1	0.892
$X6$	0.688	0.654	0.434	0.409	0.47	0.594
$X7$	0.784	0.746	0.507	0.456	0.765	1
$X8$	0.674	0.643	0.435	0.398	0.405	0.471

（续表）

年份	2014	2015	2016	2017	2018	2019
$X9$	0.562	1	0.592	0.538	0.565	0.716
$X10$	0.728	0.706	0.477	0.463	0.509	0.659
$X11$	0.728	0.721	0.477	0.456	0.491	0.627
$X12$	0.778	0.787	0.507	0.475	0.542	0.689
$X13$	0.711	0.733	0.517	0.528	0.614	0.933
$X14$	0.71	0.694	0.46	0.434	0.456	0.544
$X15$	0.682	0.634	0.423	0.397	0.433	0.499
$X16$	0.723	0.684	0.456	0.424	0.436	0.531
$X17$	0.725	0.699	0.466	0.432	0.455	0.614
$X18$	0.732	0.741	0.487	0.452	0.474	0.582
$X19$	0.893	0.691	0.422	0.394	0.394	0.452

（5）计算关联度。邮轮产业收入结构关联度如表7-6所示。

表7-6 邮轮产业收入结构关联度

评价项	$X1$	$X2$	$X3$	$X4$	$X5$	$X6$	$X7$	$X8$	$X9$	$X10$
关联度	0.627	0.587	0.641	0.561	0.629	0.544	0.612	0.549	0.561	0.547
排名	3	5	1	9	2	19	4	11	8	16

评价项	$X11$	$X12$	$X13$	$X14$	$X15$	$X16$	$X17$	$X18$	$X19$
关联度	0.547	0.556	0.567	0.544	0.548	0.548	0.549	0.547	0.567
排名	17	10	7	18	14	13	12	15	6

7.2.3 研究结论

以上计算结果显示,邮轮产业关联度从大到小的排序为:新承接造船订单 $X3$＞接待邮轮旅客数量 $X5$＞手持船舶量 $X1$＞全国旅行社营业收入 $X7$＞造船完工量 $X2$＞外汇储备 $X19$＞国内旅游总花费 $X13$＞旅游外汇收入 $X9$＞接待邮轮艘次 $X4$＞国内居民出境游客数量 $X12$＞全国入境旅客数量 $X8$＞限额以上餐饮业营业额 $X17$＞限额以上住宿业营业额 $X16$＞沿海规模以上港口旅

客吞吐量 $X15$＞高速公路里程 $X18$＞人均 GDP $X10$＞城市居民人均可支配收入 $X11$＞沿海港口万吨级以上泊位数 $X14$＞旅行社数量 $X6$。与邮轮产业收入关系最紧密的前 6 个因素是新承接造船订单、接待邮轮旅客数量、手持船舶量、全国旅行社营业收入、造船完工量、外汇储备。分别代表邮轮制造、邮轮运营、邮轮服务。因此对邮轮产业收入的关联度从大到小依次是邮轮制造、邮轮运营、邮轮服务、邮轮消费。虽然邮轮 4 个系统因素对邮轮产业收入的影响排序不同，但不同指标因素的关联度相差不大，邮轮产业 4 个系统对邮轮产业收入的影响较为均衡。

第8章 我国邮轮产业竞争力分析与预测

8.1 港口城市邮轮产业竞争力综合评价

近年来,全球邮轮产业持续向好,在"邮轮旅游"向"邮轮经济全产业链"跨越式转变的战略调整之际,一场突如其来的新冠疫情打乱了邮轮产业前进的步伐,疫情对邮轮产业以及邮轮经济造成了巨大的冲击和影响。2020年3月中旬至9月,邮轮行业因停航造成全球经济损失770亿美元、流失51.8万个就业岗位。CLIA发布的2022年邮轮产业展望指出,2020年停业的一整年,全球邮轮乘客登船数较2019年下降了81%,邮轮相关工作流失较2019年下降了51%,邮轮总经济贡献较2019年降低59%。但是,全球和中国邮轮产业长期持续向好的基本面并没有改变,疫情对邮轮产业的打击呈现逐渐减弱的趋势,自2020年7月全球邮轮陆续重启以来,到2021年底已经有超过500万名乘客出航,已经有86个国家/市场重新开放,至2022年4月底,全球已经有300艘邮轮复航,为我国邮轮产业恢复并向数字化、智能化升级打了一针催化剂。特别是在2020年4月,国家发改委提出要加快以技术创新为驱动、以信息网络为基础、提供数字转型、智能升级等服务的新型基础设施建设步伐后,我国邮轮产业的恢复迈入关键攻坚期,中国邮轮产业正在由高速增长向高质量、高品质转变,中国邮轮经济发展挑战与机遇并存,在新基建背景下,我国邮轮船舶升级换代加快,邮轮经济全产业链实质性启动,产业链上游的本土邮轮设计建造、中游的本土邮轮船队运营、下游的邮轮港口建设,在更多实力雄厚的"国家队"参与后开启了全新时代。因此紧抓国家双循环新发展格局的战略机遇,对港口城市邮轮产业竞争力进行分析与预测、寻求新基建对邮轮产业竞争力的提升路径,对助推本土邮轮船队成为中国邮轮市场复航主力军、加快推进邮轮全产业链发展、实现中国邮轮经济再升级具有重要的理论及现实意义。

8.1.1　数据来源和评价方法

本书重点对我国 10 个港口城市(上海、深圳、广州、天津、青岛、宁波-舟山、厦门、大连、海口、三亚)的邮轮产业竞争力进行实证研究。不同于已有文献,本书将各港口城市邮轮上、中、下游产业链纳入评价指标体系,从而更准确地定义各港口城市的邮轮产业竞争力,书中数据来源于港口城市统计年鉴、各地区国民经济和社会发展统计公报、前瞻数据库等,宁波-舟山港数据为综合考虑了宁波市、舟山市相关信息后得到,部分缺失数据利用插值法补齐。采用熵权法分配权重,最后计算港口城市邮轮产业竞争力综合得分。具体步骤如下。

归一化处理:

$$x_{ij} = \frac{x_{ij} - \min(x_{ij})}{\max(x_{ij}) - \min(x_{ij})} \quad (\text{正向指标}) \qquad (8-1)$$

$$x_{ij} = \frac{\max(x_{ij}) - x_{ij}}{\max(x_{ij}) - \min(x_{ij})} \quad (\text{负向指标}) \qquad (8-2)$$

计算该指标的比重:

$$p_{ij} = \frac{x_{ij}}{\sum_{i=1}^{n} x_{ij}} \cdots j = 1,2,3,\cdots,m \qquad (8-3)$$

计算第 j 项指标的熵值:

$$h_j = k \sum_{i=1}^{n} p_{ij} \ln(p_{ij}) \qquad (8-4)$$

$$\text{其中} \quad k = -\frac{1}{\ln(n)}, h_j \geqslant 0$$

计算第 j 项指标的熵冗余度:

$$d_j = 1 - h_j \qquad (8-5)$$

计算第 j 项指标的权重:

$$w_j = \frac{d_j}{\sum_{i=1}^{n} d_j} \cdots j = \underline{1,2,\cdots,m} \qquad (8-6)$$

根据计算出来的权重,确定每个港口城市邮轮产业竞争力综合得分。

8.1.2　指标体系的构建

为了更客观的评价港口城市的邮轮产业竞争力,参照对邮轮经济产业与其他众多部门及行业的关联度测算,从以下 3 个方面的 26 个指标构建港口城市邮轮产业竞争力评价指标体系(表 8-1),由于邮轮制造业发展水平没有精确数据进行度量,因此选择邮轮港口所在省市的造船完工艘数、造船完工载重吨作为变量的代理指标。

表 8-1　港口城市邮轮产业竞争力评价指标

目标层	二级指标	三级指标	指标权重
邮轮产业 竞争力	邮轮及 港口建设	造船完工艘数/艘	0.058957
		造船完工载重吨/万元	0.0541168
		邮轮停泊次数/次	0.0677265
		邮轮旅客吞吐量/万人次	0.1001796
		国际旅游入境人数/万人次	0.0444403
		国际旅游外汇收入/亿美元	0.0366289
		码头泊位数/个	0.0394158
		泊位长度/米	0.0247183
		港口货物吞吐量/万吨	0.0181574
	邮轮消费 水平	人均地区生产总值/(元/人)	0.0138064
		全市一般公共预算收入/亿元	0.0375689
		城市居民家庭人均可支配收入/元	0.0121031
		城市居民人均消费支出/元	0.0113053
		社会消费品零售总额/亿元	0.0292122
		第三产业生产总值/亿元	0.0319305
		金融机构人民币存款余额/亿元	0.0404141
		金融机构人民币贷款余额/亿元	0.0319242
		原保险保费收入/亿元	0.0371632
	邮轮服务 水平	A 级旅游景点数/家	0.0286122
		星级宾馆(饭店)数/家	0.0148397
		住宿、餐饮业从业人员/万人	0.0721262
		航空客运总量/万人次	0.0273642
		铁路客运总量/万人	0.0301663
		出租汽车运营车辆/辆	0.0313593
		运营公交车辆数/辆	0.020794
		公园绿地面积/公顷	0.0849697

8.1.3　港口城市邮轮产业竞争力比较分析

分析表 8-2 港口城市邮轮产业竞争力综合得分,可以看出各港口城市的邮轮产业竞争力呈现显著的增长态势。根据各港口城市邮轮产业竞争力综合得分将其分为三个层级,具体而言:

(1)第一层级:上海。上海在样本期间的邮轮产业发展一直处于领先地位,2019 年综合得分达到了 0.8031,邮轮及港口建设、邮轮消费水平、邮轮服务水平都位列第一。原因在于上海拥有国内最先进的船舶制造业发展水平以及硬件最优良的邮轮母港,游客接待量已经跃居全球前列,且上海作为国际性金融城市,金融市场体系为邮轮产业的发展提供了重要的金融及经济支撑,上海发达的城市轨道交通使城市核心区与边缘区具有协同发展的基础条件,提高了邮轮旅游中城市的疏散能力以及可进入性。

(2)第二层级:广州、深圳、天津、青岛、宁波—舟山、厦门、大连。2019 年综合得分在 0.1~0.5,自 2016 年广州国际邮轮业务启动以来,截至 2019 年,已接待出入境邮轮 320 航次,出入境旅客 121.07 万人次;深圳因较高的邮轮产业消费水平与服务水平,使得邮轮产业竞争力综合评分较高;天津、青岛、大连位于环渤海经济圈,具有天然的地理优势,且城市各方面建设具有较高的相近度,三个城市的邮轮产业建设水平相近;宁波—舟山与厦门虽然在邮轮港口建设水平上具有一定的优势,但受到邮轮产业消费水平与服务水平的限制,邮轮产业发展不及广州与深圳。

(3)第三层级:海口、三亚。2019 年综合得分在 0.1 以下,海口、三亚虽然风景优美,邮轮旅游发展资源丰富,但由于城市经济基础仍相对薄弱,邮轮产业消费与服务水平较低,使邮轮产业竞争力处于劣势。

表 8-2　港口城市邮轮产业竞争力的比较分析

城市	上海	广州	深圳	天津	青岛	宁波 | 舟山	厦门	大连	海口	三亚
2008	0.3724	0.1971	0.1669	0.1064	0.1017	0.1412	0.0591	0.0900	0.0162	0.0445
2009	0.4459	0.2158	0.1669	0.1188	0.1068	0.1674	0.0582	0.1016	0.0192	0.0236
2010	0.5293	0.2424	0.2079	0.1357	0.1218	0.1910	0.0719	0.1274	0.0229	0.0254
2011	0.5319	0.2509	0.2218	0.1481	0.1284	0.2127	0.0747	0.1367	0.0281	0.0321

（续表）

城市	上海	广州	深圳	天津	青岛	宁波—舟山	厦门	大连	海口	三亚
2012	0.5533	0.2641	0.2375	0.1656	0.1368	0.2161	0.0848	0.1425	0.0315	0.0434
2013	0.5676	0.2750	0.2406	0.1890	0.1280	0.1763	0.0863	0.1293	0.0345	0.0498
2014	0.6178	0.2870	0.2579	0.1995	0.1366	0.1945	0.0948	0.1283	0.0390	0.0456
2015	0.6679	0.3077	0.2878	0.2255	0.1537	0.1972	0.1117	0.1341	0.0417	0.0400
2016	0.7533	0.3572	0.3157	0.2506	0.1745	0.1952	0.1228	0.1417	0.0482	0.0413
2017	0.7879	0.3760	0.3468	0.2662	0.1833	0.1958	0.1303	0.1487	0.0597	0.0581
2018	0.8071	0.3819	0.3700	0.2432	0.1893	0.1948	0.1496	0.1499	0.0664	0.0622
2019	0.8031	0.4095	0.3910	0.2462	0.2064	0.2043	0.1663	0.1542	0.0664	0.0634

8.2　港口城市邮轮产业竞争力的趋势预测

8.2.1　基于灰色预测模型的趋势预测

1982 年邓聚龙教授发表的"The Control of Grey System"标志着灰色系统理论的诞生,随后灰色预测模型逐渐成为旅游系统分析与预测的重要方式。灰色预测通过对已知数据信息的分析,提取信息价值,正确认识旅游系统的运行规律,并据此进行科学预测,在系统"少数据不确定性"问题研究方面产生了丰硕的研究成果。基于此,假定不受新冠疫情及其他外界因素影响下,利用灰色预测模型对 2020—2031 年港口城市邮轮产业竞争力进行了模拟预测,结果如表 8 - 3,后验差比 C 值均小于 0.35,小误差概率 P 值均大于 0.8,说明模型精度等级、模型精度均满足要求,即在不受新冠疫情及其他外界因素影响下预测值合理。根据表 8 - 3 港口城市邮轮产业竞争力预测值可以发现,按照原有的邮轮产业发展趋势,上海始终处于领先地位,2022 年邮轮产业竞争力预测值就已经达到0.970;广州、深圳、天津次之,广州 2023 年达到 0.532,深圳 2024 年达到 0.508,天津 2028 年达到 0.523;青岛、宁波—舟山、厦门在 2031 年的邮轮产业竞争力仍不足0.5,大连、海口、三亚的邮轮产业竞争力增长速度最为缓慢,到 2031 年仍不足0.2。

表8-3 港口城市邮轮产业竞争力预测值(灰色预测模型)

城市	上海	广州	深圳	天津	青岛	宁波|舟山	厦门	大连	海口	三亚
2020	0.881	0.439	0.410	0.298	0.217	0.202	0.167	0.157	0.072	0.067
2021	0.925	0.468	0.434	0.319	0.231	0.203	0.178	0.161	0.077	0.070
2022	0.970	0.499	0.458	0.343	0.246	0.204	0.189	0.165	0.082	0.074
2023	1.016	0.532	0.483	0.368	0.262	0.206	0.200	0.168	0.087	0.078
2024	1.063	0.567	0.508	0.394	0.279	0.207	0.211	0.172	0.092	0.082
2025	1.111	0.604	0.533	0.423	0.298	0.208	0.223	0.176	0.098	0.086
2026	1.160	0.644	0.559	0.454	0.317	0.209	0.234	0.179	0.103	0.090
2027	1.211	0.686	0.586	0.487	0.338	0.210	0.245	0.183	0.108	0.094
2028	1.262	0.731	0.612	0.523	0.360	0.211	0.257	0.187	0.113	0.098
2029	1.315	0.779	0.640	0.561	0.384	0.213	0.269	0.191	0.119	0.101
2030	1.369	0.830	0.668	0.602	0.409	0.214	0.280	0.194	0.124	0.105
2031	1.424	0.885	0.696	0.646	0.436	0.215	0.292	0.198	0.129	0.109
C值	0.0303	0.0176	0.0166	0.1006	0.0367	0.1651	0.0272	0.1801	0.0254	0.1813
P值	1.000	1.000	1.000	1.000	1.000	0.867	1.000	0.833	1.000	0.833

注:由于以2008—2019年为基期,因此港口城市邮轮产业竞争力预测值在2020—2031年出现大于1的预测值。

8.2.2 基于CLIA相对乘客量指数的趋势预测

上述分析在假定不受新冠疫情及其他外界因素影响下,对港口城市邮轮产业竞争力发展趋势进行了预测,然而事实上受新冠疫情影响,2020年、2021年邮轮产业并没有按照原有的发展趋势增长,2020年的停摆对整个邮轮产业造成了巨大的负面影响,邮轮旅游运营商、邮轮旅游代理商、港口、目的地等遭受前所未有的打击。由于各行各界积极应对新冠疫情对邮轮产业造成的冲击与影响,因此邮轮产业在科学方案的引领下、在政府和公共卫生专家的支持下、在邮轮旅游消费者的关注下,复苏指日可待。根据国际邮轮协会调查,预计几乎所有的国际邮轮协会海上游邮轮都将在2022年7月底恢复运营,2022年是邮轮产业的关键过渡年,预计到2023年将实现全面复苏。国际邮轮协会根据基线预测,预计乘客量将在 2023 年底恢复到甚至超过 2019 年的水平,根据上行预测,预计乘客量将在 2022 年底达到 2019 年的 101%,比基线预测早了一年,三种情景均预计到 2026 年底,邮轮乘客量将超出 2019 年的 12% 以上,如图 8-1。

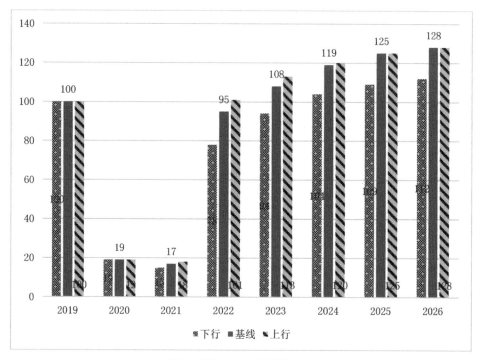

图 8-1　预计全球邮轮客运量指数(2019 年＝100)

根据图 8-1 全球邮轮客运量指数预测 2020—2026 年港口城市邮轮产业竞争力,结果如表 8-4。可以看到,受新冠疫情影响,根据全球邮轮客运量指数预测的 2020—2026 年港口城市邮轮产业竞争力,远远低于根据灰色预测模型预测的 2020—2026 年港口城市邮轮产业竞争力。2020 年、2021 年港口城市邮轮产业竞争力预测值断崖式下跌,基于基线预测,上海 2021 年邮轮产业竞争力预测值仅为 0.137,广州、深圳 2021 年邮轮产业竞争力预测值不足 0.1,天津、青岛、宁波—舟山、厦门、大连 2021 年邮轮产业竞争力预测值不足 0.05,海口、三亚 2021 年邮轮产业竞争力预测值仅为 0.011。邮轮产业竞争力预测值在 2022 年后逐渐恢复,在上行驱使下,2022 年底恢复到 2019 年的邮轮产业竞争力水平,随后港口城市邮轮产业竞争力预测值呈现上升发展态势,2026 年后邮轮产业将按照原来的发展趋势增长。

表 8 - 4　港口城市邮轮产业竞争力预测值（客运量指数）

城市	上海	广州	深圳	天津	青岛	宁波—舟山	厦门	大连	海口	三亚
下行										
2020	0.153	0.078	0.074	0.047	0.039	0.039	0.032	0.029	0.013	0.012
2021	0.12	0.061	0.059	0.037	0.031	0.031	0.025	0.023	0.01	0.01
2022	0.626	0.061	0.058	0.036	0.031	0.03	0.025	0.023	0.01	0.009
2023	0.755	0.385	0.368	0.231	0.194	0.192	0.156	0.145	0.062	0.06
2024	0.835	0.426	0.407	0.256	0.215	0.212	0.173	0.16	0.069	0.066
2025	0.875	0.446	0.426	0.268	0.225	0.223	0.181	0.168	0.072	0.069
2026	0.899	0.459	0.438	0.276	0.231	0.229	0.186	0.173	0.074	0.071
基线										
2020	0.153	0.078	0.074	0.047	0.039	0.039	0.032	0.029	0.013	0.012
2021	0.137	0.07	0.066	0.042	0.035	0.035	0.028	0.026	0.011	0.011
2022	0.763	0.39	0.371	0.234	0.196	0.194	0.158	0.146	0.063	0.06
2023	0.867	0.443	0.422	0.266	0.222	0.22	0.179	0.166	0.071	0.068
2024	0.956	0.488	0.465	0.293	0.245	0.243	0.198	0.183	0.079	0.075
2025	1.004	0.513	0.489	0.308	0.258	0.255	0.208	0.193	0.083	0.079
2026	1.028	0.525	0.5	0.315	0.264	0.261	0.212	0.197	0.084	0.081
上行										
2020	0.153	0.078	0.074	0.047	0.039	0.039	0.032	0.029	0.013	0.012
2021	0.145	0.074	0.07	0.044	0.037	0.037	0.03	0.028	0.012	0.011
2022	0.811	0.414	0.395	0.248	0.208	0.206	0.168	0.156	0.067	0.064
2023	0.907	0.463	0.442	0.278	0.233	0.231	0.188	0.174	0.075	0.071
2024	0.964	0.492	0.469	0.295	0.247	0.245	0.199	0.185	0.079	0.076
2025	1.004	0.513	0.489	0.308	0.258	0.255	0.208	0.193	0.083	0.079
2026	1.028	0.525	0.5	0.315	0.264	0.261	0.212	0.197	0.084	0.081

8.3　新基建对邮轮产业竞争力提升的影响分析

我国邮轮产业发展经历了黄金十年的跨越,长期向好的趋势依然不会变,上海吴淞口国际邮轮港已经多年连续蝉联亚洲第一、世界第四,每年出口、转口船供品总值高达数十亿元,母港邮轮航次占比总体呈上升趋势。新冠疫情后,中国邮轮产业未来发展的新规划、新趋势、新战略需要凝心聚力、深深思考,新基建将助力我国邮轮产业加快恢复和全面发展,对于服务"一带一路"倡议、建设海洋强国、参与 RCEP 服务贸易自由化具有重要意义。

理论上,邮轮新基建的提出是一项跨学科、综合性的问题,随着科技及信息技术的不断革命与创新,使产业与产业之间、产业与科技之间深度融合,邮轮基建的整个过程,既涵盖了"新基建"的 5G、大数据、轨道交通人工智能等板块,又涉及了邮轮产业制造、航运、旅游的全过程。近年来,随着科学技术的不断革新以及人民群众对美好生活的日益追求,对制造业、航运业、服务业等都提出了更高的要求,而邮轮作为航运、旅游的主要载体,应跟上时代的步伐,将新理念、新技术、新科技与邮轮产业链紧密结合。邮轮全产业链均可以划归到 5G、大数据、人工智能、工业互联网与物联网、新能源汽车充电桩等"新基建"领域,具有极强的关联度,因此通过模型构建和关联分析,构建邮轮新基建的产业体系,对邮轮全产业的数智化发展提供借鉴参考,具有深刻的理论意义。

8.3.1　新基建在我国邮轮产业方面的应用

在邮轮产业中,2019 年 5 月 15 日,南通移动联合招商局邮轮制造有限公司和爱立信(中国)通信有限公司,在南通海门招商重工基地成功开通了 5G NSA 基站,并完成了招商局邮轮制造海门厂区的 5G 网络覆盖,是我国的首例"5G＋船舶制造",开启了邮轮设计及维护的 5G＋AR 智慧探索之路,借助 5G 网络集成技术,增强现实信息的叠加,提高邮轮制造企业的智能化水平,基于 5G 的超低延迟和超高速率,在邮轮外场搭建区域部署了高清全景摄像头,有线回传 4K 高清全景直播,用户可以借助 5G 终端、VR 虚拟技术等,实时观看邮轮分段舾装、总段拼接和船台船坞搭载过程,邮轮管理人员可以实时监控邮轮制造生产进度以及工作人员安全状况。此次"5G＋船舶制造"项目的首次应用大大提高了邮轮制造企业的智能化、数字化水平,为 5G 技术在智能制造行业的创新性发展和颠覆性改革奠定了坚实的基础。

外高桥造船作为中国造船业的领军企业,技术力量雄厚,造船产品技术含量高。我国经济的数字化转型为邮轮产业研发与建造、生产组织和服务等模式的根本转变带来了契机。上海外高桥造船有限公司大力推进基础设施建设的数字化,实现了 SEM 系统升级、SWS-TIME 建设,大型邮轮工程的协同管理能力得到了优化升级。上海外高桥造船有限公司基于新型基础设施建设,打造由大数据支撑的工业互联网平台,优化造船企业内部的运营管理结构,加速企业多级供应能力的创新转型;基于全生命周期管理模式,打造具有智能化、数字化、现代化船舶企业,提升船舶企业的全球影响力、国际竞争力。上海联通联合国内大型造船厂,在船舶制造领域落实 5G＋工业互联网,实现大型船舶优质的网络全覆盖,解决了船舶设计阶段产业链分散、建造阶段周期过长等问题,极大地提高了船舶设计、制造、交付阶段的工作效率,正式发布"5G＋工业互联网应用场景联合创新计划"以及"5G＋工业互联网行动计划",详细展示了在智慧港口及船舶制造等领域的创新应用。

广州港集团打造大湾区首个 5G 智慧港口,广州港是全球第五大港口,华南联通"一带一路"、欧美、东南亚等的主要门户枢纽,为了贯彻落实国家战略,着力推进新型基础设施建设,广州港全力打造粤港澳大湾区首个全自动化码头——广州港南沙四期工程,推动 5G 智慧港口应用系统建设部署在大湾区落地。为推进广州港南沙四期工程项目与 5G 等新一代信息技术深度融合,将广州港南沙四期打造成真正意义上的智慧港口并力争成为国家级 5G 应用示范项目,广州港集团在南沙区与联通广州分公司、华为公司、上海振华重工签订了智慧港口 5G 联合应用创新合作意向书,提出加快邮轮港口 5G 建设,并对 5G 专案建设模式进行了详细规划,进而打造首个全国 5G 应用示范工程以及全自动化码头。

天津港加速推进港区 5G 网络建设与技术应用,对于天津港集团而言,"新基建"并不是新概念,而是早已融入建设世界一流智慧港口建设之中,其中以"5G"为代表的新型信息基础设施建设成为引领智慧港口建设的关键所在。天津港集团运用云计算、大数据、人工智能等新一代信息技术,成功实施了"集装箱码头自动化升级""无人驾驶电动集卡""集装箱码头一体化操作系统"等一批重大项目,有力提升了港口智能化水平,拉开了智慧化转型大幕,走在了行业前列。2019 年,天津港集团作为天津市首批 5G 应用试点单位,深入落实网络强国战略,抢抓新型基础设施建设发展机遇,加速推进港区 5G 网络建设与技术应用工作并取得实效,全面助力世界一流"智慧港口"建设。

吴淞口国际邮轮港智能管控夯实城市智能底座,共同描绘上海人工智能应用场景的新画卷。上海市借助超大型城市应用场景的发展优势,围绕"上海高地"人工智能建设,加快建设人工智能的应用场景,致力于打造上海地区"智能应用的超级孵化器""智能技术的最佳试验场"的区域建设,满足人工智能应用场景的需求,2020 世界人工智能大会云端峰会项目签约和发布活动上,第三批人工智能应用场景需求由上海市经济和信息化委员会发布,包括有"AI+制造""AI+交通枢纽""AI+政务""AI+金融""AI+园区""AI+文化旅游"六个大类,涉及 11 家企业场景。在"AI+交通枢纽"方面,吴淞口国际邮轮港以提升邮轮旅游品质、增强邮轮港口运营能力、延伸邮轮产业链、推进国际邮轮城建设为目标,将AI 应用融入模式、服务、管理等创新中,打造无感通关、有感服务、动感体验、智能管控、智能决策五位一体的智慧邮轮港。

8.3.2 新基建与邮轮新基建的关联度分析

在数字经济时代,邮轮产业是一项长周期、多环节、长链条、高成本的系统工程,当前邮轮产业持续低迷,制造成本上涨,造船方式需进行科技信息化革命与商业模式创新的融合,加快智能化、数字化进程,使传统造船业迸发更多无限可能。将新基建与传统邮轮基建相结合(图 8-2),可以使数据驱动贯穿在整个邮

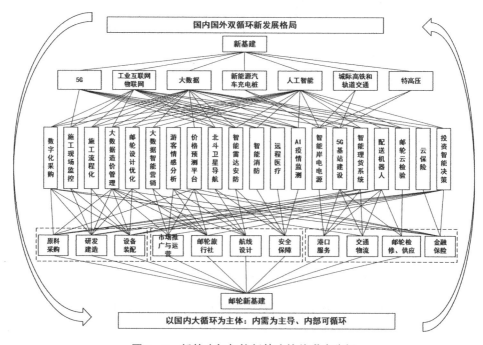

图 8-2 新基建与邮轮新基建的关联度分析

轮产业链,同时缩减数据处理的人工干预,以此来维护数据完整性并优化邮轮建造过程,保证邮轮产业上游、中游、下游的连通性与协调性。另外,新基建赋能我国邮轮产业的高质量发展也面临巨大挑战,一方面,从基站建设角度,如 5G 投资是 4G 投资的 1.5 倍,5G 标准碎片化,且 5G 落地应用所面临的风险难以估计和预测,成本效益的匹配难以量化;另一方面,新基建人才需求猛增,而新基建人才供应滞后,人才的选拔、教育、聘用制度不成熟,人才的培养、激励制度、使用理念落后于邮轮产业发展,进而大幅度提高了新基建人才与邮轮产业的对接成本。

我国正在加快构建"国内大循环、国内国际双循环相互促进的新发展格局",而新基建是中国经济双循环的关键。在工业时代,我国的产业基础关系发展形成,其工业生产模式主要以协作、分工、匹配的形式展开。当前数据经济迅速发展,生产过程向数智化方向发展,产业基础生成关系已经不能满足数字生产力对于创新、效率、信用等方面的要求。为变革生产关系、激发数字生产能量,新型基础设施建设迫在眉睫,新基建在释放生产数字活力、重塑产业生产关系上发挥着不可或缺的作用。新基建包括创新基础设施、融合基础设施、信息基础设施,邮轮产业在新基建三个方向、七个板块的重塑,加快了数据资源融入邮轮全产业链的步伐,推进邮轮产业数智格局的构建,促进邮轮产业更宽领域、更深层次的对外开放,带动全球邮轮产业的经济复苏、结构转型、市场拓展,助力邮轮产业结构优化的力度、广度、深度。

8.4　新基建赋能邮轮产业的实证研究设计

8.4.1　数据变量选取及模型设定

8.4.1.1　数据变量选取

基于新基建与邮轮基建的关联度分析,变量设计如下。

(1)解释变量:港口城市的新基建投入水平。在对新基建的界定中,采用电力燃气及水的生产供应业、邮政及交通运输业、信息传输和计算机服务业、科学研究和技术服务业等 4 类行业的固定资产投资量之和作为我国新基建投入水平的代理变量,还有研究将新基建分为信息基础设施建设、融合基础设施建设、创新基础设施建设,并分别用对应行业的固定资产投资表示。囿于无法收集到各港口城市按行业细分的固定资产投资数据,因此本书参照已有文献,采用相关行业的就业人员数目作为港口城市新基建劳动投入水平。

表 8-5 新基建分类及测度

变量	变量测度
新型基础设施	信息传输软件和信息技术服务业就业人员数＋交通仓储邮电业就业人员数＋水利环境和公共设施管理业就业人员数＋电力燃气及水的生产和供应业就业人员数＋科研技术服务和地质勘查业就业人员数＋卫生社会保障和社会福利业就业人员数
信息基础设施	信息传输软件和信息技术服务业就业人员数
融合基础设施	融合系数＊传统基础设施,传统基础设施＝交通仓储邮电业就业人员数＋水利环境和公共设施管理业就业人员数＋电力燃气及水的生产和供应业就业人员数;融合系数为传统基础设施与信息基础设施的发展耦合度
创新基础设施	科研技术服务和地质勘查业就业人员数＋卫生社会保障和社会福利业就业人员数

本书在计算港口城市新基建投入水平时,均进行了无量纲化处理。

(2)被解释变量:港口城市的邮轮产业竞争力。

(3)控制变量:为提高模型及回归结果精度,结合既有研究成果,选取对外开放程度、地区生产总值、年末户籍人口等作为控制变量。原因在于:①邮轮产业发展同对外开放层次密不可分,特别是对于沿海港口城市不仅具备海陆联运的区位优势,还面向广阔的国际市场,认为对外开放程度越高,港口城市邮轮产业竞争力越高。②研究表明,中国近几十年来人口质量得到明显提高,这将作为人力资本成为支撑各产业经济可持续增长的新要素、新力量,因此认为年末人口越多,港口城市邮轮产业竞争力越高。③财富创造能力是影响我国区域协调发展的关键因素,以 GDP 含金量作为核心代表指标的地区财富创造能力是地区财富创造的关键支撑,认为地区生产总值越高,港口城市邮轮产业竞争力越高。

8.4.1.2 模型设定

根据上述研究指标和现有文献研究,采用面板数据固定效应模型进行数据实证分析,为了探究新基建投资对邮轮产业竞争力带来的影响,本书设定如下基准计量模型验证:

$$Y_{it} = \alpha_0 + \alpha_1 X_{it} + \alpha_2 C_{it} + \theta_i + \beta_t + \varepsilon_{it} \tag{8-7}$$

其中,Y_{it} 为被解释变量,表示根据 3 个维度 26 个指标计算出来的港口城市 i 在第 t 年的邮轮产业竞争力;X_{it} 为解释变量,表示新基建投入水平;C_{it} 为控制变量,包括港口城市户籍人口数、地区生产总值以及对外开放程度等;α_0、α_1、α_2

为待估计参数;θ_i表示城市固定效应;β_t表示时间固定效应;ε_{it}表示随机误差。

为了验证不同类型新基建投资对邮轮产业竞争力赋能效果的异质性,在式(8-7)的基础上构建以下模型:

$$Y_{it} = \alpha_0 + \alpha_1 X_{it}^* + \alpha_2 C_{it} + \theta_i + \beta_t + \varepsilon_{it} \qquad (8-8)$$

其中Y_{it}代表邮轮产业竞争力,X_{it}^*在不同情境下分别表示信息基础建设、融合基础建设、创新基础建设;其余变量含义与式(8-7)相同。

8.4.2　基准回归结果

表 8-6 报告了基准回归结果,可以发现新基建投入水平对于邮轮产业竞争力具有显著的正向效应。表 8-6 模型(1)~(3)表示当期的新基建投入对邮轮产业竞争力的影响,表 8-6 模型(4)~(6)表示滞后一期的新基建投入对邮轮产业竞争力的影响。对比两组数据可以看出,尽管当期的新基建投入与滞后一期的新基建投入对邮轮产业竞争力的影响系数略有差异,但均在统计学上显著,且系数差异不大,因此认为新基建投入不存在明显的滞后效应,能够较为及时地得到投资效果反馈,因此在后续分析中,将采用当期的新基建投入作为研究的解释变量。

表 8-6 模型(1)表明在简单 OLS 回归下,新基建投入对邮轮产业竞争力的回归系数为 0.8040,并在 1% 显著性水平上拒绝零假设,这表明,在不考虑其他因素的前提下,新基建投入水平每提高 1 个单位,邮轮产业竞争力显著提高 0.8040 个单位。依次在模型(1)中引入时间及个体固定效应、控制变量,得到模型(2)、(3),此时新基建投入水平对邮轮产业竞争力的回归系数从 0.8040 分别下降为 0.6814 和 0.3308。对比模型(1)与模型(3),表明虽然地区经济发展水平、开放程度、人口规模等控制变量以及时间个体固定效应等样本差异能够解释回归系数的下降,但在充分引入其他条件的前提下,新基建投入水平每提高 1 个单位,邮轮产业竞争力仍显著提高 0.3308 个单位,初步验证了新基建对邮轮产业的赋能效应。

表 8-6　新基建对于邮轮产业竞争力的影响效应

	(1)	(2)	(3)	(4)	(5)	(6)
新基建投入	0.8040***	0.6814***	0.3308***			
	(0.0207)	(0.0440)	(0.0616)			

（续表）

	(1)	(2)	(3)	(4)	(5)	(6)
L.新基建投入				0.8682***	0.7300***	0.3985***
				(0.0219)	(0.0440)	(0.0606)
控制变量	否	否	是	否	否	是
个体固定效应	否	是	是	否	是	是
时间固定效应	否	是	是	否	是	是
R^2	0.9285	0.9469	0.9521	0.9365	0.9482	0.9543
样本量	120	120	120	120	120	120

注：×、××、×××分别表示通过10%、5%、1%的显著性水平检验,括号内为稳健性标准误。

8.4.3　赋能异质性分析

表 8-7 模型（1）～（3）分别表示信息基建、创新基建、融合基建对邮轮产业竞争力的赋能效果,可以看出,信息基建、融合基建对邮轮产业竞争力的赋能效果均在至少 1%显著性水平上显著为正,其中信息基建对邮轮产业竞争力的赋能效果最明显,回归系数为 0.2487,表明信息基建每增加 1 个单位,邮轮产业竞争力显著提升 0.2487 个单位,信息基建的一次项回归系数显著为正,二次项回归系数为负,表明信息基建投入对邮轮产业竞争力的提升作用并非是线性的,而是呈现"倒 U 型曲线",即信息基建投入与邮轮产业竞争力的提升存在拐点效用,符合边际效用递减规律;融合基建对邮轮产业竞争力的赋能效果居中,回归系数为 0.2052,表明融合基建每增加 1 个单位,邮轮产业竞争力显著提升 0.2052个单位;创新基建对邮轮产业竞争力的赋能效果不显著。

分析原因可能在于:以 5G、物联网与工业互联网等为代表的信息基建,为邮轮全产业链的数字化转型升级注入了新动能,信息技术、数据资源融入邮轮产业基础设施建设中,通过精心服务、精细管理、精确分析、精准感知提升邮轮产业全产业链建设水平,信息基建日益成为加快建设邮轮产业的有力支撑;融合基建作为传统基础设施建设对新一代信息技术的深度应用形式,在信息技术与数字经济的加持下,智能邮轮制造、智慧港口建设、智慧旅游景区的规划路径更加清晰,进而完善邮轮全产业链,提升邮轮产业竞争力,创新基建主要指支撑技术开发、科学研究、产品研制的基础设施,由政府及科研机构主导完成,私人投资能力相对不足,且创新基础设施建设指向性较强,要想通过各省政府及科研机构投入的创新资金直接为邮轮产业提供技术支撑,需要较长时间的渗透与延伸,因此在样本期间未表现出显著的赋能效果。

表 8-7　不同新基建类型赋能邮轮产业竞争力提升的异质性检验

	(1)	(2)	(3)	(4)	(5)	(6)
Infra1	0.2487***			0.2748***		
	(0.0401)			(0.0665)		
Infra12				−0.0255		
				(0.0517)		
Infra2		0.0545			−0.2218	
		(0.0667)			(0.1440)	
Infra22					0.2021**	
					(0.0938)	
Infra3			0.2052***			0.0954
			(0.0477)			(0.1282)
Infra32						0.0796
						(0.0863)
控制变量	控制	控制	控制	控制	控制	控制
个体固定效应	控制	控制	控制	控制	控制	控制
时间固定效应	控制	控制	控制	控制	控制	控制
R^2	0.9433	0.9056	0.9400	0.9402	0.9143	0.9475
观测数	120	120	120	120	120	120

注:*、**、***分别表示通过10%、5%、1%的显著性水平检验,括号内为稳健性标准误。

8.4.4　稳健性检验

上述分析的主要发现是,新基建对邮轮产业竞争力具有显著正向促进作用,且新基建的赋能效果因基建类型的不同而存在差异,为了结果的稳健性,本书将从以下几个方面对上述结论进行验证。

(1)两阶段最小二乘法回归。本书主要考察新基建对邮轮产业竞争力的影响,回归模型中通过控制时间固定效应与个体固定效应,可以在一定程度上避免内生性问题。但为了结果的稳健性,本书采用两阶段最小二乘法处理潜在的内生性问题,将各类基建的滞后一期项作为其当期模型变量的工具变量,回归结果如表 8-8 模型(1)~(4)所示,分别表示添加工具变量后,新基建、信息基建、创新基建、融合基建对邮轮产业竞争力的赋能效果。由于工具变量必须满足与内生解释变量相关且与随机误差项不相关的条件,因此本书对工具变量的有效性进行了检验,结果表明:基建与其滞后一期项具有强烈的正相关关系,且均在 1% 显著性水平上拒绝了"工具变量识别不足"与"工具变量是弱识别"的原假设,因此认为本书对模型工具变量的选取是合理的,以此为基础进行的两阶段最小二乘法回归估计结果是可信的。

表 8-8　稳健性检验结果(两阶段最小二乘法回归)

	(1)	(2)	(3)	(4)
Infra	0.5934***			
	(0.1021)			
Infra1		0.3640***		
		(0.0550)		
Infra2			0.4768**	
			(0.2259)	
Infra3				0.3270***
				(0.0737)
控制变量	控制	控制	控制	控制
个体固定效应	控制	控制	控制	控制
时间固定效应	控制	控制	控制	控制
R^2	0.9896	0.9729	0.9860	0.9785
观测数	110	110	110	110

注:*、**、***分别表示通过10%、5%、1%的显著性水平检验,括号内为稳健性标准误。

(2)缩尾处理。本书选择对连续变量上下 1% 的极值部分做缩尾处理,从而剔除一些极端值对研究的影响,缩尾后回归分析结果如表 8-9 模型(1)~(4)所示,分别表示缩尾后,新基建、信息基建、创新基建、融合基建对邮轮产业竞争力的赋能效果。将稳健性检验结果与上述分析进行对比,可以看出,尽管回归系数略有差异,但显著性水平基本不变,因此认为本书的研究假设在稳健性检验下得到了更可靠的验证。

表 8-9　稳健性检验结果（缩尾处理）

	(1)	(2)	(3)	(4)
Infra	0.3861***			
	(0.0643)			
Infra1		0.3140***		
		(0.0418)		
Infra2			0.0936	
			(0.0828)	
Infra3				0.2075***
				(0.0487)
控制变量	控制	控制	控制	控制
个体固定效应	控制	控制	控制	控制
时间固定效应	控制	控制	控制	控制
R^2	0.9508	0.9377	0.9067	0.9386
观测数	120	120	120	120

注:*、**、***分别表示通过10％、5％、1％的显著性水平检验,括号内为稳健性标准误。

8.5　研究结论及建议

8.5.1　研究结论

根据理论分析及数据的可得性,收集了我国 2008—2019 年港口城市的面板数据,就港口城市邮轮产业竞争力的分析与预测、新基建对港口城市邮轮产业竞争力的影响效应以及异质性展开了实证分析,研究的主要发现如下。

(1)根据各港口城市邮轮产业竞争力综合得分将其分为三个层级,具体而言:第一层级:上海;第二层级:广州、深圳、天津、青岛、宁波—舟山、厦门、大连;第三层级:海口、三亚。

(2)根据各港口城市邮轮产业竞争力预测值可以发现,受新冠疫情影响,根据全球邮轮客运量指数预测的 2020—2026 年港口城市邮轮产业竞争力,远远低于根据灰色预测模型预测的 2020—2026 年港口城市邮轮产业竞争力,受疫情影响,在上行驱使下,2022 年底邮轮产业竞争力将恢复到 2019 年的水平,2026 年后邮轮产业将按照原来的发展趋势增长。

(3)就新基建对港口城市邮轮产业竞争力的影响效应而言,基准回归表明,在控制了对外开放程度、产业结构、人口规模及时间个体固定效应的前提下,新基建投入水平对邮轮产业具有显著的促进作用,在赋能异质性分析中,信息基建、融合基建均显著促进了邮轮产业竞争力的提升,而创新基建的促进作用尚未发挥。

8.5.2　新基建提升邮轮产业竞争力的对策建议

(1)针对不同基建类型对邮轮产业竞争力赋能效果的差异,采取差异化投资方案。着重建设赋能效果更加突出的信息基建,继续发挥传统基建与新一代信息技术融合后对邮轮产业竞争力提升的动能意义,针对创新基建,由于在短期内难以发挥对邮轮产业竞争力提升的赋能效果,因此政府应制定长远的创新基础设施建设目标,建立邮轮产业创新基建项目,加大各地区邮轮产业创新研发投入力度,培育自主创新的邮轮品牌与邮轮产品,实现邮轮产业可持续发展。

(2)针对不同地区采用针对性的新基建投资策略。如上海地区需全面、系统的制定邮轮产业新型基础设施建设战略,在保持当前投资水平的基础上,实现由量到质的转变,注重邮轮产业创新基建投资,在保证邮轮经济高质量发展的同时,加快推进邮轮产业的创新研发进程;海口、三亚地区需要突破当前新型基础设施建设以及邮轮产业发展双双滞后的困局,提高新基建资源配置效率,构建邮轮产业与基建投资的协调发展策略,提高协调发展水平。

(3)加强港口城市新基建投资与邮轮产业之间的协调配合,合理规划新基建投资规模与投资方向。调整基建投资规模,避免因政策偏差导致投资不足,不能发挥对邮轮产业发展、经济增长的拉动作用,同时避免因投资过度产生的负赋能效用。对此要继续加强各地区信息基建投资,并不断深化创新基础设施建设研发力度,寻找创新基建赋能邮轮产业竞争力提升的最优路径,对于邮轮产业制造与运营,将建设重点放在与新一代信息技术、数字经济的融合发展上,把握好融合基建与传统邮轮基建的协调发展模式,既要与传统邮轮基建相契合,又要区别于传统邮轮产业上、中、下游,进行创新性建设。

第9章 我国邮轮产业结构发展的瓶颈

9.1 产业结构有待优化

9.1.1 产业链上游中国本土邮轮建造迫切

从邮轮的不同服务价值角度,可以将邮轮划分为豪华型邮轮与经济型邮轮,与经济型邮轮相比,豪华型邮轮具有更高的安全性、现代化、人性化等特点。然而大型豪华邮轮的制造长期垄断于境外,目前全球有能力建造豪华型邮轮并且建造了世界 80% 以上豪华邮轮的厂商,主要为三菱重工(日本)、迈尔船厂(德国)、芬坎蒂尼集团(意大利)、STX 欧洲集团。豪华邮轮的研发与建造具有极高的行业垄断性,其设计与建造技术由于难度高、技术含量大,大多数市场份额掌握在少数厂商手中。

从我国造船业来看,我国是造船大国,但不是造船强国,我国的造船市场在2011 年以占据 31.2% 的世界造船市场份额,在游艇、货轮船只等建造中发展态势良好、发展水平较高,但对于具有高附加值的豪华邮轮建设水平仍然发展欠缺。豪华邮轮属于高端旅游产品,具有极高的专业性、技术性,当前我国在邮轮研发与建造、邮轮内饰装修与装潢、邮轮配套产业等方面仍然存在较高的技术壁垒。从邮轮建造带来的经济意义与经济附加值角度,大概需要 50 亿元的造价才能建造一艘邮轮,按照当前我国邮轮产业的发展趋势,预计到 2030 年,中国邮轮市场规模为 3 000 亿~4 000 亿元,邮船运营数量为 80~100 艘,以 50% 的国产化率测算,邮轮研发建造的设备与材料可以实现 1 500 亿元以上的进出口价值,对于拉动国民经济增长、促进区域产业建设具有深远意义。

另外,邮轮设计技术有待突破。邮轮是一座海上城市,需要全方位综合规划设计,设计工时长,不仅要设计船体,更为重要的是要进行内装,空间如何设计、如何分配都是必须要深入研究的。邮轮研发设计的技术难度高、工程风险大,对振动、噪音等方面具有较高的要求,在邮轮的研发建造、配套设计、栖装设计等方面具有技术难度大、配套产业多、施工量大、工程复杂等特点,我国在这些方面与国际邮轮相比还存在较大差距。我国已经具备船舶建造能力,但豪华邮轮建造领域发展较弱,与传统船舶相比,邮轮研发与建造对船体设计、能源技术、设施设备、动力技术等方面的要求更高。国际邮轮船厂在模拟设计及放映技术、激光焊接技术、整体舱室吊装技术等领域不断进行创新性发展、广泛应用新技术,但我国邮轮研发与建造的技术应用不多,如船舶整体舱室的吊装技术在国内各船厂中尚未使用,船舶整体舱室的吊装技术适用于豪华邮轮舱室安装;混合激光焊接技术在国际船厂中得到广泛应用,具有发热少、变形少的特点,而国内仍然较多地使用传统的焊丝焊接,导致发热高、变形大。在豪华邮轮设计方面,邮轮设计图纸难度高、耗时长、计算量大,需要耗时两三年的时间,由设计公司、船厂、船东共同参与。核心技术团队有待充实。在邮轮产业人才建设方面,尽管我国邮轮研发与建造已有初步探索,但在研发设计、内饰装潢、维修改造等方面尚处于摸索阶段,对于豪华邮轮研发建造的关键技术、共性技术尚未完全掌握,缺少研发并掌握邮轮研发建造核心技术的专业团队,缺乏邮轮研发建造业的技术人才与管理人才。当前中国部分船厂已经具备豪华邮轮船体的建造能力,但尚处于仅能造壳的阶段,邮轮研发建造的基础设施如激光薄板焊接设备、室内干船坞等现代化邮轮建造设施尚建设不足,仿真系统、虚拟现实技术在邮轮研发建造以及乘客流模拟中的应用缺乏。相应在人才建设方面,缺少邮轮全产业链建设人才,质量安全管理、制造工艺管理的专业人才缺乏,供应链管理、复杂工程管理的专业团队缺乏,研发技术、前沿趋势的科研队伍缺乏,比如邮轮的吊舱式电力推进系统、邮轮自动化管理系统、先进激光检测技术、邮轮环保系统、海水淡化系统等。服务型制造供应链网络体系建设有待推进。

在服务型制造供应链网络体系建设方面,邮轮全产业链建设服务于国家“制造强国”重大战略布局,致力于邮轮产业向上游产业链转型升级,实现邮轮全产业中邮轮旅游购物、邮轮旅游文化与邮轮运营管理、邮轮研发建造的深度融合,有助于建设邮轮产业与配套设施与服务协调发展的新格局,提升邮轮旅游经济效益。具体实施方案如整合邮轮产业优势资源、推进配套产业有益整合、创新邮轮全产业链构建、布局邮轮旅游应用试点示范,在双循环新发展格局背景下,紧抓数字经济发展机遇，加快邮轮物流数智化发展。邮轮制造产业链协调需要完善，豪华邮轮是船舶建造水平最高的船型，建造 10 万级的豪华邮轮大约需要 1 200 万件零件，以及船舶建造配套设备、船舶动力配套设备、空调设施、娱乐设备、酒店设施等近 1 000 个专业服务商、100 多个关键性供应商的供应。我国邮轮研发建造不足，缺乏可靠稳定的供应商来源，供应链体系尚未建立，这种供应系统上的不确定性，为邮轮研发建造的金融财务、工期延误等方面带来了巨大的风险，当前能够独立完成邮轮研发建造的国家仅有意大利、德国、芬兰、法国、日本等。我国邮轮产业链现有发展阶段仍处于初创期，国内外对于邮轮建造过程中的供应商、设计标准、管理工作等存在较大差异，难以发挥协同合作效应。我国邮轮研发建造的资源集成和调配能力、设计研发能力、顶层设计能力等方面欠缺发展经验，研发建造发展时间短、管理经验不足、系统技术欠缺，配套产业链建设不完善，对于制定技术规范、传递管理信息等方面造成较大困难。

9.1.2　产业链中游邮轮运营需要全面提升

随着中国成为国际邮轮市场增长的新引擎，各大国际邮轮企业纷纷增加在中国邮轮市场的邮轮数量，然而当前我国的邮轮市场主要由国际邮轮公司垄断，供给主体单一、外资邮轮舱房占比 98%，中资企业运营管理的邮轮较少、船队规模小，本土邮轮企业呈现出少、弱、小、散的特征。从我国邮轮全产业链角度，由于邮轮产业链上游，即研发建造的核心技术缺乏，土邮轮船队的租赁、购买、改造都存在一定困难，邮轮产业的全产业链建设不足、邮轮市场的经济结构严重失衡。从邮轮企业的总部建设角度，其对周边区域的发展建设具有较强的经济带动效应，然而当前我国的邮轮企业总部公司尚需拓展，为建设中国豪华邮轮产业集聚区，需积极争取歌诗达、地中海等总部落户宝山，当前我国的邮轮母港商务集聚核心区、邮轮母港商务集聚服务区、邮轮母港商务集聚辐射区，集聚程度不同、发展水平各异，均存在一定的"散而不集、集而不聚、聚而不高、高而不精"的情况，具体表现为邮轮制造商散而不集、邮轮研发设计集而不聚、邮轮服务聚而不高、邮轮运营高而不精，为改善当前的发展情况与问题，需进一步提高邮轮商务集聚区的数量、质量、广度、深度，加快邮轮全产业链发展，致力于邮轮产业链由中下游向中上游延伸。

9.1.3　产业链下游邮轮产业配套服务尚需完善

我国邮轮港口在建设过程中需要更加注重邮轮乘客通关体验，全面提升邮轮港口服务质量,通过完善目的地的文化、旅游、购物等功能性设施建设,充分挖掘邮轮港口周边地区的邮轮旅游发展潜力,建设邮轮服务业功能载体,实现传统产业转型升级以及邮轮产业高质量发展的要求。为打造配套服务邮轮商务集聚区的高水平发展格局,港口城市应建设开发集商业中心、旅游景点、消费购物、休闲娱乐于一体的邮轮旅游商业集聚综合体,促进邮轮港口及周边区域的改造升级。港口城市邮轮母港的配套设施及服务需求较大但供给不足,即供给相对滞后于发展需求,分析邮轮母港的管理运营情况,以上海港为例,配备有物资供应、娱乐设施、餐饮住宿的邮轮配套产业园,配套服务设施的建设水平不足,无法满足邮轮乘客客流量的需求,多艘邮轮到港时,会出现邮轮港口的空间、作业供给不足现象。邮轮港口的国家化、标准化服务水平建设需进一步完善,如"全球购"邮轮一站式互联网购物平台的建设,创新了邮轮购物模式,拓展了邮轮港口免税店、进境免税等建设,突破邮轮船供发展。

另外,邮轮船供业尚需加快发展。邮轮产业下游的邮轮物资供应具有高附加值,为邮轮市场带来了可观的经济收入,当前国际邮轮航线的航行周期为5~6天,所需船供物资能达到上亿美元以满足邮轮乘客对于高端服务的需求,然而受制于质量标准、邮轮政策等多方面的原因,本土企业无法提供国际邮轮的全部船供份额,在全球邮轮市场中,中国邮轮船供市场仅占10%左右的比例,具有较大的发展潜力。就整个邮轮产业的船供状况来看,如果总共采购一万种物资,由中国提供的仅占15%,约1 500种,此外船供货品的品种、数量、质量以及服务水平,也与国际邮轮船供市场存在差距,船供体系未达到高层次的邮轮船供水平,尚处于低层次的货轮船供水平。具体原因在于:行业垄断与行政垄断;船供服务水平不到位;船供物资质量不达标。为推动国际邮轮贸易服务质量、提高船供物资本地采购比例,还需进一步加强邮轮贸易服务平台的建设。

9.2 产品结构有待完善

9.2.1 邮轮产品不够丰富

整个邮轮航线由海上航程、邮轮挂靠港、邮轮母港组成,核心要素包括了出发时间、航线周期、船票价格、出发港、目的地等,其中对邮轮乘客邮轮航线选择方案以及旅游满意度产生显著影响的有港口周边区域的配套设施,比如旅游消费产品、休闲娱乐设施、参观游览景点等,岸上旅游产品也是邮轮航线设计过程中设置的重要盈利点,邮轮旅游航线产生的经济效益,与岸上旅游产品的销量与价格直接相关。我国拥有世界著名旅游业目的地却没有成功的世界级邮轮目的地,东北亚、东南亚、南海诸岛、粤港澳大湾区等海域的海洋资源非常丰富,但是,海上旅游、深海旅游、蓝海旅游发展还处于初级阶段,目前已有的邮轮产品类型单一,同质化明显、产品品质偏低、产品价格不高,低价竞争频现。从邮轮母港建设的长远发展角度,为提高邮轮母港建设的经济效应,创新本土化邮轮旅游产品,应加快建设近海邮轮船队,新冠疫情发生之前,外籍邮轮占据了大部分的中国邮轮市场,邮轮旅游服务与邮轮休闲体验缺乏中国特色,国内邮轮市场的吸引力提升受到一定的局限性,因此丰富国产化邮轮旅游产品、打造近海邮轮航线迫在眉睫。邮轮旅游产品主要包括两个方面:船上邮轮旅游产品以及组合邮轮旅游产品,这两类产品是邮轮乘客能够直接感受的部分,必须精细化设计,充分考虑邮轮旅游的定位、地域特色、消费行为习惯等多方面的因素,形成近海邮轮旅游的特色优势,但是目前我国的邮轮岸上观光产品单一,无法满足邮轮游客越来越个性化和多元化的产品需求,迫切需要加快邮轮旅游从"浅蓝"向"深蓝"发展探索,从近海休闲旅游、滨海观光旅游向远洋度假旅游、海洋度假旅游转变。

新冠疫情后在旅游业大变局的背景下,邮轮旅游企业只有通过创新转型升级才能突出重围,"邮轮＋"多元业态已经成为业界共同关注的焦点,需要丰富开拓"邮轮＋"业态的产业发展模式和国际领先的邮轮旅游服务生态圈,推动邮轮沿海"多点挂靠"常态化,探索"邮轮＋长江游""邮轮＋长三角游"等产品创新,支持邮轮企业拓展国际航线。2020 年南沙邮轮音乐节以"首个邮轮母港湾区音乐节"为主题特色,打造场地最 TOP、大湾区风景最美的全国首个邮轮母港音乐节。此外,以高端邮轮蓝宝石公主号为载体、以打造时尚社交概念为主旨的全球首个竞技主题邮轮嘉年华——南洋杯"移动的城堡"邮轮站,吸引了国内 21 支DOTA2 战队的参加,共同决战甲板之巅。获评湖北中小学生研学基地的宜昌交运长江游轮,是国内首家以游轮为载体的研学基地,依托世界第一坝——三峡大坝、长江第一坝——葛洲坝、长江三峡——西陵峡等资源禀赋,宜昌交运长江游轮研学基地以"船说大国重器,拥抱长江母亲"为主题,围绕船舶文化、水电文化、峡江文化、民俗文化、桥梁文化、生态文化等内容根据小学、初中、高中不同年龄段量身定制了丰富的研学课程,将体验性、知识性、互动性有机融合打造出独具特色的"水上移动知识城堡"。三亚国际邮轮发展有限公司的新产品探索方向聚焦在营造环绕式丝路主题场景,融入快闪、角色扮演、剧情杀等沉浸式娱乐活动在邮轮产品中,以满足邮轮游客的需求,上述特色邮轮文化产品在一定程度上开启了邮轮产品多元化的新方向和新趋势,值得其他邮轮港口城市借鉴参考,在疫情期间练好内功,丰富完善真正有吸引力的邮轮旅游产品,彻底摆脱和破局邮轮旅游产品的同质化现象。

9.2.2　邮轮旅游线路较为单一

邮轮航线的多样化成为产业突围和发展的重要突破口。从邮轮航线占比角度,以中国母港为出发地的邮轮航线在新型冠状病毒发生之前,韩国、日本的航线占比达到了 90% 左右,随后为港澳台地区的邮轮航线、东南亚地区的邮轮航线。从邮轮航线的运营方向角度,主要分为以下两个方向:一个为南下航线,即东南亚部分地区以及我国南海地区的邮轮航线;另一类为北上航线,即韩国、日本的邮轮航线。从航线选择方案角度,邮轮航线的可选择方案并不多,航线周期在 4～6 天左右,大部分为短程航线。且由于邮轮航线增长、东南亚地缘政治关系等方面,使东南亚部分地区以及我国南海地区的邮轮航线开发困难,国内邮轮乘客的出游成本增加,我国邮轮航线的单一性进一步加深。从我国邮轮旅游在线用户的航线选择方面,以日本航线的近海邮轮航线为主,占比达到 80%;排名第二的为占比 7.6% 的国内长江三峡航线;第三位为占比 7.2% 的东南亚邮轮航线。为有效开展外国籍邮轮在华的多点挂靠业务,交通运输部于 2009 年 10 月发布了《关于外国籍邮轮在华特许开展多点挂靠业务的公告》[①],公告指出,多点挂靠业务是指在国际邮轮航线运营过程中,外国籍邮轮连续挂靠我国两个及以上沿海港口,邮轮乘客在游览观光后,回到邮轮继续航行,完成整个国际邮轮航线的运输安排;外国籍邮轮在华开展多点挂靠业务,应由相关经营人向交通运输部提出申请,并提交国际船舶代理企业委托函、运营船舶材料、申请书、申报函等方面的材料;在华多点挂靠的外国籍邮轮,完成我国两个以上沿海港口间的运输,在性质上属于国内运输,须经特案批准方可开展;外国籍邮轮在华开展多点挂靠业务的,邮轮乘客在我国两个以上沿海港口间不得离船不归;"多点挂靠"航线、公海游、沿海游、长三角邮轮圈游、粤港澳邮轮圈游等航线均没有很好地开展,岸上游自由行占比非常小,出于邮轮产品的选择范围、选择种类有限,邮轮乘客往往选择航期较短、航线较短的邮轮旅游产品,单一的邮轮旅游产品选择方案,很难避免邮轮旅游市场的非同质化竞争。

---

① 中华人民共和国交通运输部.交通运输部发布外国籍邮轮在华多点挂靠业务公告[EB/OL].(2009.10.23)[2023-02-21].http://www.gov.cn/govweb/gzdt/2009-10/23/content_1447774.htm.

　　中国邮轮模式亟待重构。2022 年的全国两会期间,全国政协委员胡可一提出试点探索中国邮轮模式,针对中资方便旗邮轮开辟持护照登轮的闭环式限制性出境游航线,或者称之为海上游航线。构建中国邮轮模式有利于加快我国邮轮产业链复苏,提升本土邮轮公司地位,促使其走出困境。当前我国的邮轮港口建设缺乏全域旅游视域下,邮轮旅游目的地建设的总体布局规划和发展战略定位,邮轮旅游乘客对于游览景点、邮轮产品的多样化需求无法得到满足,新兴邮轮旅游产品如近邻国家港口、沿海邮轮带、南海邮轮圈等还有待发展培育,需要重点开发沿海特色航线。从我国港口出发的邮轮航线,受区位条件的限制,前往韩国、日本地区的邮轮航线成本较高、距离较远、费用较高,邮轮航线产品的创新与丰富度的提升受到了限制,与我国邮轮游客对于短期航线的偏好相悖。我国在邮轮港口资源、沿海旅游资源、海岸线资源等方面具有显著的发展优势,邮轮港口城市的经济条件发达、区位交通通达,然而我国邮轮旅游市场的建设发展中,优势资源并没有得到充分地利用,邮轮供给需求的结构性矛盾突出。福州"十四五"规划提出的推动平潭至台北、台中、高雄航线常态化运营,开展两岸海空联运,开辟对台邮轮航线的规划设计,是丰富邮轮航线的一次尝试,可以在各邮轮港口城市开展深入的航线设计和创新开发。

　　应重点加快构建我国邮轮航线的国内循环体系,推动邮轮母港开辟国内新航线。通过发展邮轮内河游、周边游、沿海游、岛屿游等方式,策划特色主题线路,吸引内河邮轮挂靠,延伸客群腹地范围,增加邮轮母港始发航线,打造邮轮不夜港。最后,周期性出现的意外事件会影响长江游轮行业。2003 年的 SARS 疫情暴发、2008 年发生的汶川地震、2015 年发生的"东方之星"事件、2020 年的新冠疫情都对长江旅游造成了极大影响。疫情前,长江游轮正进入快速发展期,据统计,至 2018 年底,长江沿线拥有游轮 108 艘、4.1 万客位,完成游客接待量约 760 万人次,约为 2014 年的 1.6 倍;作为五大长江游轮公司之一的重庆长江黄金游轮,2019 年公司销售收入达到 4 亿多人民币,主要收入是船票和"二消"产品。疫情后,人们把邮轮旅游目的地从境外转移到了境内游,长江游轮航线密集,目前共分为 9 大系列 40 余艘,集中布局在宜昌—重庆、上海—重庆、上海—武汉、武汉—重庆等线路,但是 95% 的长江游轮都运营重庆—宜昌航线,线路差别不大,天数也很相近,集中率偏高,虽然部分航线升级了酒水和餐饮,而且岸上观光也全都包含,但是价格偏高,如世纪传奇号 15 天的航线阳台房需要 18 800 元/人,虽然性价比良好,但是单价过高导致游客不多。另外,沿岸配套设施需要提升,相关产品需要丰富,两岸自然环境需要改善,游轮码头严重落后于现实需求,迫切需要升级整治。

9.3　市场结构有待调整

9.3.1　疫情前外资邮轮占中国市场主体地位

我国母港的邮轮数量在 2018 年达到总计 16 艘,邮轮市场运力 220.28 万人次,邮轮总床位数 42 440 个,其中中国邮轮市场的主体地位仍然为国际邮轮品牌,有 13 艘境外邮轮公司品牌,中资邮轮船队为单船运营模式,仅有 3 艘邮轮,占比较小、规模较小。按照中国邮轮市场的船舶运力发展规划与投放计划,中国邮轮产业市场格局进一步优化调整,我国运营母港的邮轮运力在 2019 年达到 1 879 656 人次,同比减少 7%的比例,床位数为 39 504,母港邮轮有 13 艘,分属 8 个邮轮公司,其中我国本土邮轮公司运营管理的邮轮有 1 艘,由国际邮轮公司运营管理的邮轮有 12 艘,分属于 7 家境外邮轮公司。本土邮轮公司品牌发展影响力和进程有待加快,我国本土邮轮公司的模式主要有两种:一种为境外直接购买邮轮的模式,这种模式能够使国际邮轮快速渗透中国邮轮市场,但存在核心技术突破困难、运营管理效率较低、自主研发建造不足等发展难点,邮轮研发与邮轮运营的本土化进程较慢、自主邮轮品牌的构建困难;另一种为国产邮轮的自主建造模式,邮轮自主研发与建造所需时间较长,但在整个过程中能够积累更多的研发建造经验,研发技术、建造技术、管理能力等都得到了综合提升。与国际外资邮轮品牌相比,当前中资邮轮品牌在技术先进程度、硬件设施建设、邮轮吨位与运力等方面仍存在较大的差距,其中新世纪号吨位仅有 7 万余吨,辉煌号、中华泰山号吨位仅有 2 万余吨。在邮轮运营与管理方面,中资邮轮品牌与外资邮轮品牌不存在明显的特色差异,在产品设计、管理方式、运营模式等方面仍然借鉴西方邮轮,邮轮旅游市场的目标定位与外资邮轮品牌几乎重合,但与外资邮轮品牌相比,中资邮轮品牌的竞争力发展水平较低。

9.3.2　邮轮旅游市场地区分布呈现不平衡

按照邮轮旅游消费市场来看,客源主要集中在东部沿海省市,中西部邮轮旅游潜在市场是保持我国邮轮强劲发展动力的重要战场,大部分尚未开发,国际市场游客来源偏少,国际游客比例过低,过于依赖国内市场,中国游客占 94%。从出入境比例看,邮轮入境游处于低迷状态。疫情之后的入境游客更是达到了历史上的新低。当前我国邮轮旅游发展市场中,邮轮入境旅游的发展状态低迷,邮轮出境旅游增长率显著高于邮轮入境旅游增长率,邮轮出境旅游的发展速度加快、发展规模迅速扩大,在这种发展趋势下,为创新邮轮旅游产品、利用邮轮旅游资源、提升邮轮服务质量,我国邮轮旅游业的重点扶持方向为入境旅游。通过推动入境邮轮旅游的目的地建设、打造良好的邮轮旅游品牌形象、充分利用邮轮旅游的优势资源,提升我国邮轮旅游的竞争力。邮轮基础硬件设施与软件服务的推出以及具备本土邮轮特色的旅游产品的创新,创造了邮轮旅游发展新模式,促使本土邮轮旅游成为中国邮轮旅游的新业态,入境邮轮旅游的经济效益以及吸引力显著提升,但是目前本土邮轮旅游从本土邮轮艘次到邮轮游客数量都始终停留在初级阶段,刚刚开启的市场分布,亟待按照邮轮游客市场进行进一步细化,尤其是在全国邮轮旅游发展规划落地后,更需要全盘全局考虑本土邮轮的空间分布,以及邮轮重启后,国际邮轮和本土邮轮的空间差异化分布特征和差异化市场划分,更需要提前做好规划和重构。

9.4　经济结构有待优化

9.4.1　经济贡献率依然偏低

从邮轮全产业链发展角度,邮轮船公司是邮轮经济发展的核心部分,在整个邮轮经济发展中,邮轮船公司的经济增加值占据了较大的比例,占比达到 50％以上,其次是邮轮制造业,占比约为 20％左右。邮轮游客和船员在港消费是带来邮轮旅游产业直接经济贡献的五类消费之一。目前,中国接待的入境邮轮游客大部分是跟随访问港邮轮入境的,截至 2019 年中国邮轮出入境旅客人数为415.4 万人次,同比下降 15.3％。根据欧美地区的邮轮产业发展实践,邮轮产业链切入口的打开,需发展邮轮实体运营,对于我国邮轮产业的发展而言,只有建设发展本土邮轮船队,邮轮港口服务、邮轮船员就业、邮轮研发建造、邮轮管理咨询、邮轮旅游接待等系列产业的发展才能得以推动。根据邮轮母港指标的国际界定,只有邮轮港口年收益超过 4 亿美元、年均登船人次超过 10 万的港口才为邮轮母港,从邮轮产业的长远发展、邮轮港口的全面建设角度,要想激发邮轮母港的经济效应、创新本土化邮轮旅游产品,必须致力于近海邮轮船队的打造。邮轮乘客的旅游消费增值、主体活动的码头作业收入推进了我国下游邮轮港口的价值实现,由此可以看出,影响我国下游邮轮港口价值活动的重要因素包括了邮轮接待艘次、邮轮游客数量,因此邮轮接待艘次、邮轮游客数量是衡量我国邮轮产业发展水平、邮轮经济贡献指标的重要指标数据。基于邮轮接待艘次、邮轮游客数量在不同的港口城市之间存在较大差距,同一港口的不同年份之间也存在较大差距,使得不同区域、不同时间内,邮轮港口商务集聚区对区域经济发展的贡献度存在时空差异,以上海为例,有学者研究显示,邮轮产业对上海市的波及经济贡献、前向间接经济贡献占有较大的比例,而后向间接经济贡献、直接经济贡献占比较小,以对地区生产总值的贡献为例,上海市邮轮产业对地区的波及经济贡献占比为 36.6%,对地区的前向间接经济贡献占比为 62.3%,对地区的后向间接经济贡献、直接经济贡献仅占比 1.1%。未来中国和亚洲邮轮经济在邮轮旅游市场将进入 2~3 年的短期调整期,迫切需要调整当前邮轮产业供给结构,发展本土邮轮旅游,使邮轮供给体系更适应需求结构的变化。2021 中国及亚洲邮轮经济景气指数指出,2012—2022 年,中国邮轮经济景气指数分别为 100.29、101.15、101.37、101.99、102.27、102.53、102.31、102.23、99.65、100.18、100.89(预测值),如图 9-1,2021 年中国邮轮经济景气指数重回枯荣线以上,中国邮轮经济景气状况有所提升,并呈现出稳中求进的态势,2021 年我国邮轮经济由"战略调整期"的延长期进入有内生驱动的"调整恢复期"。要主动谋求产业政策系统性创新,是进一步推动邮轮经济高质量发展的重要内在动力,深化邮轮全产业链升级和价值链重构,是推动邮轮经济"双循环"新格局形成的重要内在支撑。

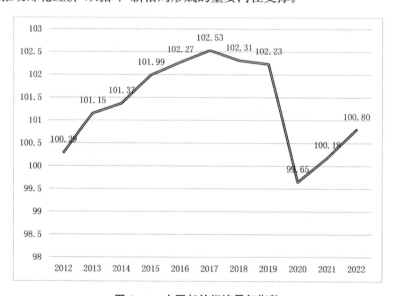

图 9-1　中国邮轮经济景气指数

9.4.2　邮轮港口收益红利偏少

疫情前,我国只有上海吴淞口国际邮轮港和天津邮轮母港实现了盈利,其他港口依然还在培育阶段。疫情后,随着全球邮轮的陆续复航,邮轮旅游线上销售成为邮轮船票的主要销售渠道,在线邮轮市场平台是当前我国邮轮运营管理模块的重要收益来源,邮轮航线数量、邮轮载客量是邮轮船票价格的主要影响因素,而邮轮船票价格影响着邮轮在线市场收入。当前我国在线邮轮销售的市场规模日益扩大、收入占比逐年增长,吸引了各大企业涌入在线邮轮市场,引起了在线邮轮市场内部的激烈竞争,但是从全产业链角度看我国邮轮收益,在邮轮配套服务、邮轮内饰装潢、邮轮研发建造等模块的收益较少,这些环节对中国经济发展的贡献度较低。我国邮轮产业发展的收益红利外流,需要充分发挥优势,加快发展我国本土邮轮公司,在价值链中实现真正的运营价值创造。价值链附加模式需要加快升级。从全球邮轮价值链建设角度,邮轮市场规模不断拓展、邮轮产业价值链遍布全球。以上海邮轮经济发展现状分析,上海的"一港两码头"运作模式已经形成,邮轮经济发展态势呈现高速发展特征,是我国邮轮产业发展的核心力量。然而,从我国邮轮产业所处的邮轮价值链环节角度,目前还处在下游港口接待环节,是邮轮产业价值链的低附加值环节,且当前很多港口城市尚不具备建设邮轮母港的条件,短期内很难完成邮轮母港的建设。

当前需加快升级我国邮轮产业价值链附加值,中国邮轮母港价值链建设不完善,主要集中在下游的价值链活动环节,价值链上游缺少邮轮研发与建造、价值链中游缺少本土邮轮运营公司,在这种邮轮产业价值链发展现状下,中国邮轮产业需要重点突破的是如何创造邮轮产业上中游的高价值链附加值活动。我国邮轮市场价格偏离价值,邮轮产业相关企业的邮轮运营成本较高,在邮轮售价方面,销售价格背离邮轮价值,邮轮销售价格偏低,国内平均售价总体来说仅为地中海同等级邮轮的 $72\%\sim78\%$,仅为北美同等级邮轮的 $66\%\sim72\%$,这种价格价值的不统一,使得邮轮公司的收益率较低,邮轮产品服务质量下降;邮轮运营成本较高,中国邮轮港口收费包括码头企业收费、政府规费两部分,同等情况下,国内停靠综合收费约比欧洲高出 $2\sim3$ 倍、比美国高出 $3\sim5$ 倍。基于上述分析,我国邮轮产业价值链需要向高附加值环节转型升级,进而促进邮轮价值链增效、降本、创新。

9.5　空间结构有待重构

9.5.1　邮轮港口布局需要合理规划

为推进邮轮码头设施的有序建设,促进邮轮旅游的持续、健康发展,《全国沿海邮轮港口布局规划方案》发布①,根据该方案要求,我国将加快构建全国沿海范围内的邮轮港口布局,于 2030 年前,形成以 2～3 个邮轮母港为引领始发港为主体、访问港为补充的邮轮港口布局。2018 年 9 月 28 日公布了《关于促进我国邮轮经济发展的若干意见》,由交通运输部、国家发展和改革委员会、工信部等十个中央部门联合发布,目标聚焦建设国际一流邮轮港口②。我国港口建设拥有优越的区位优势,拥有岛屿岸线的超过 18 000 千米、大陆海岸线 14 000 千米,已有上海、天津、青岛、大连、厦门、宁波、海口、汕头、广州、三亚等 15 个城市接待过国际豪华邮轮停靠,分别以天津、上海、厦门及三亚邮轮母港为核心形成四大邮轮港口集群,分别为环渤海邮轮港口群、长三角邮轮港口群、东南沿海港口群、海南邮轮港口群,许多城市邮轮港建设已取得了实质性的进展。

从港口建设的整体空间规划角度,不同邮轮港口建设区域之间没有形成协同发展、交错竞争的整体规划,邮轮港口存在着较强相互竞争性和替代性,如华北各个港口主要航线均为日本,同质化比较明显。从港口的地区分布看,我国母港邮轮产业发展的主要区域为华北、华东地区,华北地区的母港邮轮产业发展区以天津为代表,华东地区的母港邮轮产业发展区以上海为代表,其中上海吴淞口国际邮轮港口依然占据全国半壁江山。疫情前,华南地区增长趋势明显,厦门、深圳、广州在 2018 年的邮轮游客接待量与 2017 年相比分别增长了 100%、92.91%、20%,此外,2019 年粤港澳大湾区的出入境游客量在我国排名第二,超过环渤海地区出入境游客量的 16%,增长了 26%。深圳蛇口太子湾邮轮母港在 2019 年的邮轮接待艘次同比增长 9%,共 97 艘次;邮轮接待出入境邮轮游客同比增长 2%,共 37.3 万人次。厦门邮轮接待艘次同比增长 47.1%,共 136 艘次,邮轮游客接待量位列我国邮轮游客接待量的第四位,同比增长 27.4%,共 41.37

---

① 　交通运输部.交通运输部:全国沿海邮轮港口布局规划方案出炉[EB/OL].(2015.04.28)[2023-02-21].http://www.gov.cn/xinwen/2015-04/28/content_2854090.htm.

② 　人民日报海外版.十部门印发意见促进邮轮经济发展[EB/OL].(2018.09.28)[2023-02-21].http://www.gov.cn/xinwen/2018-09/28/content_5326143.htm.

万人次。新兴邮轮港口崛起开始丰富中国市场,如我国第一个开通国际邮轮的港口—江苏连云港,2018 年邮轮游客接待量 1.3 万人次,邮轮接待艘次 20 艘次;温州国际邮轮港自 2018 年 8 月 30 日实现常态化运营首航以来,共运营 9 个航次,其中钻石辉煌号邮轮 2 个航次,歌诗达邮轮 7 个航次,累计接待游客达 3 万余人次,温州国际邮轮港在 2019 年的邮轮游客接待量增至 4.5 万余人次,但两港没有访问港邮轮靠泊。

9.5.2　邮轮航线地区分布差异明显

从航线的地区分布看,华东地区邮轮航线相对丰富,航线主要集中在 5～22 晚,以邮轮航线时长 5 晚的数量最多,邮轮航线主要由威尼斯号、探索梦号、辉煌号、海洋光谱号邮轮运营,挂靠港主要集中在日本、越南、澳大利亚、新加坡等;华北地区邮轮航线集中于 5～6 晚,主要是由探索梦号邮轮和赛琳娜号邮轮运营,挂靠港主要集中于日本;华南地区邮轮航线则集中于 1～6 晚,邮轮航线主要由探索梦号、大西洋号、赛琳娜号邮轮运营,邮轮航线主要挂靠港集中在日本、越南、菲律宾、中国香港等。各港口均有了一定程度的发展,但是邮轮港口间缺乏实质性合作,邮轮港口的经营业务相似,始发邮轮航次目的地相似,基本都是日韩航线,航线比较单一,主要聚焦在日本,邮轮航线都是在某个区域单独挂靠,港口间的联动发展效果较弱、港口区域辐射市场十分有限,缺乏全国邮轮港口总体规划和布局,邮轮港口布局需要合理规划。另外,近年来,主要邮轮港口为了丰富邮轮航线,多方呼应和合作努力争取多点挂靠业务落地实施,但是各种制约和限制始终没能成行,另外沿海港口的联动常态化也没能有效实现。全球航线的丰富度、密度、差异度、频次都有待大幅提高。疫情以后,在外籍邮轮航线部署没有完全恢复的背景下,在我国自主建造、设计、运营的邮轮还没有足够运力的储备时期,我国邮轮航线如何实现丰富、多元、高频、高质、差异化、全球化、特质化是邮轮产业能否高质高量可持续发展需要破解的痛点和难点。

9.6　人才结构有待提升

9.6.1　人才供需失衡问题逐渐凸显

在邮轮产业人才的需求数量方面,我国邮轮产业自发展以来,市场规模得到迅速的扩张,邮轮旅游的市场需求增长迅猛,但邮轮产业的专业管理人才、高端技术人员缺远远无法支撑邮轮市场规模的扩大。邮轮旅游是综合性强、发展质量高的新型旅游方式,市场需求的增长趋势良好,吸引了更多的旅游爱好者前往体验,在国际邮轮旅游市场高速发展的背景中,我国邮轮旅游市场也得到了迅速扩张。随着我国邮轮旅游市场规模的不断拓展,沿海港口城市应更加注重区域邮轮港口的兴建,以促进邮轮产业的不断发展,提高邮轮旅游吸引力,同时对邮轮旅游人才的培养工作也需提上日程。我国邮轮市场在 2016 年有抒情号、喜悦号、海洋量子号等 18 艘母港邮轮,且母港邮轮数量不断增长,邮轮母港规模不断扩张,在 2017 年,诺唯真邮轮向中国邮轮市场投放全新的喜悦号,公主邮轮向中国邮轮市场投放全新的盛世公主号,丰富了邮轮产品种类,拓展了邮轮游客的可选择空间。随着我国邮轮旅游产品的丰富、邮轮旅游市场的扩张,我国邮轮母港的邮轮船员数在 2017 年为 18 795 人,与 2010 年的 1 331 人相比,增长了 13.1倍,假定不受疫情影响下,我国邮轮船员需求量预计到 2020 年达到 25 768 人、2022 年达到 31 200 人。为邮轮旅游服务水平的提高,船员的高品质服务能够被每一位邮轮乘客享受到,邮轮公司为豪华邮轮配备了较多的船员,服乘比达到2∶1,且这一比例在不断提升,一定程度上扩大了对邮轮旅游人才的需求。国际邮轮旅游业劳动密集特点显著,需要更多具备良好素质的人才,邮轮旅游人才伴随着运营邮轮数量的增多,需求量得到持续增大,面对船上邮轮服务人员数量需求的增长,为了使日益增长的市场需求能够得到充足的邮轮旅游人才供给,我国邮轮产业将进一步推进邮轮旅游人才的培养。当前我国的本土邮轮企业逐渐发展、本土邮轮船队加快构建,邮轮人才的供给速度远远落后于邮轮市场的增长速度,且由于邮轮旅游人才的培养极其漫长,造成邮轮市场的持续稳定发展受邮轮旅游人才供需矛盾的制约,另一方面为创新中国特色的邮轮服务形式、为国内外邮轮乘客提供多元化的邮轮旅游服务,对中国籍船上服务人员的需求也日益扩张。

在邮轮产业人才供给数量方面,邮轮市场的增长速度远高于邮轮旅游人才的供给速度。为培养国际化、应用型邮轮专业人才,国内首个邮轮经济专业于2004 年在上海工程技术大学设置,同年秋季招收首批学生,随后开设研究生层次邮轮经济方向。其他开设邮轮经济专业的院校主要聚焦在高职高专院校,相关的邮轮旅游专业如海乘服务方向、客房管理方向、邮轮乘务方向、餐饮管理方向等相继开设,但学生数量有限、院校数量较少。我国邮轮市场规模不断扩大,邮轮企业相关服务机构、国际邮轮港口、邮轮分销旅行社、邮轮运营企业对于邮轮旅游专业人才的需求大量增加,但由于邮轮旅游人才供给的严重不足,推动了教育培训机构参与到邮轮旅游人才的教育培训工作中。

从邮轮产业人才需求质量看,高度创新型、高度复合型、高度国际化的邮轮旅游是现代化高端海洋旅游方式,集餐饮住宿、购物消费、休闲度假于一体,邮轮旅游主要以出入境的形式展开。具有高度国际化属性的国际邮轮旅游,主要从我国邮轮母港出发,前往国际港口城市,邮轮乘客的国家、地区、城市不尽相同,文化差异性较大,且邮轮船员同样来源于不同的国家、地区、城市,船员与乘客之间要进行良好的沟通能力,就需要邮轮人才具备国际化才能以及更高层级的自身素质和工作能力,随着"一带一路"倡议的推进,在市场区域、市场竞争等方面的全球化趋势越发明显,新冠疫情结束后的国际邮轮旅游市场,国际化程度会再度提高。邮轮旅游人才除邮轮专业知识外,对国际邮轮目的地的文化特点、风俗习惯要十分了解,对国际邮轮市场发展的现状和趋势也要十分熟悉,要具备良好的外语沟通能力和技巧。此外邮轮上的娱乐休闲项目具备高度的集成性,邮轮乘客对于娱乐休闲项目的可选择范围较大,因此邮轮旅游人才需要具备娱乐休闲项目的实践操作及运营管理技能。邮轮旅游人才在提升邮轮旅游专业性的同时,要积极学习诸如旅行社管理、饭店管理、酒店管理等多领域管理理论,还需具备危机处理、服务技巧、服务礼仪等能力。邮轮旅游人才需要在实践中将学习到的理论知识价值最大化,并具备掌握新的知识和技术的能力,不断提升持续创新的能力以及对新事物的适应性能力。

在邮轮产业人才的供给质量上,邮轮旅游人才是一批对行业理解深入、国际化程度高、素质水平高的高层次复合型人才,与一般的旅游类人才相比,邮轮旅游人才具有更高的复合性。然而由于我国在培养邮轮旅游人才的过程中,不少院校仅开设旅游管理专业,在传统旅游管理专业之下设立邮轮旅游专业,相应就会导致邮轮旅游专业国际化、专业性教材教案的缺乏。由于缺乏对邮轮旅游的深入认识,不少学生要想从事邮轮旅游行业,往往需要在工作岗位上参与大量的学习与培训,给邮轮企业带来了较大的培训成本负担。与邮轮旅游的高度国际化属性相比,我国邮轮人才的培养过程由于缺乏对国际邮轮的了解,国际化层次较低。此外邮轮旅游业的人才队伍总体水平不高、质量参差不齐也是当前的重点解决难题,邮轮旅游业对邮轮人才的急需性,使得邮轮旅游工作者未经过系统地专业学习、仅通过短期的培训就加入邮轮旅游业,不利于邮轮旅游人才队伍的培养。我国邮轮旅游人才供给结构失衡问题具体见图 9-2。

在邮轮产业人才供给类别方面,邮轮旅游业是高层次、综合性产业,更多需要的是高层次人才,然而我国不少开设邮轮专业的大专院校、高等职业学校将邮

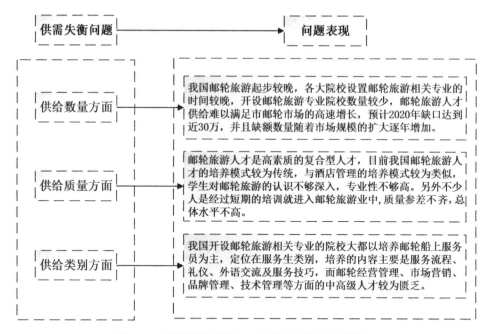

图9-2 我国邮轮旅游人才供给结构失衡问题分析

轮旅游专业的培养目标设定为服务员,授课内容仅为邮轮船上的外语交流、服务礼仪、服务流程,培养模式为订单式的培养输出,人才队伍为邮轮服务的基层人员。然而邮轮船上乘务人员仅仅是邮轮人才队伍的一小部分,在邮轮人才队伍中处于较低的层次地位,而邮轮旅游业中的技术管理、品牌管理、市场营销、经营管理等方面的中高级人才仍然缺乏,此外中国邮轮市场亟需更多的专业化邮轮分销人才、邮轮经营管理人才为邮轮分销商、国际及本土邮轮企业服务。

从我国邮轮产业人才需求类型看,随着我国邮轮旅游产品的增多、业态的逐步完善,需要更加多元化的人才类型,通过多元化邮轮旅游人才的智力支撑,打造综合性、全面性的邮轮旅游业发展业态,我国邮轮旅游人才需求结构如图9-3。邮轮旅游业涵盖邮轮相关配套服务、邮轮港口的邮轮接待、旅行社的邮轮船票分销、邮轮公司的邮轮运营管理。在邮轮产业链上游的邮轮研发与建造环节,对邮轮人才的技术水平要求较高,上游环节的高端人才如邮轮研发人才、邮轮建造人才在我国极为匮乏,邮轮建造的供应链管理人才也十分稀缺。在邮轮产业链中游的邮轮运营管理环节,对客舱管理、娱乐管理、餐饮管理等方面的邮轮运营管理人才需求较大,岸上部分主要包括邮轮资本运营、邮轮品牌管理、邮轮航线规划、邮轮产品开发等,是邮轮公司运营管理、战略规划、策略制定

的重要基础;船上部分主要包括旅游咨询、基层管理、节目组织、餐饮服务、客舱
服务等方面的邮轮人才。在邮轮产业链中游的安全保障、轮机工程等技术型人
才也十分稀缺。邮轮产业链上游环节,主要包括了邮轮维修保养、邮轮港口建
设、邮轮金融保险、邮轮旅行社管理等基础性支持环节,是邮轮旅游业稳步发展
的保障环节,对于码头作业的管理人员、邮轮船供服务人员、邮轮配套服务人员
等的需求较大。

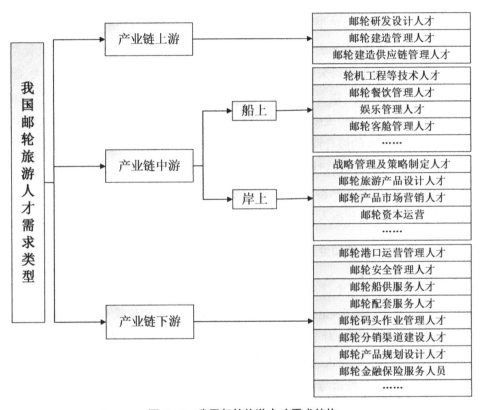

图 9 - 3　我国邮轮旅游人才需求结构

　　旅行社环节主要是邮轮分销,包括了邮轮广告宣传、邮轮产品规划、邮轮计
调与导游、旅行社地接人员等邮轮专业人才,此外邮轮广告服务人员、酒店住宿
服务人员、邮轮金融保险服务人员随着邮轮旅游市场的扩张,需求也逐步增加。
通过"专家打分法"对我国邮轮旅游人才的需求程度进行调研得出,邮轮研发建
造的工程复杂、人才需求量大,然而当前我国邮轮研发建造领域的人才难以满足
产业发展需求,邮轮产业链上游的专业人才按照紧缺程度划分,邮轮建造供应链

管理人才、邮轮建造管理人才、邮轮研发设计人才都属于非常紧缺型,非常紧缺型人才的数量稀缺且不具备或具备较少的行业通用性。邮轮产业链中游的专业人才按照紧缺程度划分,相对紧缺型有战略管理及策略制定人才、邮轮运营高级管理人才、邮轮资本运营人才、邮轮旅游产品设计人才,比较紧缺型人才虽然人数缺少,但具有一定的行业通用性,有邮轮产品市场营销人才、邮轮娱乐管理人才、轮机工程等技术型人才,非紧缺型人才有邮轮客舱管理人才、邮轮餐饮管理人才。邮轮产业链下游的专业人才按照紧缺程度划分,相对紧缺型有邮轮产品规划设计人才、邮轮分销渠道建设人才、邮轮配套服务人才、邮轮港口运营管理人才,一般紧缺型有邮轮金融保险服务人才、邮轮船供服务人才、邮轮安全管理人才,非紧缺型有邮轮码头作业管理人才。我国邮轮市场发展规模迅速扩大、邮轮经济增长态势良好,需要大量的邮轮人才予以支撑,在劳动密集性特征上,邮轮旅游业人才培养与传统旅游业人才培养模式有着本质属性上的相通性,但同时由于邮轮旅游业的综合性发展特征,邮轮旅游业人才培养与传统旅游业人才培养模式相比又有其独特性、专业性、复合性。面对当前我国邮轮旅游发展过程中的供需矛盾性,需要从邮轮旅游人才的供给类别、供给质量、供给数量等方面加以改善,推进邮轮旅游人才的供给结构性深入改革。

9.6.2 人才培养和发展不均衡不协调

9.6.2.1 邮轮人才信息建设发展呈现不均衡性

对于邮轮港口城市,全国范围内的邮轮港口城市地理位置不同、区域经济各异,且经济发展不平衡;对于非邮轮港口城市,由于对邮轮人才信息库建设的关注不够、构建不足,邮轮人才信息库的管理机构、建设渠道、信息来源均无法提供,因此在邮轮港口城市与非邮轮港口城市之间的信息库建设存在显著地域差异性。从不同邮轮公司角度,企业营收不同、对邮轮人才信息库的重视程度不同,导致不同邮轮公司在邮轮人力资源信息建设方面呈现出不均衡性发展特点。

9.6.2.2 邮轮人才信息库建设的版本和标准呈现不一致性

基于邮轮港口、邮轮公司、邮轮企业对于邮轮人才的培训时间不同、人才类型各异,且构建数据库的时间、版本均存在差异,导致邮轮人才信息库建设没有统一的标准,因此邮轮人才数据库的信息管理、应用模式、数据信息、逻辑结构等在不同的机构间无法彼此关联、协同建设,邮轮人才信息库相关指标数据的统计与计量很难实现,也就无法实现不同数据库之间的数据交换与共享。

9.6.2.3　邮轮人才信息管理模式有待转变

当前主要是基于人事档案管理、人力资源管理的模式构建邮轮人才信息库，尽管部分地区与单位已经对人事档案、人力资源采取了信息化管理手段，但由于资金投入不足、信息更新不及时、软硬件设施不健全等现象，会出现信息检索混乱、信息档案分类不准确、信息输入错误、信息系统不健全等问题，因此要实现邮轮人才信息库的建设与完善，需加快智能化、网络化、数字化在邮轮人才信息库建设过程中的应用，在档案管理上，做到对人力资源的开放式管理，不同邮轮机构均可使用该邮轮人才信息库，发挥邮轮人才信息库的最大价值。

9.6.2.4　邮轮人才信息建设同质化、差异化明显

信息建设重复：因为我国邮轮业依然在高速上升发展的阶段，所以很多网站对于邮轮旅游没有非常全面以及深刻的认识，在人才信息系统的建设中，都比较针对静态的信息，信息大部分都是大同小异，有一定程度的重复。

信息系统信息单一：一般人才信息系统根据网站的性质和面对的服务对象应该是分开的，这样可以便于搜索和管理数据。不同的人才信息系统对于信息的分类和介绍都是不一样的，部分人才的照片视频以及个人介绍等比较完善和丰富，部分人才信息则是单单运用大段文字介绍，信息较单一。

信息更新慢：邮轮旅游的发展速度较快，邮轮旅游人才信息一直不断变化。但是目前人才信息系统数据更新缓慢，导致错过许多合适的邮轮人才。很多相关网站的人才信息为几年以前的，极少更新，时效性差，使得浏览者对其失去兴趣。

邮轮人才信息采集困难：邮轮旅游人才的涉及面多样、地域分布广泛，导致邮轮人才信息采集困难。而且前期没有专门从事邮轮人才信息采集的机构和单位，使得要建设邮轮旅游人才系统比较困难。建设一个邮轮人才信息系统本身就需要大量的人员投入其中，而且目前还有许多功能未开发，这也为邮轮旅游人才信息系统建设带来困难。

第 10 章　我国邮轮产业结构优化目标设想

10.1　总体目标

10.1.1　总体目标衡量指标

参考国家全域旅游示范区验收标准和全球邮轮产业发展报告中相关的指标体系,设想我国邮轮产业结构优化衡量指标,聚焦在邮轮产业对当地 GDP 的综合贡献、对新增就业岗位的贡献、对城镇居民增收的综合贡献、在区域市场产出的份额占比四个方面,具体为:邮轮产业对当地 GDP 综合贡献大于 15%;对区域市场的份额综合贡献大于 15%;对新增就业岗位的贡献大于 20%;对城镇居民增收的综合贡献大于 15%。同时参考国家旅游示范区八大"优先"效益支持的方向,建立我国邮轮产业结构优化调整的重点支持方向,具体如下:

(1)财政支持:优先纳入中央和地方预算内投资支持对象。

(2)基础设施:优先支持邮轮产业基础设施建设。

(3)投资支持:优先纳入旅游投资优选项目名录。

(4)宣传推广:优先纳入国家旅游宣传推广重点支持范围。

(5)改革试点:优先纳入国家旅游改革创新试点示范领域。

(6)优先支持 A 级景区等国家重点旅游品牌创建。

(7)人才培训:优先安排邮轮旅游人才培训。

(8)重点联系:优先列入国家文化和旅游部重点联系区域。

10.1.2　优化思维导向

全域化思维：实现邮轮旅游市场中公共服务设施与产品的全域覆盖，突破现有港口为中心的区域限制。

供给侧改革思维：基于中国邮轮市场需求，利用邮轮全产业链市场覆盖、全产业要素覆盖、全服务要素覆盖的特点，优化服务供给，为邮轮游客提供完善的服务，充分实现供给侧优化。

市场化思维：邮轮旅游和产业要素相关公共服务的提供以政府为主导，带动邮轮全产业链企业参与，政、产、学、研、用五位一体，实现市场化运营。

产品化思维：用"产品化"思维来进一步优化邮轮全产业链相关的产品结构，提升邮轮全产业链相关产品的服务能级。

新基建思维：加快构建新基建对邮轮经济发展、产业结构转型升级等方面的促进作用，创新新基建在其"价值链—企业链—供需链—空间链"四个概念维度进行的重塑整合，全面提升新基建对邮轮产业竞争力提升的赋能效果。

10.1.3　总体目标设想

积极对接"一带一路"、长江经济带、京津冀协同发展和粤港澳大湾区等国家战略，积极加快邮轮文旅一体化建设步伐，全面构建中国邮轮文化、中国邮轮品牌、中国邮轮服务、中国邮轮制造，深化我国邮轮服务贸易全面开放新格局，全面提升我国邮轮经济能级，全面规划我国邮轮产业发展，参考国家《沿海邮轮港口布局规划》[①]，全面优化我国邮轮港口布局和邮轮经济发展结构，在全球邮轮市场的份额显著提升，力争成为全球第一大邮轮旅游市场，加快提升我国嵌入全球邮轮产业价值链的整体能力，力争成为全球第一大邮轮母港，将我们邮轮产业打造成四个"全球第一"，即全球第一大邮轮旅游市场、全球第一大邮轮母港、全球第一大邮轮港群、全球第一大邮轮经济圈。

---

① 交通运输部.交通运输部:全国沿海邮轮港口布局规划方案出炉［EB/OL］.（2015.04.28）［2023 - 02 - 21］.http://www.gov.cn/xinwen/2015-04/28/content_2854090.htm.

10.2　阶段目标

10.2.1　近期目标(2023—2027)

邮轮市场渗透率达到 1%,入境邮轮游客占邮轮游客比例达到 10%,邮轮游客年均增长保持在 50%～60%,邮轮游客量达到 600 万人次,邮轮产品更加丰富,邮轮制造加快发展,本土邮轮运营占比达到 5%,邮轮物资配送从质量到数量达到亚太第一,邮轮设备国产化率达到 40%,邮轮经济规模超过 500 亿元,邮轮产业结构进一步优化,邮轮港群进一步建设,邮轮母港稳居亚太第一,力争成为全球第三大邮轮母港。

10.2.2　中期目标(2028—2032)

邮轮市场渗透率达到 2.5%,入境邮轮游客占邮轮游客比例达到 20%,邮轮游客年均增长率保持在 60%～70%,邮轮游客量达到 950 万人次,邮轮产品更加丰富,邮轮制造业加快发展,本土邮轮运营占比达到 10%,邮轮物资配送从质量到数量达到亚太第一、国际领先,邮轮设备国产化率达到 60%,邮轮经济规模超过 800 亿元,邮轮产业结构进一步优化,邮轮母港稳居亚太第一,力争成为全球第二大邮轮母港。

10.2.3　远期目标(2033—2037)

邮轮市场渗透率达到 3.5%,入境邮轮游客占邮轮游客比例达到 25%,邮轮游客年均增长保持在 30%～40%,邮轮游客量达到 1 450 万人次,本土邮轮运营占比达到 30%,邮轮物资配送市场达到亚太第一、全球第一,邮轮设备国产化率达到 80%,邮轮经济规模超过 1 000 亿元,力争成为全球第一大邮轮旅游市场,邮轮母港力争成为全球第一大邮轮母港。

第 11 章　我国邮轮产业结构优化的路径分析

11.1　上游推进邮轮高端制造

11.1.1　加快本土邮轮制造向全球价值链攀升

影响邮轮产业收入结构的有邮轮研发建造水平、邮轮运营管理能力、邮轮配套设施服务等,邮轮产业链、价值链在新冠疫情后全面重构,产业链不再局限于邮轮港口服务、邮轮旅游市场,逐步延伸至邮轮研发建造、邮轮内饰装潢、邮轮修理改造等领域,其中高附加值、高科技含量的邮轮研发与建造在我国邮轮全产业链的作用日益凸显。我国邮轮全产业链构建应定位在高附加值、高科技含量的邮轮产业链上游,通过"引进、消化、吸收、再创新"的模式,引导我国豪华邮轮产业价值链向高端攀升,构建邮轮全产业全面发展格局。为摆脱长期处于邮轮价值链低端的现状、打破邮轮资源要素约束的局限性、获取更高的价值分配比例,应掌握豪华邮轮研发建造技术,积极发展以邮轮研发建造为核心的高端制造业和配套产业,通过邮轮产业的高质量发展、创新性引领,以豪华邮轮的研发建造助推国家高端制造水平的提高,促进信息技术、数据资源、制造技术的深度融合,获取更高比例的价值分配。

从上海市邮轮产业链上游的发展现状来看,上海国际邮轮设计平台以"科创"名义设立,是我国邮轮产业全方位、高质量发展的关键一步。根据《上海国际邮轮设计平台建设管理办法（试点）》[①]，为打造网络化、开放型邮轮设计平台，需汇聚邮轮设计资源、培育本土邮轮设计市场，此外通过新型研发组织、高水平功能平台的打造，完善上海科创中心的基础创新功能，突破邮轮研发建筑对关键核心技术、重大共性技术的攻关，在核心技术领域、基础科技领域均能取得进展与突破。引领邮轮产业转型升级的核心力量主要有邮轮产业的科技创新，为建设"豪华邮轮设计技术中心"、营造良好的科研创新生态环境，需要挖掘各类邮轮设计与创新资源，邮轮产业转型升级需要服务于本土豪华邮轮建设发展目标，港口城市需积极培育引进豪华邮轮配套产业以及邮轮领域龙头骨干企业，加强港口城市的政策制定以及政府对邮轮产业的扶持力度，充分发挥豪华邮轮配套产业的集聚辐射效应，加快打造豪华邮轮技术与评级中心、构建豪华邮轮技术功能型与公共服务平台，切实促进创新成果涌现、创新活力迸发、创新要素集聚，提升邮轮产业自主创新能力。从邮轮建造与配套产业的企业角度，要充分发挥招商局集团、中船集团等国有企业的资源优势，创建邮轮配套产业领域的维修服务工程企业、邮轮设计企业、高新技术企业；从邮轮产业人才培养角度，要积极打造国产邮轮研发设计的国家级团队，培养项目管理人才、建造研发高技术人才，支持引导有条件的企业在政府应用示范工程、产学研合作、邮轮技术中心建设等方面实现突破，着力实施知识产权战略、营造双创氛围，推动自主知识产权创造、运用和保护并举；从邮轮研发建造与中国本土文化的有效对接角度，推进国产中式邮轮的设计建造，推进中国船舶集团在邮轮设计建造关键技术和"卡脖子"难题上的突破，使我国邮轮产业发展走上"快车道"，实现批量设计建造。

11.1.2　积极推动邮轮全产业链联动发展

为加快本土邮轮企业的培育、加速邮轮配套产业价值链的构建，需要积极培育"链主式"本土邮轮领军企业。我国邮轮市场庞大，本土邮轮企业必须服务于国内邮轮市场，通过对本土邮轮企业的充分利用，构建自身主导的邮轮配套价值链，并将本土邮轮企业与邮轮配套价值链拓展到国际市场。为了培育具有国际竞争力的本土邮轮企业、推进本土邮轮企业之间的合作与协同，需要积极发展修船服务业、分段制造、邮轮改装等，进一步优化豪华邮轮配套产业链结构。在修船服务业领域，推进船舶服务公司、邮轮配套协会、造船协会、配套企业之间的合

---

① 上海国际航运研究中心政法所.邮轮经济发展中的关键领域建言献策——以"科创"名义设立上海国际邮轮设计平台,迈出我国邮轮产业起飞关键一步[EB/OL].(2020.06.25)[2023 - 02 - 21].https://www.sohu.com/a/404140631_100012580.

作,推进本土邮轮的修理修造服务水平;邮轮分段制造领域,提高本土邮轮分段制造企业的成本竞争力,推进分段标准化,促使船厂的分段制造从国外外包转向国内外包;船舶改装领域,为船舶改装企业提供技术支持、成本扶持,促进海工装备、高附加值船舶在我国开展改装工程。为了国产邮轮研发与建造能够获得良好的配套支持,需要在邮轮产业链上游加快培育国产邮轮研发建造,优化完善豪华邮轮建造配套供应链体系,本土邮轮企业要大力推动本土豪华邮轮的研发建造,构建区域全产业链发展布局、拓展邮轮配套产业链。

11.1.3　推动构建邮轮设计建造产业集群

《2019 年邮轮制造产业链及行业应用分析》指出,目前我国邮轮制造总体来说处于全球价值链较低端的位置,高级豪华邮轮的制造话语权基本都在国外企业,因此我国邮轮制造仍有较大向上空间,由于邮轮配套产品资质认证的费用较贵、周期较长、程序复杂、认证标准高,目前邮轮建造的国内配套供应能力还比较弱,要想成为合格的邮轮配套供应商,本土邮轮企业还需较大的前期投入、较长的盈利周期①。在中国制造 2025 加速推进的步伐中,为加快打造国产邮轮建造设计品牌,邮轮研发建造基地的建设投入力度需要进一步加大,借助我国在邮轮研发建造领域的平台与资源优势,鼓励各类低碳、零碳技术装备在邮轮上的研发、集成及应用,鼓励邮轮港口安装岸电设施、替代能源加注设施等配套设施。抓住长三角一体化的战略机遇,发挥船舶设计制造及配套方面的技术和资源优势,为邮轮产业基金的落地实施以及邮轮产业园的规划做好充分的前提准备工作,为打造长三角以及全国范围内的邮轮研发建造国际级产业集群,需要联合各部门推动邮轮研发建造重大研发项目的攻关,共建邮轮产学研用平台。

11.1.4　争取邮轮建造专项财政政策支持

邮轮研发建造需要巨额资金的强力支撑,国外邮轮的邮轮研发建造、邮轮修理改造得到了国家政府部门的财政金融支持,如贴息低息造船贷款政策在德国、法国等邮轮造船企业得到了大幅度实施。从我国财政金融支持政策角度,我国在商业银行、社会资本、产业基金以及相关金融领域实现了创新,此外邮轮建造科研创新应该对国家专项财政金融资金、港口城市的专项资金加以利用,通过国

---

① 观研报告网.2019 年邮轮制造产业链及行业应用分析[EB/OL].(2019.03.01)[2023 - 02 - 21]. https://free.chinabaogao.com/jiaotong/201903/0314023022019.html.

家专项财政金融资金、港口城市专项资金的支持与支撑,鼓励本土邮轮的研发建造、邮轮维修改造。对于符合国家重大科技专项研制保障条件的邮轮建设项目,相关部门应借助专项扶持资金、产业转型契机等的助力作用,给予相应配套产业的支持,充分利用国家首台重大技术装备保险补偿机制和高端智能装备首台套政策,支持邮轮建造产业链相关企业的产业能级提升,充分运用工业强基、新材料首批次等专项政策,加强对邮轮核心工艺研发、复合材料应用、邮轮关键部件或系统的支持力度。支持国产邮轮配套产品申请国际海事组织产品认证,支持邮轮配套企业申报国家高新技术企业,对于获得认证的邮轮配套产品,按照认证费用给予一定比例补贴。

11.2　中游优化邮轮营商环境

11.2.1　设立推广税收优惠和奖励减免政策

中国邮轮旅游发展示范区是中国首个邮轮旅游发展实验区的全面升级,于2019 年由国家文化和旅游部正式批准同意创建,为促进我国邮轮产业的政策创新,加快首个中国邮轮旅游发展示范区的建设,上海宝山区发布《关于加快宝山邮轮经济发展的实施意见》[①],对上海宝山区的邮轮经济发展具有积极贡献的企业及项目进行专项支持,经认定为跨国公司地区总部的邮轮企业,可享受上海市及商务部对于跨国公司地区总部的相关政策规定,参照"新型国际贸易结算中心试点"企业,享受 15％的所得税优惠,邮轮企业从境外租赁邮轮实行税收优惠和减免。广州市南沙区文化广电旅游体育局于 2021 年 6 月开展了《2022 年广州市商务发展专项资金服务贸易事项邮轮产业(南沙区)(2020 年度)》申报工作[②],针对港口运营保障企业、旅行社、邮轮公司在广州市南沙区开展相关邮轮业务的企事业单位进行补助和奖励,聚焦于邮轮设计与建造业务、邮轮企业和旅行社、邮轮母港运营服务、新设邮轮公司、港口查验配套服务等给予奖励和补助,上述奖励和补助是其他港口城市的重要借鉴和参考。

---

① 上海市宝山区人民政府.关于加快宝山邮轮经济发展的实施意见[EB/OL].(2020.04.28)[2023－02－21].https://www.shbsq.gov.cn/shbs/cyzc/20180907/4566.html.

② 广州市南沙区文化广电旅游体育局.关于开展 2022 年广州市商务发展专项资金服务贸易事项邮轮产业(南沙区)(2020 年度)申报工作的通知[EB/OL].(2021.06.08)[2023－02－21].http://www.gzns.gov.cn/gznswglt/gkmlpt/content/7/7321/mpost_7321751.html＃10941.

11.2.2　积极引进和组建邮轮公司

第一,加快推进邮轮市场多主体供应,政策支持以及资金扶持应该在本土邮轮的邮轮船龄限制、邮轮购置与交易、邮轮公司工商注册、南海区域邮轮旅游等多方面予以设置。此外,当前仍然存在着诸多的政策问题限制着国外邮轮加入中国籍,如在国内登记注册按规定在国外购置、建造的船舶,需要缴纳 17% 的增值税以及 9% 的进口关税,合并税率为 27.53%,而邮轮船价值上亿甚至十几亿美元,因此高额的税率对于邮轮船舶的购入是一项很大的负担,且邮轮的购入采用的是货轮的进口管理办法,没有专门针对邮轮的购入规范,这种邮轮购入规范的缺失限制了邮轮的购入,导致船龄超过十年的船只不能购入中国,然而运行二三十年的邮轮仍然处于新船阶段。按照相关规定,邮轮入中国籍、挂五星红旗后,邮轮上的博彩类娱乐项目将无法开设,且邮轮上的船员必须是中国人,因此部分中资船队在选择进入中国市场时,会首先选择在巴拿马或者香港注册邮轮公司,加入当地船籍、挂巴拿马国旗,随后才进入中国邮轮市场开展运行活动。邮轮产业可以参考"非限即入""非禁即入"原则,打破中国邮轮市场进入的隐性壁垒,简化邮轮企业登记流程,给邮轮企业发展创造充足的市场空间,开通绿色通道以维护邮轮旅游消费者权益,积极鼓励引导国内企业通过合作与联营、购船、租船等方式设立本土邮轮公司、打造本土邮轮船队。第二,通过制定推行外资准入和扩大开放政策,支持鼓励港口公司、国际邮轮公司、本土轮船公司、旅游公司展开合作,设立合资国际邮轮公司。第三,在中国籍邮轮船员的比例方面,适当降低对中国籍邮轮船员比例的限制,在邮轮船龄方面,可以根据邮轮的实际情况,对邮轮船龄的限制延长至 40～50 年,在优惠以及补贴方面,对租船和买船的邮轮企业给予低息贷款或者贴息,订制中型以上新型邮轮的邮轮企业给予财政性补贴以及税收优惠。第四,在航线开展方面,邮轮航线是邮轮旅游产品的核心要素之一,是邮轮旅游市场最具吸引力的一部分,为支持本土邮轮品牌发展,可以只允许本土邮轮品牌开展如南海航线、公海游航线、近海航线等部分航线类型,内河航线、南海航线、近海航线可以优先由拥有悬挂五星红旗的邮轮开展航线活动,此外可以整合沿海旅游资源、国内港口资源、城市旅游资源,开发"周末航线"邮轮旅游产品,吸引更多的年轻人乘坐邮轮。

11.2.3　促进本土邮轮运营提质增效发展

结合中国邮轮旅游的产业政策方向、发展基础资源,在充分借鉴国内外邮轮运营经验的基础上,挖掘全球邮轮旅游优势资源、发挥本土邮轮创新优势,打造本土邮轮品牌、组建本土邮轮船队。针对我国邮轮产业发展现状,高质量提高豪华邮轮的运营管理能力,提升旅游商贸服务业、生产性服务业、配套产业链的发展能级,通过创新邮轮旅游产品、开发邮轮旅游航线、提升港口服务水平,实现邮轮旅游向优质服务转变,推动邮轮旅游产品的特色化、品质化、多元化发展。在邮轮航线设置方面,支持鼓励邮轮公司开辟挂靠港邮轮航线,开辟从母港始发的邮轮航线,科学有序地增加邮轮航次密度。构建国际邮轮业运营管理体系,针对新冠肺炎疫情对邮轮旅游的影响,相关政府部门同邮轮旅游实验区、邮轮旅游示范区等试点港出台《邮轮防疫指引》①,完善邮轮防疫专项管理标准和细则,并进行法治化升级,将游客和船员纳入"行前预检—行中监控—行后跟踪"三级健康状态管理系统,优化中资邮轮产业营商环境,提高其在疫情防控下的生存能力。在邮轮人才培养方面,邮轮高端人才的培养目标应该定位于复合型、国际化、专业性的邮轮运营管理创新人才,组建中国邮轮运营管理团队,积极主动对接邮轮产业的发展需要,提升邮轮运营管理的国际化水平。

11.3　下游优化邮轮配套服务

11.3.1　创新邮轮船供监管模式

(1)简化邮轮货柜过境监管程序。建议海关总署明确"中国邮轮旅游发展实验区"内邮轮供船物品和过境物品纳入一般货物贸易报关管理范畴并对过境供邮轮货柜采取过境监管模式,简化相应的程序,需要向国家质检总局争取以下政策:对需要检疫审批的供邮轮食品如冷冻水果、蔬菜、乳制品、水产品、肉类等,国家质检总局授权上海检验检疫局开展检疫审批;国家质检总局授权上海检验检疫局批准供邮轮食品从上海过境,并由上海检验检疫局指定过境口岸和过境路线;对过境供邮轮食品只实施检疫,不再按照进口食品的要求实施检验。

(2)推进邮轮船供贸易便利化。建议扩大邮轮专用保税仓库的功能,既可存放过境转运供邮轮物品,又可存放本地企业国外采购的供邮轮的物品,还可存放本地采购用于供邮轮的出口货物;建议复制推广自贸区相关货物贸易便利化制

---

① 中国水运网.全国政协委员、江南造船科技委主任胡可一:推动疫情常态化时代我国邮轮产业复苏[EB/OL].(2022.03.08)[2023-02-21].http://www.zgsyb.com/news.html? aid=618696.

度,如国内供船货物入区即可退税,在区内可以进行简单加工和包装,打造集加工、存储、物流、采购等功能为一体的国际一流邮轮船供给基地。

11.3.2　打造邮轮信息公共服务平台

11.3.2.1　构建上海邮轮物资配送中心

对接上海自由贸易港、自由贸易区的发展建设政策,推进"区港联动"发展,建立国际邮轮物资配送中心、国际邮轮物资海关特殊监管区等,推进邮轮物资的本地采购、国际邮轮物资供应链的创新发展,积极推进国际邮轮港中自由贸易港政策的实施。为提升区域邮轮经济产出水平、建立高效的邮轮物资供应体系,应优化进口邮轮物资转运操作流程、设立邮轮船供物资专用保税仓库,积极与检验检疫制度、海关监管制度实现对接。一是对接"一带一路"国家发展战略,构建"全球采购—本地转运"的供应链价值体系,依托中国邮轮客源市场的发展潜力、市场规模,降低国际邮轮物资采购成本;二是对接"区港联动"发展模式,依托上海邮轮港的市场优势、区位优势,延伸本地邮轮物资供应链;三是对接国际产业合作体系,全球邮轮物资供应体系加快在上海布局规划,提升我国邮轮物资在全球邮轮物资供应的话语权。引入"互联网＋"思维,在上海地区建立邮轮旅游跨境商品电商平台、邮轮旅游跨境商品交易中心,加强上海地区与亚洲主要邮轮港口之间的区位合作,优化邮轮电商支付功能体系,实现邮轮旅游跨境商品的"体验式营销"转型,提高邮轮旅游消费者的购物体验。

11.3.2.2　打造邮轮政务与商务信息平台的配套与服务

邮轮政务与商务信息平台要注重激励创新、协同运作、资源整合、全面联网,邮轮信息平台的设计要遵循经济适用、安全可靠、开放兼容、先进成熟的原则,致力于服务教学科研、邮轮企业、主管单位、邮轮游客等主体。构建涵盖邮轮电子商务网站、邮轮电子政务平台,整合上海邮轮旅游资源与邮轮产业部门的邮轮政务与商务信息平台,实现业务应用、信息展现、网络通信、数据采集等不同层面的互联互通。

11.3.3　加快邮轮产业人才集聚

11.3.3.1　出台优惠政策,吸引邮轮人才加盟

邮轮人才的来源大致可以分成两部分:毕业大学生和行业从业人员。为此,应该有针对性地研究出台吸引人才的优惠政策。对于毕业大学生,依据毕业大学生的就业心理和缺乏实践经验的特点,可以给予其"管理培训生"的相关岗位,

并提供租房或购房补贴、生活便利服务和海外深造机会等方式增强对各类邮轮相关人才的吸引力。对于国内相关行业从业人员，他们往往希望获得更高的发展平台，为引进这些高端人才（如邮轮经纪、邮轮保险、邮轮金融、海事仲裁等），可以通过给予更多岗位和薪资方面的优惠，从而吸引其加入，并努力营造起有利于邮轮人才集聚的发展环境和氛围。对于外籍雇员，未来邮轮产业的发展对高端人才将会有更多的需求，考虑引进有经验的外籍雇员来助推我国邮轮经济发展，改善人才培养环境，应考虑建立外籍邮轮人才激励机制，通过给予税收优惠和其他补贴来吸引外籍雇员加盟。

11.3.3.2　建立邮轮人力资源信息库

建立邮轮人才库动态管理系统，由中央管理平台实现互联互通，建立邮轮紧缺人才体系，在权威网站上新增"人才交流"板块，如在皇家加勒比、歌诗达、公主邮轮等公司官网上新增"人才交流"板块，另外，各邮轮公司可以将信息发布的地址发布于微信，不管是现有邮轮人才还是潜在邮轮人才都可以通过系统获得当下信息。注重国际邮轮公司在 Skype、Facebook、Twitter 等移动互联网平台上搭建的邮轮人才信息交流桥梁，对于优秀邮轮人才或者打算进军国际邮轮队伍的人才可以通过它们获得国际邮轮人才信息，开阔自身的邮轮视野、拓展职业发展航行。发布邮轮紧缺人才供需信息，构建以产业部门支撑的校外实践教学基地和信息交流平台，开展产、学、研、企、政对接，为企业打造人才超市，实现邮轮人才"打包配送""订单—菜单培养"，平台通过优化协调利益相关者的权益及责任，实现教学资源、企业资源、人力资源共享，资源的对接程度从深度和广度两个层面来进行衡量。建立邮轮从业人员数据分析中心，实现邮轮旅游从业人员信息标准化建设，数据分析中心平台将实现和其他平台的应用对接，实现与邮轮旅游企业和各类在线邮轮旅游网站的数据同步及信息交换。

11.3.3.3　实施邮轮人才信息库培育重大工程

第一，加强高层次邮轮人才培养建设。在高层次邮轮人才培养方面，为解决高层次邮轮领军人才紧缺的难题，高层次邮轮人才的队伍建设要加快构建，培养、选拔高层次邮轮人才。启动实施百千万邮轮人才工程：为资助邮轮人才到国内外研修，设立邮轮人才专项发展资金，给予赴国（境）外研修的邮轮人才每人10万元资助，大约每年有200位；从2023年起用10年左右的时间，邮轮青年后备领军人才将培养上万名，省级邮轮领军人才将培养上千名，国家级邮轮领军人才将培养上百名。深入实施"邮轮英才555工程"，计划自2023年始，柔性引进500名具有国内顶尖水平、国际先进水平的邮轮高端人才，用5～10年时间引进

500 名急需紧缺的国内外邮轮高层次人才,对入选人才分别给予 10 万～300 万元项目资助,由教育局、旅游局、组织部牵头组织实施。实施邮轮专业技术人才知识更新工程:围绕邮轮全产业链的发展需要,各地区制定下发邮轮专业技术人才高级研修计划,指导邮轮专业技术人才开展高级研修活动,启动邮轮专业技术人才知识更新工程,推广邮轮专业技术人才的网络在线学习平台,不断规范邮轮专业技术人员教育管理,如实行邮轮专业技术人才的网络化管理。

第二,建立海外邮轮人才信息库,吸引海外高层次邮轮人才。建立工作机制:为抓好海外邮轮人才的组织实施工作,各相关部门共同协作,成立邮轮人才引进工作办公室,具体组织实施邮轮引进工作。各用人单位充分发挥主体作用构建统一协调、上下一致的工作格局,为邮轮人才引进工作提供良好的外部环境支撑,为邮轮人才信息建设提供基础数据支持。制定优惠政策:争取创造倾斜政策,通过建立海外留学人员绿色通道、柔性海外邮轮人才流动机制、海外高层次邮轮人才经常性联系制度、邮轮人才需求信息发布制度、海外高层次邮轮人才需求预测申报制度、海外邮轮高层次人才求职信息公开发布制度、海外邮轮人才信息库,大力引进海外高层次邮轮人才,尤其在邮轮产业链条中邮轮高层次人才极度缺少的邮轮维修制造、邮轮装修和内饰装潢中,为提高邮轮国际化人才队伍的稳定性,通过增加违约赔偿金额、制定服务期限对海外高层邮轮人才进行约束。精心组织实施:每个季度征集发布邮轮人才岗位,在各大网站、各大媒体发布公告,赴邮轮港口城市开展推广与宣传,组织邮轮行业有关用人单位主动上门揽才求才,同时聚焦加大海外高层次邮轮人才的吸引力度和广度,为邮轮人才信息库的优化和完善提供基础数据和支持。

11.3.4　创新邮轮配套产业金融支持模式

豪华邮轮的研发建造所需资金庞大,邮轮产业链延长,涉及中小企业众多,从全产业链角度,豪华邮轮的研发建造、运营管理、修理维护,邮轮港口的港口开发以及港口城市周边商业区的开发,邮轮船舶的产品供应、交易结算等环节,都需要在金融支持方面提升供给质量及效率。为促进豪华邮轮配套产业链发展,应积极引导政府对配套产业的金融支持、政策扶持,为适应邮轮市场的变化趋势,应推进对新融资模式的创新性探索。在邮轮产业与邮轮市场发展中,通过协同共享客户资源、网络信息,多元化吸收投资,开拓业务范围、实现优势互补、创新金融工具,在现有邮轮产业基金得以充分发挥的基础上,积极引入私募基金、创业投资基金等多元化社会资本。对满足邮轮产业链、邮轮旅游市场发展需求的海内外重点企业开展投资并购活动,支持邮轮产业公共服务平台建设、邮轮产业产品与工艺创新、邮轮产业关键技术突破、邮轮产业基础设施建设等。在战略性新兴产业的支持方式方面,提供多元化优化方案,通过贴息贷款等支持力度的加强,优化对邮轮产业链资金需求大的关键环节的支持力度,政府方面,面对船舶融资租赁公司,出台鼓励性政策以支持其拓宽融资渠道,如租赁债权证券化、发行债券、发行股票等,通过扶持计划,加快船舶融资租赁业发展。加强豪华邮轮配套产业与金融机构的合作,鼓励支持金融机构推出各类以邮轮投资基金为标的的理财产品。拓宽船舶投资基金的资金来源渠道,在风险可控的前提下,逐步放宽机构投资者的投资船舶基金的限制。在豪华邮轮配套产业链优化升级过程中,加强对金融服务工具的优化使用,并根据邮轮配套产业链的需求进行创新设计。

第 12 章　我国邮轮产业结构优化发展的对策建议

12.1　出台邮轮发展规划和政策

12.1.1　出台邮轮发展规划和产业政策落地

　　为了疫情常态化时代实现邮轮产业高质量可持续发展,加快《全国邮轮旅游发展总体规划》的尽快出台,明确按照"五群一带"的邮轮旅游发展总体格局进行全面规划升级,同时推动各邮轮港口城市的邮轮旅游发展规划优化升级和出台[①],加快在建港口的建设速度,优化升级闲置邮轮港口,鼓励闲置邮轮港口提升整体协调性,提高已有邮轮港口的经济效益以及使用效率。建立健全邮轮产业相关政策体系,加快推进国家相关部门扶植邮轮产业政策的落地,加快各地邮轮产业补贴政策落地。2021 年 7 月,海南出台《海南邮轮港口中资方便旗邮轮海上游航线试点管理办法(试行)》[②],允许中国内地居民持有效居民身份证及中国港澳台籍居民持有效港澳居民来往内地通行证或台湾居民来往大陆通行证、港澳台居民居住证申办登轮许可;《上海市"十四五"时期深化世界著名旅游城市建设规划》提出,鼓励邮轮企业围绕沿线城市拓展航线,加强入境旅游的整体政策设计,积极争取扩大 144 小时过境免签范围和在上海口岸签发个人旅游签证,

---

① 国际旅行卫生健康咨询网.邮轮:内地与港澳旅游合作新领域[EB/OL].(2017.02.28)[2023 - 02 - 21].
② 中国新闻网.海南将在邮轮港口开展中资方便旗邮轮海上游航线试点[EB/OL].(2021.07.14)[2023 - 02 - 21].https://baijiahao.baidu.com/s? id=1705265833732664610&wfr=spider&for=p.

充分用好外国旅游团乘坐邮轮入境15天免签政策,加强国内邮轮港口多点联动[①];大连"十四五"规划提出对外国旅游团乘坐邮轮入境实行限期免签政策,争取开展邮轮公海游航线试点,争取对俄罗斯、日本、韩国的入境旅游和商务客人给予30天免签政策,争取对外国旅游团乘坐邮轮入境15天免签政策,争取开展中资方便旗邮轮公海游。上述各地出台的创新政策均具有一定的代表性和典型性,同时也具有一定的普适性和可推广性,建议将上述政策在邮轮港口城市进行充分的示范、试点和推广,让优惠地方政策上升到国家统一政策支持,在全域视域下开展各港口城市的邮轮全产业链政策扶持。另外,通过国家引导、企业和社会资本共同参与的方式,发起设立邮轮产业发展或投资基金,为邮轮研发建造以及运营管理提供持续的资金支持,研究制定支持五星旗邮轮发展的相关财政、资金、人才引进、航线审批等专项扶持政策,并在满足法规、检验要求的情况下适当允许延长五星旗邮轮营运年限。对国内订造邮轮的本土企业予以增值税减免或返还,鼓励并创造条件支持中资邮轮公司以及中资方便旗邮轮成为重振邮轮产业的龙头,持续对邮轮产业的融资和税收提供支持,大力支持以补贴的形式吸引邮轮公司,提升各邮轮港口城市邮轮经济发展的能级,对于邮轮制造、邮轮运营、邮轮服务的重点领域发展和推广给予充分的资金支持、政策引导、补贴落地,充分释放政策红利和自身的港口优势。

12.1.2　支持邮轮产业报告和指数发布评级

依托现有的《中国邮轮发展报告白皮书》《邮轮绿皮书:中国邮轮产业发展报告》《中国和亚洲邮轮经济发展景气指数》《邮轮志》等专业、权威的发展报告和指数,常态化的开展我国邮轮产业发展报告和邮轮产业发展指数的定期公布,相关部门应该加大力度,可持续性的支持相关研究机构和高校研究团队、邮轮产业链相关企业通力合作开展长期规律性的报告和指数发布,将年度报告更新为季度报告,景气指数发布从年度指数到季度指数等,组织发起设立邮轮产业数据库平台的方式对各个区域邮轮产业相关数据进行同步汇总、实时更新、定期发布,另外,通过制定邮轮评价标准,建立邮轮评价分级制度,对在中国运营的母港邮轮进行分类评级,并进行定期公布,游客可以更好地对邮轮产品进行选择,提升游

---

① 上海市人民政府.上海市人民政府办公厅关于印发《上海市"十四五"时期深化世界著名旅游城市建设规划》的通知[EB/OL].(2021.06.09)[2023 - 02 - 21].https://www.shanghai.gov.cn/202114bgtwj/20210720/ee9d412010604d68a32ddbe7107f9cf2.html.

客对不同等级邮轮产品的认知度。

12.2　加快邮轮产业相关制度创新

12.2.1　深化邮轮投资监管金融制度创新

负面清单投资管理模式：吸引邮轮总部经济和研发机构；引导邮轮高端产业创新和融合；强化人才引进和培育的市场导向；积极创新"互联网＋"领域的政策法规，鼓励"互联网＋"创新，消除影响互联网企业发展的诸多障碍；充分发挥资本市场作用，利用资本市场带来发展所需的巨大资金。国家多层次的资本市场体系已基本建立，邮轮全产业链相关企业可以上市融资、利用资产证券化融资，深入发展多元化的邮轮融资市场。

邮轮船供监管模式创新：明确邮轮过境物品、邮轮供船物品在"中国邮轮旅游发展示范区"纳入一般货物贸易报关管理范畴，并对过境供邮轮货柜采取过境监管模式，争取以下政策：①对需要检疫审批的供邮轮食品如冷冻水果、蔬菜、乳制品、水产品、肉类等，国家质检总局授权示范区检验检疫局开展检疫审批；②国家质检总局授权示范区检验检疫局批准供邮轮食品过境，并指定过境口岸和过境路线；③对过境供邮轮食品只实施检疫，不再按照进口食品的要求实施检验。

推进邮轮船供贸易便利化：针对邮轮专用保税仓库，扩大其使用功能，既可存放用于供邮轮出口的本地采购货物，又可存放本地企业国外采购的供邮轮物品，还可存放过境转运供邮轮物品；建议复制推广自贸区相关货物贸易便利化制度，如国内供船货物入区即可退税，在区内可以进行包装与加工，打造国际一流的邮轮船供给基地，集采购、物流、存储、加工等功能为一体。

加快实施金融制度创新：打造"邮轮融资租赁平台"，降低融资租赁企业准入门槛，扩大境内外经营领域；简化付款结算手续，允许外币结算；享受邮轮等水上旅游设施融资租赁进口税收优惠政策。支持银行在不违反政策规定下，组合创新外汇衍生产品创造契合船舶企业心理要求的产品种类，进一步加强外汇管理改革，营造合理高效的投融资环境。

12.2.2　统筹优化邮轮服务贸易协同创新

邮轮港口城市区域合作是国家"一带一路"倡议实施的重要路径，通过服务于"一带一路"国家发展战略，明确区域邮轮产业发展战略，借助经济能级提升机遇，构建邮轮服务贸易协同机制创新。国家"一带一路"倡议实施为中国邮轮市场、邮轮经济提供了高质量发展的新模式、新理念，催生中国邮轮经济加快进入新时代，为中国邮轮市场、邮轮经济发展带来新空间、新动力。传统发展模式下，邮轮产业海内外交流合作能力较弱、贸易机构功能单一，为改善这一局面，我国邮轮旅游服务贸易海外市场应加快布局规划，推进邮轮品牌打造与邮轮市场拓展的双向联动作用，在邮轮贸易国内外市场中，深化创新合作形式，构建以"一带一路"为重点的邮轮贸易海外市场拓展体系。在政策体系构建方面，为打造多元化政策体系，针对地方服务贸易专项资金、邮轮产业发展专项资金的支持内容和使用范围进行优化完善、统筹安排，进一步落实邮轮行业技术先进型服务企业所得税政策，对符合政策条件的企业实行增值税零税率或免税。

12.2.3 建立完善邮轮人才培训配套机制

国际化邮轮人才培训运行机制的建立和完善。人才培训部门应强化对国际邮轮人才培训的宏观管理，结合邮轮产业全产业链中对于邮轮人才的需求进行明确培训和管理，对国际化邮轮人才的培训项目进行统筹计划、科学论证，打造集"培育、选拔、运用"于一体化的邮轮人才培育机制，提高邮轮人才"培育、选拔、运用"效率。

国际化邮轮人才激励约束机制的建立和完善。归纳邮轮人才档案，建立国际化邮轮人才信息库，将归纳的邮轮人才档案统一管理，在进行评价和监督的同时，为实现邮轮人才的统一管理与调配，积极应用人才激励制度。通过邮轮人才相关协议的完善与规范，加强对邮轮人才的约束，为提高国际化邮轮人才队伍的稳定性，对国际化邮轮人才的流失进行约束，增加违约赔偿金额，规定服务期限。

国际化邮轮人才培训监督评价机制的建立和完善。国际邮轮人才培训效果的提升依赖于国际化邮轮培训的监督评价机制，在全环节、全过程培训国际化邮轮人才时，加强监督评价机制的贯穿与应用，依据不同的培训工作、培训目标对邮轮人才的培训过程进行分类、分级、分层的监督管理，按照不同的类别、层次、等级制定执行监督评价标准，并针对培训工作的科学性和有效性进行评估和反馈，对于后续的监督评估提供指导。

12.3　加快推动邮轮旅游市场的培育拓展

12.3.1　加快优化邮轮市场供需平衡

针对我国邮轮产业配套服务的完善、邮轮港口基础设施的建设,全面提升我国邮轮港口出入境通关、检验检疫、邮轮保险等配套软实力,注重培育和监管我国邮轮导游、领队、港口、邮轮公司、在线平台、服务中心等的服务水平和服务标准,营造邮轮绿色发展理念,加快建设邮轮旅游市场良好的生态环境,提供给邮轮游客蓝色可持续发展的邮轮旅游产品。同时,大力支持本土邮轮船队的打造和运营,积极培育本土邮轮品牌,创新邮轮旅游产品,提高本土邮轮的市场份额,在对接国际邮轮服务标准的前提下,打造更多具有中国游客消费特征的邮轮产品,丰富岸上旅游资源,积极规划开发岸上旅游资源,打造更具特色的旅游线路。同时推进优化邮轮港口周边商业购物消费环境,为打造邮轮文旅一体化发展格局,充分挖掘不同地域的文化内涵,提升邮轮旅游的文化属性,加快优化我国邮轮市场的供需平衡,助力本土邮轮公司发展。

12.3.2　全面重构邮轮旅游出入境市场格局

随着一些国家和地区旅游市场的全面恢复和出入境的陆续放开,在全球邮轮复苏、中国邮轮全面复航的基础上,需要将振兴入境旅游放在一个更加重要的位置并采取更加切实有效的政策、技术和市场措施。随着邮轮市场主体、功能和产品的纵深优化、转型升级,重构邮轮旅游关系,重新构建邮轮旅游国家形象,全面提升我国邮轮文化和旅游的世界影响力;加速推动我国入境旅游全面恢复,提质增效构建完整的入境邮轮旅游产业链;加快完善入境旅游便利化体系,聚焦在签证便利化、支付便利化、网络便利化,保持我国东部邮轮入境游市场的高速发展;加快重构我国邮轮旅游发展新格局,积极鼓励中西部邮轮旅游市场开发,进一步细分邮轮消费市场主体,进行多元化的邮轮市场营销和宣传推广。同时在坚持走出去的同时要请进来,加快国外邮轮客入境旅游市场的开发建设,携手打造世界级旅游目的地,发挥特色旅游资源优势,逐步提升我国邮轮市场的渗透率和复购率。充分拓展邮轮航线创新,开发近海邮轮航线和多港挂靠航线,加快南海航线开发和南海邮轮旅游目的地打造。依托粤港澳世界级旅游休闲湾区,打造粤港澳三地独具特色的邮轮航线,借助海上丝绸之路,推出具有不同主题特色的邮轮旅游线路,发展与"一带一路"沿线国家的邮轮旅游关系,争取有条件地开放无目的地邮轮航线,在确保防疫安全与闭环管理的前提下逐步开放五星旗邮轮沿海航线和中资方便旗海上无目的航线,争取交通运输部和相关口岸部门支持,推动发展"邮轮+飞机""邮轮+高铁""邮轮+内河游轮"等"邮轮+"联运旅游产品,全面提升我国邮轮旅游品质和特色。可以结合自由贸易区设立国际邮轮旅游自由购物区,通过价格补贴、免税等系列优惠政策,吸引国内外高级零售商和高质量、高性价比的中国自主品牌入驻,提升国产旅游品牌、国内旅游消费的国际地位,推动国内邮轮旅游的市场流动性,解决中国公民出境旅游购物支出形成的巨大外汇逆差,全面重构邮轮旅游出入境的市场格局。

12.3.3 培育邮轮文化重构邮轮消费信心

旅游和文化分别位居"五大幸福产业"的第一位和第二位,人们对幸福生活的向往,是促使我国邮轮旅游保持高速增长的重要驱动力,也是邮轮产业发展的重要目标。疫情发生初期,蓝宝石公主号在日本的应对方案让全球邮轮旅游都留下了难以磨灭的印象,邮轮港口和邮轮公司采取了一系列的优化升级策略,疫情之后重启的邮轮旅行在防疫卫生、清洁船体、健康安全、消毒防疫、应急救援等方面更加严格和规范,疫情之后的邮轮旅游文化也将发生一些改变,重中之重是要重构邮轮消费者的消费信心。深入发掘和开发邮轮产业的文化内涵,提高邮轮文化品位,将邮轮文化贯穿在整个邮轮旅游全过程,创新邮轮营销模式,加快推广邮轮文化扩散,全面培育我国邮轮文化普及,采用合理的宣传方式进行传播和推广,开发适应中国消费者消费特点的邮轮消费方案,提高邮轮从业人员的邮轮文化建设和邮轮文化培训,倡导邮轮绿色消费理念,倡导海洋文化、蓝海文化等的代表性和重要性,加快制定邮轮旅游行为规范,提高邮轮游客的文化感知满意度和幸福感。

参考文献

[1] 王荣红.全域旅游背景下旅游廊道构建研究[J].知音励志,2016(12):33.

[2] 莫畏,吴瑀桐.全域旅游视角下吉林省工业遗产旅游开发研究[J].安徽建筑,2021,28(03):11-12+44.

[3] 本刊编辑部.上海国际航运研究中心发布《2030年中国航运发展展望》[J].中国远洋航务,2015(04):14-15.

[4] 袁新涛."一带一路"建设的国家战略分析[J].理论月刊,2014(11):5-9.

[5] 史泽华."一带一路":新范式何以超越旧思维[J].红旗文稿,2019(01):35-36.

[6] 顾学明.深化经贸务实合作 推动共建"一带一路"高质量发展[J].旗帜,2019(06):36-37.

[7] 张文春."一带一路"倡议5年取得实质性进展[J].商业观察,2019(03):80-81.

[8] 《"一带一路"大数据报告2018》在夏季达沃斯论坛发布[J].中国产经,2018(10):12-13.

[9] "一带一路"大数据报告2018(英文)[J].The World of Chinese,2019(01):45.

[10] 贾艳慧,沈艳兵,冯晓东.基于"一带一路"视角下的我国邮轮旅游产业发展问题研究[J].城市,2017(08):16-19.

[11] 汪泓.邮轮绿皮书:中国邮轮产业发展报告(2021)[M].北京:社会科学文献出版社,2021.

[12] 朱丽娜.邮轮旅游市场"西风东渐"中国成兵家必争之地[J].华商,2016(5):2.

[13] FOSTER, G. M. South seas cruise a case study of a short-lived society [J]. Annals of Tourism Research 1986, 13 (2), 215 - 238.

[14] ZHANG Y Q, BO M A, LIU T. Characteristics of international cruise tourism market and chinese prospect[J]. Tourism forum, 2010.

[15] GIBSON, P. Cruise operations management[M].陈扬乐,赵善梅,译.天津:南开大学出版社,2010.

[16] BRIAN, HOYLE. Conference report: Venice: the port and the city, an international seminar, 15 - 16 December 1995, Venice, Italy[J]. Journal of transport geography, 1996.

[17] JEON J W, DURU O, YEO G T. Cruise port centrality and spatial patterns of cruise shipping in the Asian market[J]. Maritime policy & management, 2019, 46(3 - 4):1 - 20.

[18] RODRIGUE J P, NOTTEBOOM T. The geography of cruises: Itineraries, not destinations[J]. Applied geography, 2013, 38(1):31 - 42.

[19] FRIDRIKSSON J, WISE N, SCOTT P. Iceland's bourgeoning cruise industry: An economic opportunity or a local threat? [J]. Local economy, 2020, 35.

[20] TATJANA Š. The Negative Impact of the cruising industry on the environment[J]. Pomorski zbornik,2020,59(1).

[21] MESCON T S, VOZIKIS G S. The economic impact of tourism at the port of Miami[J]. Annals of tourism research, 1985, 12(4):515 - 528.

[22] DWYER L, FORSYTH P. Economic significance of cruise tourism[J]. Annals of Tourism research,1998,25(2).

[23] PETRICK J F. Segmenting cruise passengers with price sensitivity[J]. Tourism management, 2005, 26(5):753 - 762.

[24] PESCVARY I. The cruise industry-its surge, economic significance and profit[J]. Acta economica Et turistica, 2019, 5.

[25] PERUI D. Analysis of the world cruise industry[C]// DIEM: Dubrovnik International Economic Meeting. Sveučilište u Dubrovniku, 2020.

[26] MILSKAYA E, SEELEVA O. Main directions of development of infrastructure in digital economy[J]. IOP conference series: materials science and engineering,2019,497(1).

[27] PATRICK, X. W, ZOU, et al. Cloud-based safety information and communication system in infrastructure construction[J]. Safety science, 2017.

[28] LI F, NUCCIARELLI A, RODEN S, et al. How smart cities transform operations models: a new research agenda for operations management in the digital economy[J]. Production planning & control, 2016, 27(6): 514 – 528.

[29] TAO F, CHENG J, QI Q, et al. Digital twin-driven product design, manufacturing and service with big data[J]. The international journal of advanced manufacturing technology, 2018.

[30] CHEN J, HUANG T, XIE X, et al. Constructing governance framework of a green and smart port[J]. Journal of marine science and engineering, 2019,7(4).

[31] Engineering: findings from Sunway University broaden understanding of engineering (towards smart port infrastructures: enhancing port activities using information and communications technology)[J]. Journal of engineering,2020.

[32] ZHONG R Y, Xu X, Klotz E, et al. Intelligent manufacturing in the context of industry 4.0: a review[J]. Engineering,2017,3(5).

[33] 许昌斌,李玺.澳门打造国际型全域旅游目的地策略及其对海南的启示[J]. 福建茶叶,2018,40(12):130.

[34] 杨振之.全域旅游的内涵及其发展阶段[J].旅游学刊,2016,31(12):1 – 3.

[35] 厉新建,张凌云,崔莉.全域旅游:建设世界一流旅游目的地的理念创新——以北京为例[J].人文地理,2013,28(03):130 – 134.

[36] 张辉,岳燕祥.全域旅游的理性思考[J].旅游学刊,2016,31(09):15 – 17.

[37] 李金早.全域旅游的价值和途径[N].人民日报,2016 – 03 – 04(007).

[38] 王佳果,韦俊峰,吴忠军.全域旅游:概念的发展与理性反思[J].旅游导刊, 2018,2(03):66 – 80.

[39] 栾海燕.基于全新思维的全域旅游开发研究[J].中国商论,2019(19):52 – 53.

[40] 熊鹰,张茜,侯珂伦,等.全域旅游视角下环洞庭湖城市旅游竞争力及区域合作[J].经济地理,2020,40(07):211 – 219.

[41] 王立成,刘晓玲,郭钊.建设"国家全域旅游示范市"的战略环境和战略路径研究——以湘潭市为例[J].湖南省社会主义学院学报,2019,20(04):89-91.

[42] 黄祺若.基于全域旅游的旅游资源评价方法优化路径初探[J].中小企业管理与科技(下旬刊),2018(12):41-42.

[43] 黄永香.构建全域旅游长效机制实现县域全面发展——以全域旅游示范区新化县为例[J].湖南人文科技学院学报,2018,35(06):46-53.

[44] 刘棣子.乡村振兴战略的全域旅游:一个分析框架[J].改革,2017(12):80-92.

[45] 张毓利,徐彤,赵云,等."多规合一"背景下全域旅游规划的规划衔接策略研究[J].资源开发与市场,2021,37(07):858-862.

[46] 陈斯琪,伍世代.五维审视:一种结构功能主义视角下的全域旅游分析框架构建[J].干旱区资源与环境,2020,34(07):194-200.

[47] 陈博杰.全域旅游视角下海南乡村景观保护策略探究——以琼海为例[J].现代园艺,2017(15):102-104.

[48] 刘乃睿,薛伟莲."互联网+全域旅游"发展策略研究——以辽宁省大连市为例[J].科技与经济,2021,34(03):56-60.

[49] 王磊,刘家明.宁夏建设全域旅游示范区研究[J].宁夏社会科学,2016(04):123-127.

[50] 毛焱,梁滨,刘承良.区域旅游时空战略:基于空间组织系统的理论分析[J].湖北经济学院学报,2010,8(01):68-71.

[51] 舒惠芳,董观志,杨丽芳.中国邮轮经济的空间战略与对策[J].深圳职业技术学院学报,2011,10(04):21-24.

[52] 谢凌峰,赵彬彬,陈有文.广东省邮轮码头布局规划[J].水运工程,2012(05):65-67.

[53] 姜宏,叶欣梁,闫国东,等.基于旅游卫星账户的邮轮旅游经济贡献核算研究[J].统计与决策,2018,34(13):30-34.

[54] 钱茜露.我国邮轮旅游经济发展建议[J].水运管理,2018,40(12):23-25.

[55] 康爽.天津港邮轮母港邮轮发展策略研究[D].大连:大连海事大学,2018.

[56] 杨丽芳.中国邮轮经济的空间战略研究[D].广州:暨南大学,2009.

[57] 欧阳杰.大力发展海上客运和"邮轮经济"[J].港口经济,2004(02):46-47.

[58] 潘勤奋.国际邮轮经济发展模式及对我国的启示[J].科技和产业,2007

(10):13 - 17+24.

[59] 陈仕维,陈红彬.厦门邮轮经济发展对策分析[J].科技信息(科学教研),2007(11):485.

[60] 沈文璐,闫国东,沈静.我国邮轮行业融资发展现状分析研究[J].中国集体经济,2019(34):72 - 73.

[61] 李晓玉,闫国东,辛普阳.我国邮轮行业的投融资现状研究[J].中国水运(下半月),2020,20(03):36 - 37,40.

[62] 丁雅静,闫国东.影响大陆游客邮轮消费特点的因素[J].旅游纵览(下半月),2015(02):56,58.

[63] 张建华,刘文.中国邮轮旅游进入成长期初期[J].中国港口,2018(08):6 - 9.

[64] 殷翔宇. 国外邮轮企业经营模式比较研究[D].大连:大连海事大学,2012.

[65] 梅俊青,叶欣梁."包船模式"——中国邮轮旅游市场独特分销模式研究[J].四川旅游学院学报,2018(01):45 - 48.

[66] 刘小培. 我国沿海邮轮母港选址问题研究[D].大连:大连海事大学,2010.

[67] 蔡雅男,闫国东,梅俊青,等.我国国产邮轮建造相关政策研究[J].中国水运(下半月),2018,18(01):35 - 37.

[68] 倪立帅. 天津邮轮母港与城市互动发展的评价研究[D].大连:大连海事大学,2013.

[69] 刘婷芳,闫国东,季雨,等.上海吴淞口国际邮轮港配套产业发展特点分析[J].旅游纵览(下半月),2017(08):174 - 176.

[70] 王欣,闫国东,阚立扬,等.粤港澳邮轮母港竞合关系优化分析[J].物流科技,2020,43(06):89 - 93.

[71] 孙晓东.中国邮轮旅游业:新常态与新趋势[J].旅游学刊,2015,30(01):10 - 12.

[72] 孙瑞红,叶欣梁,徐虹.中国邮轮市场的价格形成机制与"低价困境"研究[J].旅游学刊,2016,31(11):107 - 116.

[73] 刘柏鹤. 我国邮轮母港投资风险评价与防控措施研究[D].大连:大连海事大学,2013.

[74] 聂莉,董观志.基于熵权 TOPSIS 法的港口城市邮轮旅游竞争力分析[J].旅游论坛,2010,3(06):789 - 794.

[75] 蔡晓霞,牛亚菲,韦智超.我国邮轮产业发展潜力测度研究[J].发展研究,2010(03):62 - 66.

[76] 郭孝东.中国港口城市邮轮旅游竞争力研究[D].西安:西安科技大学,2017.

[77] 孙领,颜晨广,朱昱音.邮轮业带动的周边经济分析——基于美国的研究分析[J].交通与运输(学术版),2013(02):137-140.

[78] 王东霞.邮轮港口的经济影响分析及其对我国的启示[J].水运管理,2017,39(02):35-37.

[79] 徐杏,袁子文,田佳.我国邮轮港口未来发展对策建议[J].港口科技,2020(07):45-48.

[80] 朱园园,程爵浩.中国沿海邮轮港口的空间聚集与竞争格局分析[J].海洋开发与管理,2020,37(08):58-63.

[81] 朱乐群.基于因子分析的我国邮轮港口旅游竞争力评价研究[J].淮海工学院学报(社会科学版),2010,8(09):40-42.

[82] 吴慧,王道平,张茜,等.基于云模型的国际邮轮港口竞争力评价与比较研究[J].中国软科学,2015(02):166-174.

[83] 刘家国,王军进,周欢,等.基于安全风险等级的港口危化品监管问题研究[J].系统工程理论与实践,2018,38(05):1141-1152.

[84] 邹志强,孙德刚.港口政治化:中国参与"21世纪海上丝绸之路"沿线港口建设的政治风险探析[J].太平洋学报,2020,28(10):80-94.

[85] 王帆,黄锦佳,刘作仪.港口管理与运营:新兴研究热点及其进展[J].管理科学学报,2017,20(05):111-126.

[86] 韩兵,康娟娟,匡海波.港口服务供应链绿色运营动力因素及关联效应研究[J].工业工程与管理,2020,25(02):59-66.

[87] 鲁渤,汪寿阳.中韩集装箱码头运营效率的比较研究[J].管理评论,2017,29(05):175-182.

[88] 刘名武,王玄霜.基于DEA-Tobit的长江中上游集装箱港口运营效率研究[J].数学的实践与认识,2019,49(14):36-46.

[89] 陈军飞,许长新,严以新.用数据包络分析法对港口水运上市公司经营效率的评价[J].上海海运学院学报,2004(01):51-55.

[90] 杨华龙,任超,王清斌,等.基于数据包络分析的集装箱港口绩效评价[J].大连海事大学学报,2005(01):51-54.

[91] 匡海波,陈树文.中国港口生产效率研究与实证[J].科研管理,2007(05):170-177.

[92] 张小蒂,邓娟.中国港口效率测度及提升研究[J].浙江大学学报(人文社会科学版),2013,43(04):39－51.

[93] 郭辉.集装箱码头生产效率分析[D].大连:大连海事大学,2005.

[94] 匡海波.中国港口上市公司综合效率研究[J].科研管理,2007(03):148－155.

[95] 冯烽,陈磊,黄晗.中国港口上市公司运营效率的测度与提升路径——基于SBM－DEA 模型[J].中国流通经济,2017,31(06):106－112.

[96] 阚立扬,闫国东,王欣,等.我国邮轮产业的研究现状与发展趋势概述[J].中国水运,2020(11):32－33.

[97] 沈静,闫国东,王微,等.基于供应链视角的我国邮轮制造业发展研究[J].中国水运(下半月),2020,20(01):30－32.

[98] 李倩铭.邮轮旅游空间组织演变及其驱动机制研究[D].上海:上海师范大学,2014.

[99] 唐顺铁,郭来喜.旅游流体系研究[J].旅游学刊,1998(03):38－41.

[100] 杨兴柱,顾朝林,王群.旅游流驱动力系统分析[J].地理研究,2011,30(01):23－36.

[101] 徐月异.邮轮旅游影响因子研究及对中国的启示[D].杭州:浙江工商大学,2011.

[102] 包莉莉.邮轮产业促进区域经济发展的战略研究[D].上海:上海工程技术大学,2016.

[103] 孙灏,闫国东,王欣,等.信息技术在智慧邮轮中的应用研究[J].中国水运,2020(05):51－53.

[104] 杨世雄.VR/AR 技术对船舶工业领域的影响[J].中国船检,2020(02):54－57.

[105] 白雪梅.数字孪生技术在船舶海工领域的应用前景[J].中国船检,2020(05):49－53.

[106] 罗本成.从新加坡港看全球智慧港口的发展趋势[J].中国港口,2020(11):5－9.

[107] 林榕."十四五"时期智慧港口建设形势与展望[J].港口科技,2020(10):1－3.

[108] 范晓锋,周丹.数字化智能航运的特征与价值[J].综合运输,2020,42(11):70－73.

[109] 胡江,杨廷基.基于人工智能化的船舶模块化研究[J].船舶物资与市场,2020(09):33-34.

[110] 袁雪妃,李泽霖.我国现代港口物流发展策略分析[J].市场周刊(理论研究),2018(03):44-45.

[111] 陈婉婷.港口物流服务业的发展对策研究[J].物流科技,2018,41(01):114-116.

[112] MARTI B E. Trends in world and extended-length cruising (1985—2002)[J]. Marine policy, 2004, 28(3):199-211.

[113] 俞斯佳,孙姗.从头认识邮轮经济[J].上海城市规划,2005(02):28-32.

[114] 吴琼,张永锋.新冠肺炎疫情对邮轮经济的影响机制和政策分析[J].交通运输工程与信息学报,2021,19(01):157-167.

[115] 孙晓东,冯学钢.中国邮轮旅游产业:研究现状与展望[J].旅游学刊,2012,27(02):101-112.

[116] BRADLEY M. B, JAMES A. X, KENNETH R. W. The impact of the cruise industry on a region's economy: a case study of Port Canaveral, Florida[J]. Tourism economics,2002,8(3).

[117] 李柏青.邮轮产业生态系统研究[J].经济地理,2009,29(06):1000-1004.

[118] WANG G, LI K X, XIAO Y. Measuring marine environmental efficiency of a cruise shipping company considering corporate social responsibility[J]. Marine policy, 2019, 99:140-147.

[119] 焦晨杨,叶欣梁,孙瑞红.游客安置视角下邮轮旅游的危机管理研究[J].中国水运,2020(11):10-12.

[120] 谭佳智.知识图谱视域下国内体育课程研究动态的可视化分析[D].牡丹江:牡丹江师范学院,2021.

[121] DI VAIO ASSUNTA, LÓPEZ-OJEDA ANA, MANRIQUE-DE-LARA-PEÑATE CASIANO, TRUJILLO LOURDES. The measurement of sustainable behaviour and satisfaction with services in cruise tourism experiences. An empirical analysis [J]. Research in transportation business & management,2022,45(PB).

[122] MANUELA GUTBERLET. Overtourism and cruise tourism in emerging destinations on the Arabian Peninsula [M]. Taylor and Francis:2022-11-16.

[123] SUN X, GAURI D K, WEBSTER S. Forecasting for cruise line revenue management[J]. Journal of revenue and pricing management, 2011, 10 (4).

[124] CHUA B L, LEE S, GOH B, et al. Impacts of cruise service quality and price on vacationers' cruise experience: Moderating role of price sensitivity[J]. International journal of hospitality management, 2015, 44:131 – 145.

[125] JOSEP L, ARNAU C, HRVOJE C, et al. Environmental and human health impacts of cruise tourism: a review[J]. Marine pollution bulletin, 2021, 173(PA).

[126] 雷婕, 盘意文, 刘建明. 知识图谱视角下智慧旅游的研究进展及热点概述 [J]. 图书馆, 2019(08):52 – 58.

[127] 张蕊. 中国邮轮产业发展与邮轮专业人才培养对接问题研究[J]. 宿州教育学院学报, 2012, 15(06):66 – 68.

[128] 辛普阳, 闫国东, 李晓玉. 邮轮旅游场景营销的应用及困境研究[J]. 中国水运, 2021(01):42 – 44.

[129] 黄燕玲, 汪菁菁, 秦雨. 产业转型背景下中国邮轮游客感知研究——基于27126 条网络文本数据分析[J]. 西北师范大学学报(自然科学版), 2021, 57(02):110 – 117＋126.

[130] 李涛涛, 叶欣梁, 蔡二兵. 新加坡邮轮母港的运营之道[J]. 中国港口, 2016 (02):21 – 23.

[131] 王欣, 闫国东, 阚立扬, 等. 粤港澳邮轮母港竞合关系优化分析[J]. 物流科技, 2020, 43(06):89 – 93.

[132] 石晶, 朱亚楠, 万敏. 芬坎蒂尼豪华邮轮建造的生产组织模式与启示[J]. 中国水运, 2021(04):53 – 56.

[133] 田喜洲, 郭新宇, 杨光坤. 要素集聚对高技术产业创新能力发展的影响研究[J]. 科研管理, 2021, 42(09):61 – 70.

[134] 周璇, 胡思雨. 区域经济高质量发展指标体系的构建与评价——以江苏省13 个地级市为例[J]. 苏州科技大学学报(社会科学版), 2022, 39(01):21 – 28.

[135] LAWTON L J, BUTLER R W. Cruise ship industry — patterns in the Caribbean 1880—1986[J]. Tourism management, 1987, 8(4):329 – 343.

[136] CHASE G L. The economic impact of cruise ships in the 1990s：some evidence from the Caribbean[J]. Dissertation abstracts international，volume：63 - 01，section：A，page：0283，Director：David L. McK，2001.

[137] 姚竞争,王同山,陈哲,等.基于熵权 TOPSIS 法的邮轮舒适度评价[J].中国水运,2021(05):36 - 39.

索　引